✦

모던의 시대 우리 집

✦

레트로의 기원

모던의 시대 우리 집

최예선 지음

모요사

프롤로그

그 날 그 집에서 생긴 일

내 작업실에는 낡은 뒤주가 하나 있다. 뒤주는 쌀이나 곡식류를 넣어 두던 고가구다. 반닫이와 비슷하지만 여닫는 부위가 다르다. 뒤주는 상 판의 절반이 접히면서 위로 여닫는 형태이고 반닫이는 정면의 절반이 접 히면서 아래로 열린다. 그보다 결정적인 차이는 장식이다. 곡식 넣어두 는 궤에 장식은 무슨, 튼튼한 자물쇠를 걸어둘 고리만 있으면 될 일이다. 그러나 반닫이는 안방에 두고 옷이며 생활용품, 때로는 귀중품도 넣었 으니 정성껏 장식을 붙여 돋보이게 했다. 목재판이 보이지 않을 정도로 과도하게 장식하고 자개를 붙여 방 안을 온통 번쩍거리게 만들 정도로 말이다.

건축가 남편이 현장에서 버려진 가구들을 가져오는 일이 종종 있는 데 뒤주도 그때 살아남은 것이다. 바닥은 너덜너덜했지만 몸체는 튼튼했 다. 뒤판에는 불 화火자가 붉은색으로 적혀 있었다.(화재를 막기 위해 적어 둔 것이 아닐까?) 나는 차 도구나 작은 기물을 올려놓고 사람들에게 차를 내어주는 용도로 이 뒤주를 쓴다. 놀랍게도 이 낡은 뒤주는 어떤 공간에 도 잘 어울리며 꽤 멋스럽기까지 하다. 작업실을 찾아온 사람들도 덴마 크 빈티지 책상이나 디자인 조명이 아니라 시골 외갓집에 있었을 법한 낡 은 뒤주를 가장 먼저 알아본다.

이 뒤주도 시대에 따라 역할도 변하고 만듦새도 달라졌을 것이다. 반 닫이, 뒤주 등의 수납 가구를 '궤'라고 통칭하는데, 양반 서민 할 것 없이 요긴하게 사용한 기물이다. 모던 시대엔 외국인의 집에도 장과 궤가 놓였다. 수납 가구의 대표 주자인 반닫이의 경우, 시대의 변화에 발 빠르게 대응하는 엄청난 유연성을 보여주었다. 돈궤라 불리다가 서양 문화와 섞여 책상이 되기도 하고 금고나 트렁크와 결합해 용도와 형태를 바꾸었다. 생활이 바뀌면서 그 삶을 담아내는 도구도 변화한 것이다.

도구도 변화할진대, 집은 어떠했을까? 집이야말로 삶의 변화를 시각적으로 선명하게 보여주는 결과물이다. 생각이 바뀌면 삶이 변하고 집의 구조와 집을 채우는 모든 것들도 달라진다. 이 변화를 읽어볼 유의미한 시작은 이 땅에 그전과 다른 문화가 밀려와 변화무쌍하던 시대, 바로 모던 시대에 있다. 모던 시대는 의식주는 물론, 교육과 대중문화, 언어에서 세계에 대한 인식까지 급변하는 사회 속에서 삶의 방향과 방법을 모색하던 시절이다. 생각과 상황의 괴리, 생활과 공간의 괴리를 줄이기 위해 수없이 실험한 결과로 모던의 특징인 혼종의 문화가 탄생했다.

전통문화는 모던 중국, 모던 유럽과 적극적으로 섞였고, 그리고 식민지 시기에 집중적으로 전파된 모던 일본의 문화와 강제적으로 혹은 절충의 방식으로 해체와 재결합의 과정을 겪었다. 하지만 집은 어느 한쪽으로 기울어지지 않았다. 다만 이렇게 뒤섞이고 버무려진 채로 개인의 취향과 사회의 가능성을 반영했다. 그러므로 모던 건축의 형태소는 당시 사람들의 삶, 생활과 관습의 변화에서 탄생했다고 해야 할 것이다. 모던 스타일은 삶의 문제를 유연하게 해결해가는 가운데 정립되었고 그런 이유로 특별한 가치를 지닌다.

모던 시대의 집에서 내가 가장 흥미롭게 본 것은 서로 다른 문화권의 공간들이 한 집에 배치된 풍경이었다. 한옥 안에 일본 사족(무사 계급) 가옥의 다다미 접객실이 꾸며지거나, 서양식 저택 안에 장판을 바르고 보료를 깐 온돌 안방이 함께 있고, 심지어 서양식 응접실과 일본식 접객실, 한식 온돌 안방이 한 집에 공존하기도 했다. 집 속에 국경이 그어진 것 같았다. 이런 기이한 공존을 모던 시대에는 당연하게 받아들였다. 왜 그래야만 했을까? 변화하는 삶의 방식과 살고 있는 공간의 괴리를 줄이기 위해서라면 어떤 시도도 받아들일 수 있었기 때문이다.

옛것과 새것이 뒤섞이면서 전통도 서양도 아닌 절충적으로 변용된 형태. 모던 건축의 이러한 특징은 지나간 세계와 다가올 세계를 이어주는 다리가 된다. 이 중간 형태는 삶을 적극적으로 반영한 결과물로 우리 건축의 영역 안에 존재한다. 이런 장면은 살림집에서 더욱 흥미롭게 전개된다. 나는 집에서 벌어지는 이 혼종의 장면을 시시콜콜하고 디테일하게 이야기해볼 생각이다.

시시콜콜. 왜 그동안 우리의 모던 시대를 시시콜콜 이야기할 수 없었을까? 나는 모던 건축이 문화재의 관점에서 서술되면서 역사적 사료로만 읽히는 것이 늘 아쉬웠다. 건축이라는 공간과 개인의 사적인 삶, 그리고 역사라는 거대한 서술이 서로 융합되지 못하고 한쪽으로 매몰되는 것에 피로감을 느낄 때가 많았다. 모던 시대의 집은 충분히 우리 생활에 밀접하게 닿아 있는 살아 있는 공간이다. 그러나 개화기에서 일제강점기까지의 역사는 그 시대를 논하는 것이 불경한 일이라도 되는 양 터부시되었다. 그 와중에 모던 시대는 유령처럼 떠돌며 판타지로 소비되었고, 제대로 규명되지 못한 채로 안개처럼 희미해지고 있다.

나는 모호한 안개를 걷어내어 그 시대 사람들의 시시콜콜한 일상을 복원하려 한다. 정원, 벽돌집, 도시 한옥, 양관, 가구, 적산 가옥이라는 주제어를 바탕으로 모던의 감수성과 의지가 만들어낸 집, 그 공간의 특별함과 대담함에 대해 이야기해보려 한다.

우리는 독특한 감도의 공간을 요구하는 시대를 맞이했다. 예상컨대 2020년대는 기능을 잃고 버려진 오래되고 낡은 공간에 현재의 삶과 콘텐츠를 접목시켜 새로운 공간으로 재탄생시키는 프로젝트가 더더욱 많아질 것이다. 이런 장소들은 필연적으로 우리가 복원하고 지켜야 할 헤리티지를 요구한다. 그것은 레트로 무드를 동화 속 판타지가 아니라, 실생활을 구체적으로 실현하는 스타일로 정착시키려는 움직임이다. 레트로의 기원이 어디냐고 묻는다면, 모던 시대의 우리 집이라고 답하고 싶다. 그때의 집과 삶에서 얻은 이야기들이 우리가 앞으로 경험하게 될 공간의 배후가 될 것이므로.

할머니의 집에는 지금 시대에 볼 수 없는 철 지난 것들이 많았다. 할머니는 새 물건은 도통 들이지 않는지 집 안에는 한 세대 두 세대가 지난 것들로 가득했다. 화문석, 괘종시계, 재봉틀, 여우 목도리…… 화투마저도 다 낡은 옛날 것이었다. 흑백 사진은 또 어찌나 많은지. 큰 액자에다 할머니가 아는 온갖 사람들의 사진을 오려 붙이고 골고루 잘 배치해 방문 위에 걸어두었다. 사진 속 사람들은 지금은 다른 얼굴을 하고 있더라도, 다른 집으로 가서 일가를 꾸렸거나 세상을 뜬 경우라도 상관없다는 듯 함께였다. 할머니의 물건들이 품고 있는 이야기는 신비롭고 이상하지만 모두 존재했던 사연들이다. 이야기는 우리를 과거와 연결하고 새로운 삶을 도모하게 한다.

우리가 살아가는 건물과 길거리 그 아래에는 무엇이 존재하는지, 이 세계는 어떤 토대 위에 서 있는지 궁금해지면 나는 바닥을 내려다보곤 한다. 거기엔 지난 시대의 사람들이 바쁘게 움직인다. 갈팡질팡하고 우왕좌왕하지만 분명한 문제의식과 시대정신에 맞는 해결법을 찾고 있다. 낡은 관습을 타파하고 불편한 집을 바꾸고 예술을 위대한 것으로 만들고 사랑에 목숨을 건다. 사람은 갔으나 집은 남아 있다. 시대의 변화에 뜨겁게 대응하던 흔적을 그대로 갖고서. 그들은 거기에 있고 우리는 여기에 있지만 거기와 여기는 하나의 세계, 연결된 우주이다. 우리가 뿌리내리려는 이 땅은 결코 공허한 토대가 아니다. 우리의 발아래에는 견고한 시도들과 결정적 방법들이 결구된 현장이 있다.

이제 그 현장으로 안내하려 한다.

2022년 입춘
동자동 작업실에서
최예선

9

차례

별서 정원에서
가로수길까지

I

모던 정원의 풍속화

벚나무 아래에 긁어모은 낙엽의 산더미를 모으고 불을 붙이면 속의 것부터 푸슥푸슥 타기 시작해서 가는 연기가 피어오르고 바람이나 없는 날이면 그 연기가 낮게 드리워서 어느덧 뜰 안에 가득히 담겨진다. 낙엽 타는 냄새같이 좋은 것이 있을까. 갓 볶아낸 커피의 냄새가 난다. 잘 익은 개암 냄새가 난다. 갈퀴를 손에 들고는 어느 때까지든지 연기 속에 우뚝 서서 타서 흩어지는 낙엽의 산더미를 바라보며 향기로운 냄새를 맡고 있노라면 별안간 맹렬한 생활의 의욕을 느끼게 된다.

—이효석, 「낙엽을 태우면서」

동네마다
자기네 꽃이 있다

집필실을 겸한 작업실을 운영한 지 십 년을 넘기고 보니, 새로운 작업실을 구하러 이 동네 저 동네를 구경하는 일도 몇 년에 한 번씩 돌아오는 연례행사가 되었다. 연남동에 마련한 첫 작업실을 접고 후암동으로 온 지도 오 년이 훌쩍 넘었다. 같은 서울 하늘 아래인데도 주민들의 생활은 동네마다 큰 차이를 보인다. 인구 연령 구성도, 직업군이나 집에 대한 성향도, 외국인의 국적과 비율도, 즐겨 사용하는 단어들도 달라진다.

그리고 동네마다 꽃이 다르다는 것도 알게 되었다. 연남동은 능소화의 동네였다. 탐스런 능소화가 집집마다 담벼락 바깥으로 꽃대를 떨어트렸다. 능소화는 단연 7월의 꽃이다. 오렌지색으로 펼쳐지는 여름의 신호가 얼마나 상큼한지 눈이 저절로 꽃을 좇았다. 후암동에 왔더니 능소화는 찾으려야 찾을 수 없고 대신 덩굴장미가 집집마다 피어올라 계절을 반겼다. 장미는 5월의 꽃이다. 딱 5월 한 달만 만개한 뒤 6월이 되면 꽃잎을 길거리에 후두둑 떨구며 말라갔다.

어떤 집들은 이런 유행에서 벗어나 있었다. 2월에 꽃망울을 피우고 3월이면 커다란 흰 꽃을 땅바닥으로 툭 내던지는 목련나무는 자신이 뿌리를 내린 집보다 나이가 더 많아 보였다. 꽃보다 향기로 먼저 존재감을 알리는 라일락은 남산의 경사진 빌라촌의 조그마한 정원에서 주로 보였다. 덩굴장미, 능소화, 라일락, 목련…… 분명 다른 취향, 다른 유행을 좇아 심은 꽃들일 텐데, 계절이 깊어지자 먼저 온 꽃, 뒤늦게 온 꽃 할 것 없이 함께 존재하며 가지런히 피었다가 진다. 내가 어린 시절을 보낸 도시에는 집집마다 동백나무를 심었고, 남쪽의 또 다른 도시에선 비슷한 시기에 석류나무를 심었다. 지역마다 수종이 달라지는 건 기후적 요인이 크겠지만 저마다 특별한 종류를 선택하는 데는 분명 유행도 한몫했을 것이다.

정원에 심는 꽃도 유행이 있다면, 지금은 어떤 꽃을 심을까? 마당이 흔치 않은 요즘은 화분에 담아 실내에서 키울 수 있는 식물이 주를 이룬다. 흙도 물도 필요 없이 공중에 매달려 자라는 틸란드시아나 공기 정화용으로 두는 푸르고 큰 잎을 가진 야자나무류가 자주 보인다. 꽃을 피우지 않아도 상관없으니 주인이 방치하더라도 저 혼자 잘 자라는 식물들이다. 요즘 도시의 생활이 그러하고 지금 우리가 사는 공간이 그러하다는 뜻이 아닐까?

가로수를 도시의 정원수라고 한다면 우리가 가장 자주 보는 정원수는 플라타너스다. 서울의 가로수 중 가장 많은 수를 차지하며 2위인 은행나무를 멀찍이 따돌린다. 플라타너스는 기이한 생물체다. 생명력으로 무성할 때는 존재감이 크지 않다가 냉정하게 가지치기를 당한 뒤에는 계속 눈에 띈다. 플라타너스의 전지 작업은 여간 애처로운 게 아니다. 팔다리가 다 잘려 나간 섬뜩한 느낌마저 줘서 왜 이렇게까지 해야 하나 마음이 쓰이는 것이다.

가로수의 역사는 천 년을 훌쩍 넘는다. 삼국 시대부터 길을 표시하기 위해 주요 도로에 나무를 심었다는 기록이 있고, 조선 시대에는 국왕의 행차가 지나가는 도로에 소나무와 능수버들을 심었다고 전한다. 대한제국기에도 도로의 경계선을 표시하고 보기 좋게 꾸미는 용도로 전차 노선 주변에 백양목을 심은 기록이 있으나, 본격적인 가로수 식재는 일제강점기에 도로를 정비하면서 시작되었다. 이때의 가로수 수종은 아까시나무, 양버즘나무(플라타너스), 양버들나무(포플러), 향나무가 주를 이뤘다.

당시 경성에서 대표적인 가로수 거리는 조선총독부 앞에서 숭례문에 이르는 태평로와 세종로, 경희궁에서 파고다 공원에 이르는 종로대로, 안국동에서 돈화문에 이르는 길, 장충동 신작로, 경성제국대학과 제국대학 부속의원● 주변, 그리고 조선은행에서 을지로 일대의 전차로 등이다.[1] 약학전문학교가 있는 훈련원 광장에는 버드나무를, 돈화문 거리에는 포플러를 심어 분위기를 돋웠다. 걷기 좋은 거리의 원년이었다. 그러나 낯선 환경에 적응하지 못한 외래종 가로수들은 줄줄이 고사했고, 적응력이 가상 뛰어난 플라타너스가 이들 종을 대체했다. 1940년대가 되면 경성의 가로수는 대다수가 플라타너스로 변한다.

● 1908년 대한의원으로 개원했으며 1910년 조선총독부 의원이 되었다가 1928년 경성제국대학 의학부 부속의원으로 개편되었다. 1945년 광복 이후 서울대학교 부속병원으로 그 역사가 이어지고 있다. 이 길은 지금의 대학로다.

1 대한의원(경성제국대학 부속병원) 진입로에 식재된 가로수.

2 조선은행(지금의 한국은행)에서 종로까지 이어지는 전차로. 흰색 줄무늬가 보이는 벽돌 건물은 조선식산은행이다.

3·4 조선은행에서 남대문으로 향하는 도로도 가로수 거리였다.

가로수는 분위기의 산물이다. 회색 도시에 뿌려진 초록빛은 시원한 호흡을 주고, 쭉 뻗은 대로변의 키 큰 나무들이 보여주는 수직의 상승감은 도시를 역동적으로 보이게 한다. 여기에 붉은 벽돌 건물과 흰 시멘트 도로가 그리는 경쾌한 색감의 직선들이 도시성과 낭만성을 고조시킨다. 낮에는 가로수가 대로변을 걷는 도시인들에게 그늘의 쾌감을 전해주었고, 밤에는 곳곳에 가로등이 켜져 화려한 밤거리를 선사했다. 근대 도시를 경험하는 표상으로 공원, 가로수, 가로등을 꼽기도 한다.

가로수에 대한 담론도 활발하게 펼쳐졌다. 『삼천리』 1936년 1월호에 등장하는 「모던 서울 설계안」이라는 기사에는 모던 서울이 갖춰야 할 항목 12가지 중에서 첫 번째로 가로수를 들었다. 영화배우이자 인사동에서 다방 '비너스'를 운영한 복혜숙이 쓴 이 기사는 광화문통 넓은 거리는 수양버들이 어울리며, 종로는 힘 있게 공중으로 쪽쪽 솟는 포플러가, 문화 거리와 종교 거리는 빨간 감이 열리는 감나무가 어울린다고 도시의 미감을 상세히 그렸다. 이효석과 홍난파는 대★경성으로 거듭나기 위해 필수적인 항목을 묻는 『삼천리』의 설문 조사에 '더 많은 가로수'를 꼽았다.[2]

플라타너스는 서울의 나무라고 해도 과언이 아니지만 안타깝게도 가로수로 적절한 수종은 아니었다. 넓은 잎사귀라는 뜻을 가진 'platys'에서 파생된 이름처럼, 플라타너스는 오염 물질을 흡착해 수분을 많이 내어놓고 이산화탄소의 저장 능력이 뛰어난 커다란 잎사귀가 특징이다. 도시의 열섬 효과를 막아주고 여름에는 무성한 그늘을 제공해주며 건조한 도시에서도 잘 자란다. 자라면서 줄기 부분의 나무껍질이 얇게 떨어져 나가는 모양새가 얼굴에 피는 버짐 같다고 해서 '양버즘나무'라고 부른다.

그러나 성장 속도가 빨라도 너무 빨라서 대책 없이 몸을 부풀리는 바람에 보도블록을 망가트리고, 뿌리를 깊이 내리지 않는 특성 탓에 태풍이 불면 뿌리째 넘어가 사고 위험을 초래하기도 한다. 플라타너스 열매에 붙은 미세한 털이 날릴 때면 호흡기 질환의 주범이 되기도 한다. 2000년대 이후부터 플라타너스는 가로수 명단에서 사실상 퇴출되었다.

나는 플라타너스와 깊은 인연이 있다. 내가 칠 년 가까운 시간을 보낸 연남동 작업실은 키 큰 플라타너스가 도열한 도로변 일층에 있었다. 플라타너스는 경이로움 그 자체였다. 봄여름가을겨울봄여름가을…… 나는 모든 계절을 지나며 플라타너스가 어떻게 변화하는지 지켜보았다. 플라타너스는 많은 가로수 중 하나가 아니라 내가 매일 보는 존재였고, 작업실 앞 보도는 나만의 정원이었다. 수많은 사람들이 그 길을 지나다녔지만 플라타너스의 존재를 알아차리거나 유심히 바라보는 사람은 오로지 나뿐이었다.

여름을 지나며 사람의 얼굴을 감쌀 정도로 커진 잎사귀가 바람이 불면 심상치 않게 굴러다녔고, 때가 되면 수피가 갈라져 속살이 드러

났다. 너무나 멋진 무늬를 만들었기 때문에 그것이 나무의 상처라고
는 전혀 생각하지 못했다. 가을에는 커다란 잎사귀가 툭툭 떨어져 바
닥에 엄청난 부피로 쌓였고, 봄이 다가오면 어느새 사다리차가 나타
나 잎이 무성한 가지를 아무렇게나 잘랐다.

플라타너스는 아랑곳하지 않고 엄청난 속도로 잎사귀를 불렸다.
그럴 때면 아름다움 따위 모르는 야생의 생명체였다. 심미, 녹지, 경
쾌, 도시 등의 문화적인 상징과는 전혀 어울리지 않는 짐승 같은 생명
력만 있을 뿐이었다. 정원사라면 이렇게 보기 흉하게 자르지는 않을
텐데, 나는 플라타너스의 몸을 쓰다듬으며 자주 중얼거렸다. 이 도시
에는 정원사가 더 많아져야 한다고.

김현승은 이렇게 노래했다. "꿈을 아느냐 네게 물으면 / 플라타너
스 / 너의 머리는 어느덧 파아란 하늘에 젖어 있다 / 너는 사모할 줄
모르나 / 플라타너스 / 너는 네게 있는 것으로 그늘을 늘인다……"
너를 지켜 오직 이웃이 되고 싶을 뿐이라고 노래했던 시인은 플라타
너스의 친숙하고 무심한 풍요로움에 가치를 부여한다. 무심한 풍요
로움은 꽃나무가 가져야 할 덕목 중의 덕목이다. 지금은 거의 찾아보
기 어려운 포플러도 같은 이유로 자주 문인들의 부름을 받았다. 포플
러는 미국에서 들여온 버드나무라 하여 미류美柳나무라고도 하고, 미
루나무라고도 한다. 김교신은 「포플러나무 예찬」에서 이렇게 말했다.

포플러는 그 줄기나 가지나 다만 일직한 것 외에 볼 것이 없다.

기기묘묘한 곡절도 없고 시선을 새롭게 할 만한 색채도 없다. 다만 푸르고 오직 곧고 긴 것뿐이다. 그러므로 이른바 수석을 즐기며 분재를 일삼는 이들에게는 포플러는 하등의 취할 점이 없으나 우리에게는 그 취할 데 없는 점이 고귀하다. 곡예와 술책은 다른 나무에 구하라. 그리고 오직 순직하고 단명한 것만은 포플러나무에서 찾으라.

이쯤 되면 "종로에는 사과나무를 심어보자. 을지로에는 감나무를 심어보자"던 흘러간 노래 한 소절도 떠오른다. 이 노래의 제목이 '서울'이란 것을 알아챈 사람이 있을까? "거리마다 푸른 꿈이 넘쳐흐르는 아름다운 서울"을 희망하는 노래였다. 사과와 감이라는 토속적인 과일이 도시의 표상에 적용될 때 이 도시는 어떤 이야기를 품게 될까? 양버즘나무, 양버들이라는 서양에서 유래한 나무들이 지나칠 정도로 발육할 때, 작지만 단단하게 뿌리를 내리고 때가 되면 풍요로운 과실을 맺는 이들 나무의 결정적인 차이점이 불러올 이야기 말이다.

그럼에도 불구하고 백 년을 바라보며 메마른 잎사귀를 키우고 또 떨구는 플라타너스, 그 무용하고 무심한 존재와 우리는 여전히 함께 살고 있다. 정취와 분위기 따위는 먼지 속에 파묻혀버린 도시의 정원에서.

일고 지혜도 없이
성큼성큼 자라나는

꽃을 심고 가꾸는 행위는 유래를 찾는 것이 무의미할 만큼 오래된 행위다. 조선 초기의 문신인 강희안이 쓴 『양화소록』은 우리나라 최초의 원예백과사전으로 알려져 있다. 세종 31년에 강희안은 이조정랑의 임기를 마치고 부지돈녕의 자리에 올랐다. 강희안이 말하기로, 돈녕은 딱히 하는 일이 없는 자리였다. 그래서 조참과 부모님을 보살피는 일을 제외한 나머지 시간은 오로지 꽃을 가꾸는 일에만 몰두했다. 그의 화초 수집이 꽤 근사했던지, 벗들도 특이한 꽃을 얻게 되면 그에게 주어 기르게 했다. 강희안은 수많은 화초를 가질 수 있었다.

꽃나무를 모으고 오랫동안 바라보았더니 저절로 다가오는 것이 있었다. 꽃나무를 죽이지 않고 잘 양생하는 일은 자연과 인생을 깊게 사유하는 태도라는 것이다. 강희안이 쓴 글은 겸손한 선비의 음성으로 번안되는데, 나는 그가 만지기만 해도 꽃이 살아난다는 '그린 핑거'의 자질을 감추고 있었으리란 걸 안다. 『양화소록』은 유학자가 고요하게 소일하며 알게 된 꽃과 나무의 습성과 성정 스토리가 주를 이루지만, 꽃을 빨리 피우는 법, 화분을 배열하는 법, 모든 꽃이 싫어하는 것과 좋아하는 것 등 실용적인 원예 정보도 담았다. 이것이야말로 강희안이 좋아하는 행위였을 것이다.

원림(정원)은 조선 선비들이 표출할 길 없던 취향을 집중시킨 장소다. 좋은 땅을 골라 별서를 짓고 원림을 꾸미는 활동은 풍류의 가장 상위 단계에 속했다. 살림집과 떨어진 곳에 단출하게 별서를 짓고 은둔하며 자연과 일치되는 감수성을 즐겼던 것이다. 별서 욕구가 큰 사람들은 여기서 멈추지 않고 연못을 조성하거나 언덕을 쌓고 나무를 심어 자신만의 자연을 창조했다.

자연의 조화로운 풍경 없이 별서는 완성되지 않는다. 일상을 벗어난 공간으로 자연을 선택한 뒤엔 의도된 형태로 자연의 풍경을 배치할 줄도 알아야 한다. 의도된 풍경은 집의 분위기를 만든다. 보길도에 조성된 윤선도 원림이나 담양 소쇄원은 이상적인 세계관을 투영한 상상의 풍경을 자연 속에 대담하게 실현해놓은 원림이다.

우리 옛집에서 마당과 정원은 분명히 구분된다. 전통 한옥에는 마당에 꽃나무를 심지 않았다. 마당은 집안의 다양한 활동이 벌어지는 곳이었다. 안마당, 바깥마당, 사랑마당 등이 각기 고유의 행사를 치르는 공간이기에 매일 아침 마당을 싸리비로 쓸어 잡풀을 솎아냈다. 고할 것이 있는 양민들이 달려와 대감마님 앞에 납작 엎드리는 곳이 사랑마당이었다.

식물을 완상하기 위한 공간은 후원에 집중되었다. 집 뒤뜰에 화계花階를 층층이 쌓고, 층마다 어울리는 꽃나무를 심고 가꾸었다. 심미안이 돋보이는 기묘한 수석과 고운 모양을 갖춘 분재 화분은 가장 아랫단에 놓았다. 그 뒤편은 벽돌이나 돌로 아름다운 무늬를 짠 꽃담을 쌓았다. 받아 온 씨앗을 심고 가꿀 자투리 땅도 여기에 있었을 것이다.

그리고 식물을 양생하는 집요하고 집중적인 활동이 이어졌다.

이상 세계를 창조하는 것이 옛 문인들의 원림이라면 근대의 정원은 일상을 맹렬하게 탐구하는 장소로 볼 수 있다. 정원은 취향과 노동을 교환하는 곳이다. 마음만으로는 자연이 펼쳐놓은 세계를 감당해낼 수 없다. 자연을 추구하는 욕망은 언제나 실패하게 되어 있다. 욕망과 불가능과 실패가 난무하는 정원은 그러므로 사유와 멜랑콜리의 영역이다.

수연산방은 글을 잘 쓰기로 소문난 모던 문필가 이태준이 가족과 함께 살던 집이다. 요즘은 이태준이라는 이름을 아는 사람은 드물 것이고, 전통차를 마시고 정원을 구경하는 고택 카페로 알고 오는 사람들이 많다. 수연산방은 성북동에서 정원이 아름다운 고택으로 손꼽힌다. 그런데 좁은 마당을 복잡하게 가득 채운 꽃나무들을 보면 이 정원을 어떻게 감상해야 할지 혼란스러울 때가 많다. 옛집의 정갈한 마당도 아니고, 의도적으로 특별한 의미를 담아 꾸며놓은 테마 정원도 아니다. 그렇다고 모던 시대의 집살이를 엿보게 하는 정원이라고 하기도 어렵다. 언제부터 수연산방은 정원이 유명한 집이 되었을까?

수연산방이 있는 성북동은 근대를 풍미한 문학가와 예술가의 흔적들이 선연하고, 시대마다 변화해온 주택지의 풍경이 켜켜이 드러나는 곳이다. 집이 백 년이 되었든 오십 년이 되었든 바로 어제 지어졌든 각기 다른 시대의 집들이 서로 어울려 공존한다. 이런 역사적인 풍경은 난개발로 두서없는 표정을 가진 교외 도시들이 갖지 못한 안정감과 감수성을 보여준다.

산 중턱을 길게 가로질러 복원된 한양 도성의 새하얀 성곽이 자잘하고 촘촘하게 놓인 집들에 위엄을 얹어주었다. 성북동에는 오래전부터 있던 별장, 외국인 저택, 대사관저 등 부유하고 대단한 저택들도 한쪽 구역을 차지하는데, 이런 집들도 조촐한 집들과 마찬가지로 경사를 따라 휘어지는 도로 주변에 조심스럽게 들어앉아 있다. 이 도로는 물길을 거슬러 올라가는 느낌을 주는데, 과거엔 실제로 물길이었을지도 모른다.

내셔널트러스트 문화유산기금●이 둥지를 튼 최순우옛집도 성북동에 있다. 이 집은 '서울 한옥'으로 내가 첫손에 꼽는 곳이다. 최순우옛집이나 심우장처럼 온전히 옛 모습을 보여주는 집도 있고, 김용준, 박태원, 김환기의 집처럼 이야기로만 남은 집터도 있다. 수연산방은 이 둘 사이에 다리처럼 놓여 있다. 그것은 과거를 잇는 다리이기도 하고 이야기를 잇는 다리이기도 하다.

내가 그 다리에 섰을 무렵은 여름이 막 시작될 때였다. 수연산방의 정원은 생명력으로 충만해진 상태였다. 역동하는 잎사귀들이 기세를 올리며 서로 인접한 나무들이 내뿜는 기운과 힘껏 부딪혔다. 축축

● 내셔널트러스트 문화유산기금은 시민들의 자발적인 모금, 기부, 증여를 통해 보존 가치가 있는 문화유산을 확보하고 시민신탁자산으로 영구히 보존 관리하는 비영리재단이다. 자연유산의 확보와 보존에 힘쓰는 한국내셔널트러스트와 함께 활동한다. 내셔널트러스트 문화유산기금이 확보한 제1호 시민자산인 혜곡 최순우 기념관(최순우옛집)을 거점으로 삼고 있다.

1 이태준 산문집 『무서록』은 1941년 박문서관에서 출간했다. 장정은 근원 김용준이 맡았다.

2 성북동 이태준 가옥이 소개된 『신가정』 1933년 7월호의 표지.

하고 뜨거운 기운들이 아찔했다. 어떤 나무이고 어떤 꽃인지 속속들이 구분할 수 없을 정도로 짙푸르다. 나는 정원의 무질서한 생명력에 압도되었다. 1932년 혹은 1933년 이태준이 성북동에 집을 짓고 살던 그때에도 이 집은 탐스러운 정원이 있는 집으로 이미 유명세를 타고 있었다. 잡지『신가정』에서 가정 탐방기를 연재하던 기자도 콕 집어서 정원을 보겠다고 수연산방을 찾아오기까지 했다. 이 집과 나이가 비슷한 사철나무가 대문 맞은편에서 당당히 자라고 있다. 단풍나무와 회화나무들도 적어도 수십 년은 자란 듯 무성하고 푸르다. 그렇다면 이 꽃나무들은 이태준이 애지중지 키우던 그 나무들일까?

이태준의 고아한 취향과 예민한 성향을 잘 보여주는 산문집『무서록無序錄』에는 꽃과 나무의 사연과 낱낱의 감정이 길게 적혀 있다.『무서록』은 순서 없이 묶은 글, 되는 대로 쓴 글이라는 뜻이다. 두서없이 쓴 글을 그저 모아 만든 책의 제목이 이렇게 멋질 일인가? 몇 페이지 넘기면 등장하는「화단」이라는 짧은 글은『무서록』의 감수성이 무엇인지 보여준다. 나는 정원과 집터를 옛 주인으로부터 넘겨받은 이태준이 화단에 가만히 서서 나무 한 그루 꽃 한 송이 차근차근 들여다보는 모습을 눈앞에 그려보았다.

찰찰하신 노주인이 조석으로 물을 준다, 거름을 준다, 손아孫兒들을 데리고 일삼아 공을 들이건만 이러한 간호만으로는 병들어가는 화단을 어찌하지 못하였다. (중략)

원래 서화를 좋아하는 어른으로 화초를 끔찍이 사랑하는 노인이라, 가만히 보면 그의 손이 가지 않은 나무가 없고 그의 공이 들지 않은 가지가 없다. 그중에도 석류나무 같은 것을 철사를 사다 층층이 테를 두르고 곁가지 샛가지를 자르기도 하고 휘어붙이기도 하여 삼층 나무도 되고 오층으로 된 나무도 있다. 장미는 홍예문같이 틀어 올린 것도 있고 복숭아나무는 무슨 비방으로 기른 것인지 키가 한자도 못 되는 어린 나무에 열매가 도닥도닥 맺히었다. (중략)

그러나 다행히 이러한 화단이 우리 방 앞에 있음에도 불구하고 나는 한 번도 노주인의 재공을 치하하지 못한 것은 매우 서운한 일이라고 생각한다. 그가 있는 재주를 다 내어 기른 그 사층 나무, 오층 나무의 석류보다도 나의 눈엔 오히려 한편 구석 응달 밑에서 주인의 일고 지혜도 없이 되는 대로 성큼성큼 자라나는 봉선화 몇 떨기가 더 몇 배 아름답게 보이기 때문이다.

— 이태준, 「화단」, 『무서록』

이태준이 살았던 성북동은 짧은 소설 「달밤」에 적힌 대로 전차도 없고 밤이면 늑대가 우는 무주구천동 같은 곳이었다. 그가 일가를 몰고 성북동으로 들어온 이유를 추론해보자면, 경성 시내의 악명 높은 주택 상황이 한몫했을 것이다. 살 집은 부족하고 집세는 턱없이 높았다. 사대문 안에서는 도저히 해결의 실마리가 없다는 건 누구나 아는 사실이었다. 조선총독부가 1934년 대경성도시계획을 발표하며 도시

확장을 공식 선언하기 이전에도 경성의 경계는 교외로 계속 넓어지고 있었다. 주로 대규모 주택촌이 자리 잡은 지역들이 어엿한 마을로 변해갔다.

경성 시민들이 갖고자 했던 집은 자연 경관이 아름답고 공기가 맑은 교외 주택이었다. 성북동은 시내와 가까우면서도 교외 주택지의 입지적 특성을 갖추고 있었다. 그러나 부자들의 별장이 드문드문 지어졌다고는 해도 이태준의 집은 '글 짓는 사람들이 산에 모여 공부하는 곳'●이라는 이름이 이상하지 않을 정도로 외진 곳이었다.

천만다행으로 절친인 김용준이 가족들과 함께 성북동으로 들어왔다. 김용준과 이태준은 매우 특별한 관계였다. 이태준이 어려운 환경에서 일본으로 건너가 일과 공부를 병행하느라 몹시 고단하던 그때, 화가이자 미술사가, 미술평론가가 되는 동갑내기 김용준을 만나 평생의 지기가 되었다. 이태준이 먼저 성북동에 들어와 터를 닦자, 김용준도 뒤를 이었다. 삼십대에 이르러 삶의 방식이 비슷한 사람들끼리 모였으니 이들의 성북동 시절은 인생에서 가장 그윽한 시절이라 해도 과언이 아닐 것이다.

수연산방은 높은 경사지에 기대고 있는 좁고 길쭉한 땅에 지어졌다. 기와를 얹은 조그마한 대문을 통과하면 오른편에 누마루가 돋보

● 수연산방壽硯山房의 뜻이 이러하다.

29

이는 본채가 있다. 본채는 평평한 쪽에 단을 높이 올려 지어 경사지라는 느낌이 별로 들지 않는다. 원두막처럼 생긴 정자와 현대식으로 지은 북카페로 구성된 별채는 대문의 왼편으로 계단을 몇 개 밟고 올라간 높은 지대에서 본채를 바라보고 서 있다. 두 건물이 썩 잘 어울리지 않는 이유는 지어진 시대가 다르기 때문만은 아닐 것이다. 찻집을 찾아온 손님들을 맞이할 장소를 늘리다 보니 급히 지은 티가 역력하다. 별채와 본채 사이의 길과 마당은 나무와 식물이 빽빽하게 채워져 두 건물을 무한히 먼 존재처럼 떨어뜨려 놓았다.

나는 안채에서 가장 좋은 자리를 차지할 기회를 얻었다. 누마루를 바라보는 넓은 창이 바로 앞에 있는, 이 집에서 풍경이 가장 좋은 자리다. 창밖으로 단풍나무의 넓은 가지가 시원스레 펼쳐졌다. 자연이 아득한 듯 가까이 있다. 목재를 세공한 난간이 누마루에서 툇마루까지 감쌌다. 난간에도 점잖은 취향과 미의식이 담겨 있다. 햇볕이 서쪽에서 길게 내리쬘 때면 난간의 무늬가 마루에 기하학적인 그림자를 그린다.

안채는 안방과 대청 뒤쪽으로 부엌과 건넌방 등이 한 겹 더 있는 겹집 형태를 취하고 있다. 대지가 좁고 공간적 여유가 많지 않아 한 채 안에 기능을 밀집시켰지만, 실생활에서는 이 구조가 더욱 편리했을 것이다. 필지에 맞게끔 ㄱ자 집을 겹쳐 중정을 둘러싼 형태도 아니고 도로변에 면한 문간채도 없으니, 건립 시기가 비슷한 시내의 소규모 도시형 한옥들과 비교했을 때 구조적으로 분명히 다른 집이다.

실제로 보이는 공간 말고도 감춰진 실내 공간이 많다. 벽지로 매끈하게 마감한 벽에는 벽장문이 숨겨져 있다. 그 뒤로 우리는 보지 못하는 다른 공간들이 이어진다. 수납 공간처럼 보이지만 다른 방으로 가는 통로일지도 모른다. 이태준은 "뉘 집에 가든지 좋은 벽면을 가진 방처럼 탐나는 것이 없다. 넓고 멀찍하고 광선이 간접으로 어리는, 물 속처럼 고요한 벽면"이라고 말한 적이 있다. 그런 벽에 낡은 그림 한 폭 걸어놓고 바라보고 싶다던 그의 읊조림이 떠오르는 벽이다.

　정원으로 나와 담을 따라 복작복작하게 피어난 것들을 살펴보았다. 패랭이꽃과 붉은 수국이 활짝 피었다가 지는 중이다. 돌확(돌로 만든 작은 절구)에는 옥잠화가 담겨 있고, 산수유나무와 단풍나무가 대문을 가릴 듯 몸을 세웠다. 대문을 들어서면 바로 맞은편으로 보호수로 지정된 사철나무가 화계의 영역을 장악하며 너른 팔을 펼친다. 이태준이 살던 시절에는 안채 뒤의 경사지에 화계를 놓아 작은 후원을 만들었다고 하는데, 지금은 손님들이 화장실로 가는 길이라 감상의 장소라고 보기는 어렵다.

　벽과 물과 초목, 수연산방에서 보아야 할 세 가지를 이렇게 꼽고 싶다. 물이 보이지 않는데도 왠지 살갗을 파고드는 축축한 기운을 물리칠 수가 없다. 지금은 복개되어 넓은 빈터가 되었으나 이태준 시절에는 집 앞으로 개천이 흘렀다. 물길을 건너 자그마한 대문을 통과하는 집이었으니, 안동의 만휴정 원림이 떠올랐다면 과감한 상상일까? 이 집을 구조적으로 살펴보면 보통의 살림집이라기보다는 별서 가옥에 가깝다. 수연산방의 정원을 별서 정원으로 파악한다면 이 정원이 품어온 풍경이 무엇인지 사유할 수 있지 않을까?

이태준의 애지중지
파초는 어디로 갔을까?

그 시절 이태준이 가꾸던 집과 정원은 어떤 모습이었을까? 몇 장의 사진에서 이 궁금증을 해결해보려 한다. 하나는 이태준의 가족사진이다. 총총히 꽃이 피어난 화단 앞에 다섯 아이와 부부가 서 있다. 무슨 일이 있었기에 아이들이 터져 나오는 웃음을 참지 못해 깔깔 넘어가는 걸까? 이태준의 얼굴도 미소로 가득하다. 아내는 웃음을 참느라 입술을 꼭 깨물었다. 또 하나는 대문 앞에 서 있는 이태준의 독사진이다. 이마가 반듯하고 눈이 깊다. 그림자가 내린 담담한 시선이 그윽하다. 수석과 화분 두어 개가 대문 왼편의 돌담 위에 가지런히 놓여 있고 오른편에는 과실수로 보이는 나무가 지지대를 받치고 서 있다.

두 사진을 나란히 두었더니 마치 한 장의 사진처럼 이어진다. 카메라를 한곳에 고정한 채로 방향만 돌려서 찍은 것처럼 보인다. 사진의 연대는 명시되어 있지 않으나 막내 소현이 1940년에 태어난 걸 감안하면 이태준이 안고 있는 가장 어린 아이가 돌을 지난 것으로 보이니 1941년 혹은 1942년쯤 되었을 것이다.

이태준의 가족, 그리고 집. 1940년대 초반에 촬영된 사진이다.
두 사진을 나란히 놓으니 집과 정원의 분위기에 좀 더 가까워진 것 같다.

마당은 소실점을 품는다. 기준이 되는 소실점을 찾으면 건물을 파악할 수 있다. 두 사진을 나란히 놓고 보니, 가족사진의 배경에 보이는 건물이 현존하는 본채 마당이 아니라 대문을 들어서서 왼편에 자리한 별채 자리—지금의 원두막 정자와 북카페가 있는 자리—에 놓였음을 알게 되었다. 전통적인 대청마루와 '상심루'라고 적힌 현판이 보인다. 사진에는 집의 오른편이 나오지 않으나 그 자리에 방이 하나 더 있었을 것이다. 방은 장지문 바깥으로 덧문을 달아 품위와 실용을 모두 갖췄다. 덧문은 양쪽으로 정갈하게 열어 걸어둔 상태다. 『무서록』에는 이 집을 "여러 해 별러 초려 한 칸을 지어놓고 공부할 책 몇 권과 눈을 쉬일 회화 몇 폭을 걸어놓고 상심루란 현판을 얻어 걸어놓은 지 이미 7, 8년"이라고 적혀 있다. 그러니 이태준이 처음 지은 집은 대문 왼쪽에서 동남향으로 앉은 상심루가 틀림없다.

두 사진이 담아내지 못한 부분에 나무 한 그루가 서 있다. 지금 그 자리에는 제법 고목이 된 활엽수와 가지를 길게 뻗은 사철나무가 자란다. 당시와 같은 나무일까? 상심루는 한국전쟁 때 파괴되었고, 어수신한 건물들이 지어질 때까지 그 자리는 비어 있게 된다.

"벼르고 벼르다 물자가 귀하고 가격이 급등한 즈음에 안채를 짓기 시작했는데"라고 『무서록』에 쓴 것에 비추어보면, 이태준 가족은 오랫동안 상심루에서 생활하다가 뒤늦게 안채(본채)를 짓게 된 모양이다. 그는 공사업자에게 도급을 주지 않고 조선집을 잘 짓는 노련한 목수 몇 명을 불러 직접 일을 맡겼다. 예순에서 일흔 사이의 늙수그레

한 목수들은 문서 한 장 도면 한 장 그리지 않고 열 칸 집을 뚝딱뚝딱 지었다.

집 짓는 마음이 얼마나 복잡했을까마는, 얼마 지나지 않아 이태준은 목수 할아범들이 곰방대를 입에 물고 쉬는 동안 주거니 받거니 하는 만담까지도 여유 있게 받아들이는 정도가 되었다. 세상 물정에서 멀찍이 떨어진 할아범들이 꺼내놓는 신기한 경험담은 글 쓰는 사람의 글감 상자를 열게 만들었다. 십장이 아니라 '선다님'으로 불리는 칠십 노인은 탕건을 쓰고 허리띠에 안경집과 쌈지를 늘어트린 옛 사람의 모습 그대로였다. 합죽선(접었다 폈다 하는 부채)을 모아 쥐고 장죽까지 꽂았으니 신문물에 탁월하면서도 옛것에 심취한 젊은 집주인의 마음을 사로잡았겠다. 그 선다님의 작품인 본채가 지금껏 남아 있는 셈이니, 이 기록 덕분에 이 집의 이야기가 또렷해졌다.

기와지붕이 날렵하고 누마루가 우아한 이 집에는 친구 김용준의 흔적도 담겨 있다. 문 위에 걸린 네 개의 현판을 살펴보자. 누마루 위에 문향루聞香樓(향기를 듣는 곳), 툇마루 쪽에 기영세가耆英世家(뜻이 높고 고매한 노인들이 기거하는 곳), 죽간서옥竹澗書屋(대나무를 비껴 서서 계속 물소리가 들린다는 뜻), 그리고 출입하는 곳에 걸린 수연산방이다. 이 현판 글씨는 집자(글자를 베껴 쓰고 먹칠을 하여 원하는 글자를 모으는 일)해서 만들어진 것으로 문향루와 기영세가는 추사 김정희의 글씨로 알려져 있다. 잡지 『문장』의 표지를 디자인하던 김용준이 추사의 글씨가 나왔다는 소식이 들리는 족족 보러 다녔던 터라, 그 바람에 이태준도 추사의 글씨를 얻어 현판을 만들게 된 것이다. 『무서록』에 등장하는, 추사의 글씨를 잘 아는 선부공은 바로 근원 김용준이다.

이태준과 그의 친구들은 식물이 창조하는 풍경에 흠뻑 빠졌다. 김용준은 자신의 집을 '노시산방老枾山房(늙은 감나무가 있는 집)'이라 부를 만큼 마당에 뿌리내린 감나무 사랑이 깊었고, 이태준은 해마다 이국적인 감상을 전해주는 파초에 정성을 쏟았다. 천연 비료인 깻묵은 물론, 선지와 생선 씻은 물을 주어가며 파초를 정성스레 보살폈다. 파초는 성북동에서 제일 크고 아름답게 자라나 주인을 흡족하게 했다. 잘 자란 파초를 팔아서 큰돈을 받아 집수리에 보태라고 권하는 이도 있었으나 이태준은 응하지 않았다. 그 이유는 커다란 잎에 떨어지는 장쾌한 물소리를 너무나 좋아했기 때문이었다.

> 비 오는 날 다른 화초들은 입을 다문 듯 우울할 때 파초만은 은은히 빗방울을 퉁기어 주렴珠簾 안에 누웠으되 듣는 이의 마음에까지 비를 뿌리고도 남는다. 가슴에 비가 뿌리되 옷은 젖지 않는 그 서늘함, 파초를 가꾸는 이 비를 기다림이 여기 있을 것이다.
>
> —이태준, 「파초」, 『무서록』

긴 비가 내릴 때나 햇살이 푸를 때나 멋진 풍경을 선사했던 파초. 그렇다면 이태준이 애지중지하던 파초는 수연산방의 어디에서 자랐을까?

『신가정』 1933년 7월호 가정 탐방기에 실린 이태준 가옥의 정원 풍경. 아직 기와를 얹지 못한 문으로 들어서면 집으로 향한 돌계단이 보이고, 그 주변으로 화단이 조성되어 있다. 대문 옆에 자리한 작은 화단에 파초의 큰 잎이 너울거리는 모습(오른쪽 위 사진)이 보인다. 잡지 『문장』의 표지를 맡았던 김용준은 1939년 6월호 표지로 파초(오른쪽 아래 사진)를 그렸다. 한옥의 문살 너머 자리한 파초는 이태준의 집 상심루에서 바라본 파초의 모습이라 짐작할 수 있다.

잡지 『신가정』의 1933년 7월호 가정 탐방기에는 지금은 잃어버린 수연산방의 정원 풍경을 보여주는 단서가 숨어 있었다. 기사에 딸린 꽃이 무르익은 풍경을 담은 석 장의 집 사진은 정지된 시간 속으로 우리를 부른다. 가정 탐방기의 담당 기자는 6월의 뙤약볕 아래 땀을 흘리며 수연산방을 찾아가고 있었다. 시내 가까운 곳에 넓고 깨끗한 기와집을 짓고 살아도 될 텐데, 굳이 외진 곳에 사는 예술가 부부(이태준의 아내 이순옥은 이화여전 음악과 출신이다)가 수수께끼라며 고개를 갸웃거리면서도 그 집에 대한 은근한 기대를 여실히 드러냈다. 이어지는 기사에서 수많은 꽃이 핀 사랑스런 풍경을 묘사한 글에는 감탄스러운 어조가 듬뿍 담겨 있다. 나무와 꽃으로 둘러싸인 초옥이더라는 짧은 감상도 얹어두었다.

선명하지 않은 석 장의 사진은 이 집에 대해 많은 것을 알려주었다. 대문 위에는 덩굴이 자라 오르도록 나무 얼개가 씌워져 있고 돌계단을 두 번 꺾어 올라가는 언덕 위에 집이 앉아 있다. 그러니까 나무 사이로 자갈 마당을 만들어 지나다니기 수월하게 해놓은 지금과 달리 그 자리에 돌담을 쌓아서 정원을 조성하고 그 옆으로 널찍한 돌계단을 놓았던 것이다. 돌계단은 정원을 빙 돌아서 최종 목적지인 상심루 대청으로 향한다. 집으로 가는 길은 풍경 속으로 들어가는 행위나 마찬가지였을 테니, 돌아갈지언정 상심루 앞 화단의 꽃나무를 방해하지 않았던 것이다.

상심루가 이런 식으로 조성되었다면, 본채(안채)가 지어진 다음이라 해도 두 건물의 관계는 지금과 달랐을 것이다. 빽빽한 나무들이 두 건물의 시선을 가로막으며 서로 무관한 존재인 양 무한의 거리를 만드는 게 아니라, 이곳과 저곳의 나무와 꽃들이 빛깔과 햇살을 교환하며 서로 연결되어 있었을 것이다. 이 사진을 확인한 후에야 왜 지금의 별채와 본채가 어색하게 존재하는지, 정원의 풍경이 자연스럽지 못한지 이해할 수 있었다.

문제의 파초는 두 번째 페이지에 등장한다. 대문 옆에 널찍한 잎사귀를 펄럭거리는 파초가 놓여 있다. "좁은 마당가로 파초나무 한 개가 제법 넓은 팔을 벌리고 흔들흔들하고 석류나무가 꽃방울이 맺혀 있었습니다"라고 기자는 묘사했다. 그렇다면 파초가 있어야 할 자리에 아무것도 없는 1940년대 초반의 가족사진에 의혹이 생긴다. 결국 그는 파초를 처분하고, 그 값으로 새집의 지붕을 올린 것일까? 아니면 안채를 지은 뒤에는 누마루 앞으로 옮겨 심고 오래오래 바라보았을까?

기사를 좀 더 읽어보자. 외출 중인 이태준을 대신하여 아내 이순옥이 기자를 맞아 정원으로 안내한다. "이 선생 수필을 보니까 무궁화를 조선의 꽃이 아니라고 하고 진달래만 추켜올렸던데, 왜 무궁화를 심었어요?"라고 기자가 질문을 던지자, 이순옥은 이전 집주인이 심어놓은 무궁화를 차마 뽑아내지 못해서 그대로 두었다고 답하며 꽃 이야기를 이어갔다.

꽃이 지천이었다. 담 안쪽 정원은 말할 것도 없고 담장 밖에도 단을 가꾸어 빙 둘러가며 나무를 심었다. 나무 사이에 한련, 봉선화, 달리아, 해바라기가 꽃을 피웠다. 집 울타리를 돌아가며 나무를 심었고, 울 밑에는 갓나무, 진달래, 채송화, 백일홍이 새싹을 피워 올렸다. 마당 한편에는 작은 채마밭이 조성되었는데, 이곳은 아내 이순옥의 몫이었다.

이태준은 꽃을 고르는 미의식이 매우 섬세했다. 꽃잎이 활짝 피면 무거워져서 꽃대를 숙이고 마는 평범한 달리아가 아니라 꼿꼿이 서서 꽃을 피우는 달리아여야 했다. 일본에서 수입한 모종에서 그런 품종을 발견하고서야 정원에 심을 마음이 생겼다. 해바라기도 중앙에 까만 씨가 맺히는 품종 말고 중앙 쪽에서 꽃잎이 소담하게 피는 품종을 골랐다.

"어느 미술가가 이 꽃을 보고 기가 막히게 감탄을 하고 칭찬을 했다길래 사다 심었어요."

이순옥은 이렇게 말했다. 해바라기를 그린 화가라면, 틀림없이 빈센트 반 고흐다. 반 고흐가 그린 해바라기를 이태준은 알고 있었고, 그림을 보았고, 그림 속의 꽃을 자신의 정원에 심었던 것이다. 고흐와 세잔은 1920년 이후 줄기차게 조선과 일본의 예술가들에게 깊은 영감을 주었다. 이태준은 고흐의 작품을 품듯이 해바라기를 바라보고 해바라기를 가꾸었을 것이다.

수많은 꽃들이 하늘거리는 수연산방은 자유로운 영혼을 가진 한 인간이 좋아하는 모든 것을 모아놓은 자신만의 박물관이 아니었을까 생각해본다. 식물과 글자와 옛이야기와 지나간 시절의 매혹적인 정조를 모두 담아두던 '호기심의 방(분더카머)'이다. 파초 아래 의자를 놓고 앉아 남국의 정취를 몽상하는 비일상의 공간이자, 탄생과 성장과 소멸을 보며 글을 쓰게 하는 영감의 장소다.

이태준은 땅을 뚫고 피어나고 땅에 뿌리내리는 식물들의 이름을 낱낱이 호명하며 글로 남겼고, 식물을 둘러싼 것들, 물에 대해서, 벽에 대해서, 밤에 대해서, 돌에 대해서도 사유를 멈추지 않았다. 그는 장지문을 만들 때도 과꽃과 국화와 맨드라미 잎을 뜯어다 꽃 모양으로 둘러놓고 투명한 백지를 올려서 장식했다. 그 잎사귀들은 낮에는 따뜻한 햇살을 받고 밤에는 투명한 달빛을 받아 서로 다른 무늬와 정취를 드러냈다. 그는 분위기를 알았던 사람이다.

그러나 이태준의 분더카머는 변질되고 변화되었다. 그가 가족들과 함께 북으로 간 뒤로 꼭꼭 닫힌 이 집 문이 열리기까지 무수한 시간이 흐른 만큼 정원은 주인의 성정과 멀어졌다. 정원을 잃고 쓰지 못해 사라져간 작가의 인생처럼 아름다운 무언가가 존재했다가 사라진 자취만 남았다. 잘려 나간 플라타너스의 뭉툭한 가지에 두서없이 자라난 잎사귀들과 닮아서, 그런 이유로 나는 자꾸 그 집으로 발걸음을 하게 된다.

꽃의 생명을 찾아
그림 속에 옮겨놓고

잡지는 역사의 비어 있는 틈을 촘촘하게 메워준다. 『신가정』에서 뜻밖의 정보를 발견한 뒤로 현담문고*를 드나들며 옛 잡지가 이끄는 근대의 시간으로 향했다. 현담문고 웹사이트에서는 창간호인 1933년 1월호부터 마지막 호인 1940년까지 전 시리즈를 볼 수 있었다. 물론 현담문고가 소장하고 있는 판본에 한해서다. 상태가 좋지 않은 판본도 있고 페이지가 절반 정도밖에 남지 않은 것도 있다.

창간호의 첫 페이지를 펼치자마자 친숙한 이름이 등장했다. 화가 정찬영과 식물학자 도봉섭 부부의 화보였다. 정찬영은 근대 전통회화 분야에서 혜성처럼 등장한 신예였다. 공필채색화라는 세밀화 형식의 전통회화를 선보이며 전람회마다 상을 휩쓸었다.

정찬영은 1906년 평양에서 부유한 사업가의 딸로 태어났고 여학교를 거쳐 교사로 재직하는 등 일찌감치 신학문의 영역에 진입했다. 그의 마음에는 항상 그림을 그리는 일이 존재했다. 일본 유학이 부친의 반대로 좌절되자 경성여자미술학교로 진학했다. 오로지 그림 하나를 위해서 경성으로 온 정찬영이었다. 경성여자미술학교가 입학

● 현담문고는 고전과 근현대 문학 자료를 수집하고 정리하는 한국학 자료실이다. 아단문고로 오랫동안 운영해오다가 2021년 현담문고로 명칭을 바꿨다. 근대 잡지들을 다양하게 소장하고 있고, 소장본 중 일부는 웹사이트(hyundammungo.org)에서 본문을 열람할 수 있다.

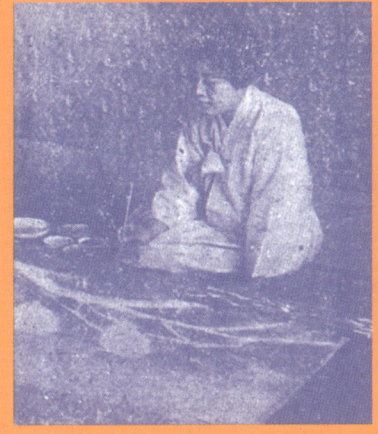

1

2

1 『동광』(1932년 11월 1일)에 실린 정찬영. '결혼 전과 결혼 후'라는 제목의 탐방 인터뷰 기사에는 창경원에 자주
사생하러 간다는 내용과 함께 육아와 예술이 양립하지 못하는 생활을 힘겨워하는 속내가 담겨 있다.

2 1935년 제14회 조선미술전람회 동양화부에 정찬영의 〈소녀〉(오른쪽 중앙의 두 번째 그림)가 특선에 올랐으며,
최고상인 창덕궁상까지 수상했다. 당시 삽화가로 활동한 안석주는 전람회 수상작들을 평가하는 『조선일보』
기사(1935년 5월 25일)에서 새로운 화풍이 많지 않은 가운데 발견한 특별한 수작으로 이 작품을 꼽았다.

한 지 1년 만에 폐교되자 1927년부터 전통화단의 기수인 이영일의 문하에서 공필채색화가로 정식 입문했다. 공필채색화는 묵법, 필법을 자랑하는 문인화와 달리 세밀하게 대상을 그리고 채색하는 방식으로 매우 정교한 기교가 필요했고, 그만큼 숙련된 기술을 바탕으로 많은 시간을 들여야 하는 미술 장르였다.

1929년 제8회 조선미술전람회에 〈수련〉으로 입선하며 화려하게 등장했을 당시 정찬영은 23세의 신예였다. 그 후로도 〈설중백로〉, 〈모란〉, 〈여광〉, 〈소녀〉 등을 발표하며 조선미전과 서화협회전을 두루 아울러 활약했고, 신문과 잡지는 화려하게 데뷔한 규수화가●에게 지속적으로 큰 관심을 보였다. 정찬영은 동경제국대학을 마치고 경성약학전문학교 교수가 된 도봉섭과 결혼했다. 스승 이영일이 두 사람을 맺어준 장본인이었다.[3]

창간호 화보에 실릴 정도로 두 사람은 세간의 관심을 듬뿍 받던 경성의 명사 부부였다. '연애시대'라는 제목하에 정찬영, 도봉섭 부부의 사진 석 장이 실렸다. "미술가 정찬영 씨와 부군 도봉섭 씨! 그날 을밀대의 녹음은 그들의 것이었다"라는 낭만적인 카피가 달린 사진에는 당시 모던 인사의 전형을 확인할 수 있다. 단발은 아니었으나 느슨하게 묶은 머리를 한 정찬영은 저고리는 살짝 길고 치마는 살짝 짧은 한복 차림이고, 도봉섭은 밝은 색 수트를 입고 흰색 구두와 맥고

● 전통화단에서 여성 화가는 주로 기생 출신이 많았다. 기생이 아니라 정규 교육을 받은 여성 화가를 규수 화가로 구분하여 불렀다.

모자를 착용했다.

이 우아하고 점잖은 커플은 신식 결혼식을 올렸고(1930년 12월 27일), 경성약학전문학교 근처에 신혼집을 마련했다. 마지막 사진에는 자애로운 미소를 띤 정찬영의 곁에 장난감을 든 어린 딸이 등장해 행복한 근황을 알리며 마침표를 찍었다. 교양과 지식을 겸비한 부부가 아이를 적극적으로 양육하며 현명하고 화목하게 이끌어가는 가정의 이미지가 이 잡지가 지향하는 이상적인 '신가정'의 표상이었음을 짐작할 수 있었다.

정찬영은 『신가정』 1933년 5월호에 「조선미전/서화협전을 준비하는 여류 화가들」 편에 다시 등장한다. 이번에는 예술가로서 이야기를 들려주러 나왔다. 인터뷰와 사진으로 꾸민 이 기사에서 발목이 보이는 기장의 치마를 입고 메리제인 구두를 신은 채로 정찬영은 한창 사생에 몰두하고 있다. 목 뒤로 올려 묶은 머리가 흘러내리는 줄도 모를 정도다. 정원에 철창으로 가로막은 부분이 있는 걸 보면 식물 정원이 아니라 가금류나 조류의 우리인 듯하다. "매일 창경원에 가서 사생한다"는 그녀의 이야기에 비추어보면 이 장소는 집이 아니라 창경원의 동물원일 것이다. 정찬영의 화폭에 자주 등장하는 화려한 공작은 창경원에서 직접 관찰하고 사생한 뒤 집에서 공필채색의 기법으로 다시 그린 것이었다.

꽃 그림, 새 그림을 그리는 화가들이라면 창경원으로 가야 했다.

1

2

1 『신가정』 1933년 5월호에 「조선미전/서화협전을 준비하는 여류 화가들」 편에 등장한 정찬영. 조류를 사생하는 데 몰두한 모습이다.

2 정찬영의 세밀한 묘사와 채색 감각은 공작, 닭, 금계를 그릴 때 탁월하게 발휘되었다. 닭의 해인 1933년을 맞아 『동아일보』 신년호에 실린 정찬영의 그림.

창경원은 창경궁이 궁으로서의 기능을 잃고 시민공원이 되면서 불리게 된 이름이다. 창경궁의 공원화 계획은 1907년부터 시작되었다. 고종이 물러나고 순종이 왕위를 이어받아 경운궁(덕수궁)에서 창덕궁으로 돌아오자마자, 창경궁을 어원御苑(왕실 정원)으로 개조하는 작업이 진행되었다. 왕실의 오락과 유희를 위한 복합 문화 시설로 바뀔 예정이었으며, 동물원, 온실, 박물관이 함께 논의되었다. 그런데 1909년에 공개된 창경원은 왕실 가족을 위한 어원이 아니라 시민 모두가 약간의 비용만 내면 궁궐의 정원을 감상할 수 있는 시민공원에 가까웠다.⁴

창경원의 구조를 살펴보면 중앙에 박물관 영역을 두었고 남쪽으로 동물원 영역을, 북쪽으로 식물원 영역을 구성했다. 창경원에 설립된 박물관에서 우리의 국립박물관이 시작되었다고 본다. 이국의 동물들, 남국의 식물들, 식물배양실, 진귀한 예술작품들, 채마원……담장 안의 세계는 현실의 무게와 무관한 낯설고 기이한 판타지의 풍경들로 채워졌다. 여기에 왕세자 전하가 바깥에선 보기 드문 카메라를 들고 등장하여 신기한 동물들의 사진을 촬영하거나 왕실 가족들이 시중을 받으며 산책을 즐기는 특별한 장면까지 더해지면 환상성이 더욱 상승했다.

몇 년이 지나자 벚꽃이 활짝 피며 공원을 화려하게 수놓았다. 창경원은 벚꽃을 즐기는 가장 매혹적인 장소였다. 벚나무는 해마다 더욱 많이 심어졌고 상춘객의 숫자도 경신 또 경신됐다. 발 디딜 틈 없이 인

1

2

창경궁은 동물원, 식물원, 박물관을 가진 시민공원으로 재구성되었고, 1909년 창경원으로 개칭되어 개방되었다.
(사진 자료: 서울역사박물관)

1   춘당지에 세워진 일본식 별채인 수정水亭과 대온실.

2   박물관 본관은 1911년에 새로 지어져 전시관으로 사용되었고, 1938년 덕수궁 이왕가 미술관으로 이관된 뒤
    로는 장서각의 업무를 담당했다.

3

4
5

6
7

3 식물원 영역. 식물배양실이 여러 동 있었으며 왼
편에 대온실이 보인다.

4 대온실은 자수 화단과 분수가 조성되어 서양식
정원의 풍경을 보여주었다.

5 식물배양실의 내부.

6 동물원 영역에 마련된 조류관.

7 사자와 같은 맹수들도 관람의 대상이 되었다.

1   창경원을 유명하게 만든 것은 벚꽃길이었다. 밤벚꽃놀이인 야앵이 시작되자 밤의 상춘 행렬이 낮의 관람객을
    능가하게 된다. (사진 자료: 서울역사박물관)

2   창경원 벚꽃 구경에 나선 상춘객들, 『동아일보』 1940년 4월 29일. 창경원 벚꽃 구경은 60여 년간 서울 시민의
    최고 상춘 행락으로 지속되다가 1984년 식물원과 동물원이 과천 서울대공원으로 옮겨지면서 막을 내렸다.

파로 가득한 창경원 풍경도 앞다투어 신문에 등장했다. 창경원이 사람들을 매혹시킨 또 하나는 밤벚꽃놀이인 '야앵'이었다. 1924년 4월 20일 처음 시작된 야앵은 낮의 상춘객들보다 더 많은 관람객이 찾아들어, 축제 중의 축제로 자리매김했다. 촉광 전구를 달아 한층 화려해진 벚나무 사이를 거니는 봄밤의 야연은 놀랍게도 태평양전쟁 중에도 계속되었고 1945년 일제의 패망 직전까지 이어졌다.

창경원의 가로수라 해도 무방한 벚나무길 말고도 화오花塢가 다채롭게 조성되었다. 명정전 앞에는 모란 정원이, 북행각 앞에는 작약 화단이, 통화전 앞에는 꽃창포 화단이 조성되었다. 춘당지에는 수련이 가득했고, 대온실 앞에는 자수 화단과 분수가 있는 프랑스식 정원이 조성되었다. 대온실 안으로 들어가면 크고 넓은 잎사귀가 너울거리는 키가 큰 파초와 야자수가 자랐다. 식물들은 지속적으로 개량되었고 이국의 식물들이 무수히 뿌리를 내렸다.

창경원은 아이는 5전, 어른은 10전이라는 값싼 입장권과 적절한 매너만 지킨다면 남녀노소 사회적 신분과 무관하게 즐길 수 있었다. 한국인 구역과 일본인 구역이 보이지 않는 선으로 구분되어 있던 경성 시내에서 어떠한 구속도 없이 섞이며 똑같은 기분을 낼 수 있었던 장소는 창경원이 거의 유일했다. 그러니 주부이자 화가인 정찬영이 매일 드나들며 사생을 할 수 있었던 것이다. 물론 1930년대에는 구경하는 사람들을 부끄러워하거나 개의치 않고 그림 속에 빠져들 만큼 예술가라는 자의식을 가진 여성들이 등장했다.

정찬영은 창경원을 거닐며 어떤 꽃을 보고 그렸을까?

"꽃을 배경에 넣으려고 생각을 하고는 무슨 꽃이 좋을지 몰라
퍽 애를 썼어요. 진달래가 제일 어울리겠기에 꽃을 사려니 어디 있
어야지요! 지난번 날 저 마당에 있는 철쭉은 본정 가서 사 왔는데
도무지 피지를 않아 해가 잘 드는 데다 내놓았어요."

"꽃을 보지 않고도 그릴 수 있지 않나요?"

"물론 안 보고도 그리긴 하겠지만 (중략) 꽃의 생명을 찾아서 그
림 속에 옮겨놓는 데서 예술로서의 가치가 있으니까요!"[5]

예술의 가치를 위해 실물을 응시하며 깊이 몰두하는 행위에 그림
을 그리는 의미가 담겨 있는지도 모른다. 이렇게 공들여 꽃을 그리긴
하지만, 꽃은 거들 뿐이었다. 정작 정찬영이 집중한 주제는 공작이
요, 닭이요, 금계였다. 바로 몇 달 전인 『동아일보』 신년호에는 정찬
영의 기운찬 닭 그림이 게재되었고, 현재 몰두하고 있는 것은 금계와
참새였다. 정찬영은 이 작품 〈낙화유금〉을 1933년 제12회 조선미술
전람회에 출품해 입선작에 들었다.

정찬영은 당시의 신여성답게 결혼한다고 해도 화가의 삶을 계속
해나가겠다는 다짐을 여러 인터뷰를 통해 피력했다. 그러나 아이를
출산한 뒤로 화가는 점점 조바심이 생겼다. 길어지는 육아 시간은 화

가의 삶을 황폐하게 만들었다.

"그림이라는 것은 빈틈없는 구도를 생각해내야 하고 게다가 작은 표면에 많은 것을 표현해야 하는 것이 아니던가요? 열중해서 힘들여 그린 그림일수록 가치가 있는 것인데 그렇게 되지 않아 걱정입니다. 공연한 것을 시작했다고 혼자 후회도 해봅니다. 참말이지 밤잠도 못 자고 애쓰는 것을 누가 알겠어요?"

(중략)

"처녀 때 처음 출품하신 것과 지금 그림을 비교하시면 어떠십니까?"

"이영일 씨의 문하에서 그림 배울 때 제일 첫 번으로 출품한 것이 〈지반〉과 〈설중백로〉였는데, 지금 그리는 것보다는 깊이가 적었지요. 지금은 노련하다고는 말할 수 없지만 그림 그리는 데 심각한 것을 표현하려는 노력은 점점 커갑니다."[6]

정찬영은 그림에 집중할 수가 없다는 괴로움을 자주 토로했다. 예술에 대한 타는 목마름은 더욱 커져갔지만 이 괴리의 상황은 도무지 어찌할 수 없었다. 이해심 많은 남편도, 가사를 도와주는 식모도 해결해줄 수 없는 문제였다. 1939년에 여덟 달 된 둘째 아들을 잃고 나서, 정찬영은 그림을 그만두었다. 마루에 넓게 깔린 그림 종이도 치워졌다. 그녀의 네모난 세계는 거둬졌다.

1

2

1 『조선식물도설: 유독식물 편』, 도봉섭, 심학진 공저, 금룡도서주식회사, 1948년.

2 미치광이풀 도판과 설명.

글을 쓰지 못하는 작가처럼 그림을 그리지 못하는 화가에게 어떤 슬픔이 찾아왔을지 짐작할 수 있다. 식물학자는 아내를 위해 정원을 꾸몄다. 완상을 위해 심은 식물도 있었을 테고, 연구의 대상이 된 식물도 있었을 것이다. 이 땅의 식물들은 풀뿌리까지 뽑혔고 본래의 이름을 잃어버렸다. 도봉섭은 동료 학자들과 함께 이 땅의 식물에게 조선 학명을 되찾아주겠다는 일념으로 『조선식물향명집』을 펴냈다.

그리고 필생의 목표였던 식물도감 작업을 시작하면서 아내 정찬영도 함께 참여하도록 했다. 공필화가로 갈고 닦은 세밀한 묘사력은 식물 세밀화에서 꽃을 피웠다. 도봉섭과 심학진이 공저로 펴낸 『조선식물도설: 유독식물 편』은 정찬영의 원화를 바탕으로 작업한 판화가 다수 실렸다. 대형 채색화도 그려졌다. 당시 교육용 차트로 제작되었을 이 채색화의 일부가 국립현대미술관에 소장되어 있다.

관찰과 묘사에 일가견이 있던 정찬영이 직접 관찰하며 그린 그림이라면 다시 살펴볼 필요가 있다. 이때 그린 그림 중에 눈에 띄는 식물로 미치광이풀이 있다. 넓고 여릿한 푸른 잎사귀와 고개를 늘어트린 분홍색의 작은 꽃을 가진 이 식물은 가냘프고 순해 보이지만 이름처럼 독성이 강하다. 땅속에서 자라는 줄기를 말려 진정제와 진통제로 쓰기도 하는데, 잘못 먹으면 미쳐버릴 수도 있어서 미치광이풀, 광대작약, 초우성, 독뿌리풀 같은 이름으로도 불린다. 이 기이한 식물도 부부의 정원에 포함되어 있었을까?

식물도감 작업은 전쟁으로 말미암아 중단되고야 말았다. 도봉섭은 납북되었고 남쪽의 역사에서 지워졌다. 남편의 자필 원고는 정찬영이 어려움을 무릅쓰고 지켜냈으나 동료 학자들이 식물도감을 집필할 때 그 원고가 포함되었음에도 공저자로 이름을 올릴 수는 없었다. 도봉섭의 필생의 꿈이던 식물도감은 마침내 1988년 북한에서 출간되었다. 서로 닿지 못하는 각자의 나라에서, 미치지 않고는 견딜 수 없었을 시절을 이들은 이렇게 건넜다. 작고 귀여운 꽃이 숨긴 흉측하고 기이한 속줄기처럼, 풍요로운 정원이 숨겨놓은 건 이들 앞에 놓인 미치광이풀의 운명이었을지도 모른다.

뜰 복판에 서서
낙엽을 태우며

정원 이야기를 하면서 이효석의 「낙엽을 태우면서」를 빼놓을 수 없다. 도시인의 일상을 이처럼 낭만적이고 섬세하게 들여다보게끔 하는 글이 또 있을까? 이 글은 1938년 조선일보사에서 발간한 『조선문학독본』에 실려 지금까지 1930년대의 어느 가을날의 일상을 우리에게 들려주고 있다.

1934년 이효석은 숭실전문학교에 교수로 부임하면서 경성에서 평양으로 거처를 옮겼다. 숭실전문학교가 1938년 신사 참배 문제로 폐교된 뒤에는 그 자리를 물려받은 대동공업전문학교의 문학부 교수를 맡아 평양의 삶을 계속 이어 갔다. 그는 학교와 가까운 창천리에 정원이 딸린 벽돌집을 하나 갖고 있었다. 꽃나무와 과일나무를 보기 좋게 심은 삼십여 평의 정원은 붉은 벽돌집과 한 몸이기도 하고 완전히 다른 세계이기도 했다. 그는 책으로 둘러싸인 거실을 서재로 삼아 책상을 두고 창밖으로 정원을 바라보길 좋아했다. 때때로 바깥으로 나가 꽃을 감상하고 식물을 옮겨 심기도 하며 정원 일을 즐겼다. 꽃내음이 그윽하게 흘러들어와 집 안도 꽃밭이나 마찬가지였다.

친구들은 이효석을 "고귀한 향기를 가진 서양 화초" 같다고 했다. 그 평가가 무색하지 않게 그는 시클라멘, 베고니아, 포피, 실비아, 마가렛, 프리지아, 아마릴리스 등 수많은 서양 품종의 꽃들을 작품 속에 담았다. 그가 즐겼던 멋진 패션과 고급 취향도 꽃과 어우러져 일상의 풍경을 세밀하게 쌓아 올렸다.[7] 그때 적힌 식물들 일부는 이효석의 서른 평 정원에 계절마다 피었을 것이다. 그리고 가을이 되면 낙엽이 되어 가득 쌓인 바스러진 일상의 잔해들을 끌어모아 태우면서 다음 날, 또 그다음 날을 모색했다.

벚나무 아래에 긁어모은 낙엽의 산더미를 모으고 불을 붙이면 속의 것부터 푸슥푸슥 타기 시작해서 가는 연기가 피어오르고 바람이나 없는 날이면 그 연기가 낮게 드리워서 어느덧 뜰 안에 가득히 담겨진다. 낙엽 타는 냄새같이 좋은 것이 있을까. 갓 볶아낸 커피의 냄새가 난다. 잘 익은 개암 냄새가 난다. 갈퀴를 손에 들고는

이효석과 가족. 유진오는 이효석의 아내 이경원에 대해 현대식 생활양식을 갖추어 까다로운 이효석의 취미를 이해하고 도왔던 사람이라고 했다. 서구 문화를 동경하던 이효석은 생활 곳곳에서 서구 취향의 감각을 구체적으로 경험하고 싶어 했다.

어느 때까지든지 연기 속에 우뚝 서서 타서 흩어지는 낙엽의 산더
미를 바라보며 향기로운 냄새를 맡고 있노라면 별안간 맹렬한 생활
의 의욕을 느끼게 된다.

— 이효석, 「낙엽을 태우면서」

붉은 지붕과 굴뚝만 빼고 뒤덮은 담쟁이 때문에 '푸른 집'으로 불
렸던 그 집은 가을이 되어 담쟁이가 말라 떨어지고 나서야 제 모습을
드러냈다. 무성한 낙엽이 홀홀 떨어지는 가을이 해마다 돌아오듯이,
낙엽을 태우는 행위도 습관처럼 반복하는 일상이었다. 이효석은 매
번 반복되는 일상의 습관을 꽤 의미 있게 이행했던 것 같다. 한 해 한
해 닮은꼴로 보내는 일상이 얼마나 소중하고 아름다운지 깊이 감응
하면서 말이다. 남다른 취향으로 채색된 일상의 습관은 인생을 지탱
해주는 연료가 되었을 것이다.

팬데믹이라는 초유의 사태를 겪으면서 일상을 잃은 우리가 매일
소소한 리추얼을 감행하며 조심스럽게 일상을 되찾으려 하듯이, 갑
갑하고 무력한 시대의 습관은 흐트러지기 쉬운 삶을 정결하게 유지
하는 유일한 방법이었을지도 모른다. 그는 있는 힘을 다해서 취향을
벼리고 깊게 파며 일상적 소비생활에 탐닉했다. 시내 백화점에서 사
온 커피를 내려 향을 음미하고, 한 달 월급을 몽땅 투자하여 스키 세
트를 구입했다. 이효석의 커피 부심이란! 자바보다도 브라질보다도
모카를 특별히 좋아했던 그는 퍼큘레이터에 내려서 마시는 커피를

좋아했다. 레코드를 들으며 포도주를 마셨고, 시내 영화관을 수도 없이 들락거렸다. 그림과 문학은 그림자처럼 존재와 함께 가는 것이었으니, 전시를 보고 소설 책을 사는 일 역시 빼놓을 수 없었다. 그리고 그 집의 정원으로, 최후의 보루인 서재의 책상으로 돌아와 밤을 새워 글을 썼다.

이 글이 발표된 1938년이라는 시기는 일제의 중국 침략이 시작되면서 전쟁의 기운이 한반도를 엄습하던 시절이다. 글 전체에서 풍기는 낭만적인 풍경 아래에는 이 불길한 시기를 애써 외면하면서 혹은 납득하지 못한 채로 하루를 또 살아내야 하는 존재의 아슬아슬함이 있다. 우리의 관심은 서양식 벽돌집에 사는 탐미주의자의 늦가을 생활 풍경에서 멈출 수도 있지만, 불안과 공포가 일상까지 스며든 시절을 감당하기 위해 강박적으로 집착하는 쓸쓸한 감수성을 어쩔 수 없이 감지하게 된다.

이효석의 집과 정원은 정확히 어떤 분위기였을까? 1939년 발표한 장편소설 『화분』에서 주인공 자매 세련과 미련, 그리고 하녀인 옥봉이 살고 있는 동산 위의 집을 묘사한 도입부에서 이효석이 살던 집과 정원에 대한 단서를 읽을 수 있다.

오월을 잡아들면 온통 녹음 속에 싸여 집 안은 푸른 동산으로 변한다. 삼십 평이 넘는 뜰 안에 나무와 화초가 무르녹을 뿐 아니라 사면 벽을 둘러싼 담장으로 해서 붉은 벽돌 굴뚝만을 남겨 놓고 집

전체가 새파란 치장으로 나타난다. 모습부터가 보통 문화주택과는 달라 남쪽을 향해 엇비슷하게 선 방향이며 현관 앞으로 비스듬히 뻗친 차양이며 그 차양을 고이고 있는 푸른 기둥이며 (중략) 원체 집들이 듬성한 주택 지대인지라 초목 속에 싸인 그 푸른 집은 이웃과는 동떨어지게 조용하고 한적하게 보인다.

개나리가 지더니 찔레꽃 봉오리가 연지같이 진하게 맺혔고 라일락이 만발했다. 몇 포기 안 되건만 덤불을 이루어서 송이송이 붕그런 자색 꽃방치가 풍준한 향기를 휘날리고 있다. 라일락 향기는 유난스럽게 진하고 세어서 한 포기 덤불의 향기가 집 구석구석에 배어 뒤꼍에서나 방 안에서까지도 가장 가까운 곳에서 흘러오듯 코끝에 찰락거린다. 따뜻한 햇볕같이 땅 구석구석에 젖어드는 봄 향기……

— 이효석, 『화분』, 1939년

이효석의 정원은 실재하는 감각을 펼칠 수 있는 살아 있는 공간이었다. '잘 익은 살냄새'가 나고 '비밀을 가진 몸 냄새'를 풍기는 삶과 영감의 공간이었다. 한편, 서른 평의 정원을 가꾸는 일이 얼마나 고된 일인지도 이효석은 잘 알고 있었다. 정원은 실질적인 노동을 필요로 하는 육체적이고 실존적인 장소였다. 정원은 실물인 동시에 글쓰기의 현장이다. 그러므로 감상에 젖은 마음을 태우며 생활의 에너지로

붉은 벽돌집을 둘러싼 서른 평 정원은 실존의 감각과 노동이 펼쳐지는 생활의 장소였다. 이효석은 고고한 감상의
대상이 아니라, 향기와 아름다움을 적극적으로 즐기는 방식으로 정원을 탐닉했다.

사용해야 하는 것이다.

> 가난한 벌거숭이의 뜰은 벌써 꿈을 매이기에는 적당하지 않은 탓일까. 화려한 초록의 기억은 참으로 멀리 까마득하게 사라져버렸다. 벌써 추억에 잠기고 감상에 젖어서는 안 된다. 가을이다. 가을은 생활의 시절이다. 나는 화단의 뒷바라지를 깊게 파고 다 타버린 낙엽의 재를—죽어버린 꿈의 시체를—땅속 깊이 파묻고 엄연한 생활의 자세로 돌아서지 않으면 안 된다. 이야기 속의 소년같이 용감해지지 않으면 안 된다.
>
> —이효석, 「낙엽을 태우면서」, 1938년

낙엽을 태우는 일에는 글의 행간을 읽는 일처럼 복잡한 심상이 담겨 있다. 낙엽을 태우면서 그는 지나간 것들을 돌아보고 있었을지도 모른다. 정원은 모든 지나간 것과 모든 다가올 것이 모여 있는 시간의 구슬 같은 것. 그는 그 멜랑콜리의 세계에서 사라질까 두려운 행복감과 사라질 것을 알기에 더욱 귀하고 아름다운 순간들을 고요히 지켜보았던 것이다.

1941년에 발표한 「소요」라는 산문에서 이효석은 일상에 스며든 새로운 산책에 대해 쓰고 있다. 학교로 가는 십오 분 정도의 고갯길은 수목의 결계 속으로 입성한 듯 야생의 향기가 진동한다. 그곳엔 날림으로 지은 방공호도 있고, 뭉툭하게 솟은 무덤도 있고, 낙엽을 끌어모으는 아낙네도 있다. 그사이 이효석은 아내와 아이 하나를 병으로 잃었다. 생의 아픔을 맛본 그는 더 이상 일상의 단단한 표석을 찾지 않는다.

이효석은 이렇게 말한다. 산길로의 소요가 행복을 가져다주는 건 낭만의 여명기에 있던 워즈워스(이효석은 경성제대 영문과 출신의 문학 교수였다)에게나 가능하지, 시대의 말기에 이른 현대인에게는 소용없다고. 그는 우울과 피로를 연료로 태우며 살아가는 현대인이었다.

그 후로도 꽃의 자취는 언제나 이효석의 주변을 감쌌다. 뇌막염에 걸려 생과 사의 갈림길에 서게 되었을 때도, 병실에는 언제나 붉은 카네이션과 글라디올러스 같은 여린 이파리를 가진 꽃들이 가득했다고 그의 친구들은 진술한다. 죽음 같은 잠에 빠져들던 병자의 주변을 채운, 동경에서 날아오는 서양 화초들, 존재에 대한 증명서와도 같은 연약한 꽃잎들.

만주 기행을 하던 중 신경에서 이효석의 부음을 들은 유진오는 애노의 마음으로 다시 평양을 찾았다. 그러나 집도 책도 피아노도 너무 빨리 처분해버려서 벗을 기릴 그 무엇도 남아 있지 않음을 알게 되었다. 그는 애석한 마음으로 을밀대에 올라 이효석이 살았던 동리를 바라보는 것 외에는 할 수 있는 게 없었다.

모든 것이 그렇게 쉽게 사라질 수 있다면 우리는 어떤 마음으로 하루하루를 쌓아 올려야 할까? 건축처럼 정원에도 영원이란 개념은 존재하지 않는다. 만물이 순환하는 곳에서는 시간도 아득하게 사라진다. 앞서 말한 『양화소록』은 강희안의 아우 강희맹이 죽은 형을 기리며 형의 글을 묶어낸 책이다. 강희맹의 서문은 절절한 내용을 담고 있다. 형이 죽은 뒤 아우는 형이 아끼던 정원에 찾아갔다. 가꾸는 손길이 사라진 그곳은 잡초가 우거지고 꽃과 나무도 모두 망가져버린 채였다. 아우로서는 손도 대지 못할 풍경이었으리라. 그는 어쩔 수 없는 마음으로 형의 글을 찾아 가다듬었다. 사라진 정원은 글자로 복원되고 이야기로 이어졌다. 어떤 의지가 완전히 사라진 것을 되살려 꽃을 피우게 한다. 장소는 기억과 앎 속에서 태어나고 죽는다. 그리하여 사유의 장소가 된다.

이태준 가옥의 여름. 조그마한 대문을 통해 집으로 들어서면 가장 먼저 녹음으로 가득한 마당이 보인다. 담장 앞에서 마당을 에워싸며 펼쳐진 정원의 꽃과 나무가 계절을 알린다. 시선에서 살짝 비켜선 곳에 잘 지어진 고택이 아늑하게 자리 잡았다.

유리문으로 감싼 아늑한 누마루에 진초록의 바깥 풍경이 스며든다. 누마루와 툇마루를 둘러싼 난간 장식을 보니 이태준이 이 집을 자랑스러워했을 만도 하다. 수연산방이라 적힌 현판은 이 집이 겪은 모진 세월만큼 훌쩍 나이가 들어버렸다.

성북동에서 정원 하면 최순우옛집을 빼놓을 수 없다. 이태준 가옥과는 집의 구조나 정원 조성 면에서 차이점을 보여 비교해서 살펴볼 만하다. 이 집은 ㄴ자 형 본채와 ㄱ자 형 문간채가 아담한 중정을 감싸고 있는 도시형 한옥이다. 네모난 마당의 우물가에 향나무와 모란이 있는 정원을 조성해서 안채로 향하는 시선을 차단한다. 또한 사랑방 너머에 넓은 소나무, 편백, 모과나무, 감나무, 산수유나무 등을 심고 석물로 꾸며 후원을 조성했다(오른쪽 위). 최순우 선생의 사랑방은 양쪽으로 툇마루가 있어 안마당과 후원 모두를 즐기기에 좋다(오른쪽 아래).

평양 창천리 48번지에 살던 1935년부터 어머니가 돌아가시던 해인 1940년 1월까지 5년 동안 우리 가정은 가장 행복하고 화려했던 시기였다. 당시 인정도서관 옆에 있던 우리 집은 빨간 벽돌의 아담한 단층 양옥이었는데, 여름이면 담쟁이가 온통 집을 가려 주위에서는 우리 집을 '푸른 집'이라고 불렀다.

—이나미, 「나의 아버지 이효석」

가장 서양의 것에서
가장 우리의 것으로

2

벽돌 한 장이 바꾼 집의 역사

우리 모두의 집이었던
붉은 벽돌집

세모꼴 지붕을 올린 붉은 벽돌집. 어릴 적 나는 우리 집 하면 언제나 이런 모양의 집을 떠올렸다. 대부분의 어린이들은 이와 똑 닮은 집을 그리며 미술 시간을 보냈을 거다. 짙은 고동색으로 칠한 지붕에는 검정색 크레파스로 물결무늬를 그려 넣어 기와를 얹었다는 느낌을 살렸고, 창문에는 흰색 선을 교차해서 십자로 그렸다. 커튼은 꽃무늬나 물방울무늬. 솜씨가 좋았다면 초록색으로 벽을 칠해 담쟁이가 타고 올라가는 모양을 그렸을 것이다. 집에는 나무도 있어야 하고 꽃도 있어야 한다. 그러다 보면 집보다 꽃과 나무의 영역이 점점 더 넓어졌다.

이런 집에 살았던 적이 없는데도 '나의 집' 하면 이랬다. 이것은 내가 집이라고 생각하는 근원적인 모양새였다. 지지고 볶으며 싸움도 나고 먼지도 나는 진짜 집 말고, '비둘기처럼 다정한' 가족을 위한 이상적인 집. 문화적이고 쾌적하고 단란한 삶은 이런 형태의 공간이어야 가능하다고 우리는 머릿속으로 알았던 것이다. 어쩌면 오래전부터 이어온 집의 경험치가 이런 집단의식을 낳았을지도 모른다.

벽돌집의 인식이 허상인 것만은 아니다. 벽돌집은 한때 교양 있는 신식 생활을 보장하는 고급 주택의 대명사였다. 그러다가 변두리 도시에 다세대 빌라가 성행하던 1980년대에는 저렴한 집의 상징으로 취급되었다. 오늘날의 벽돌은 싸구려로 전락했던 시대로부터 벗어

나긴 했으나 예전만큼의 위상을 되찾지는 못했고, 레트로 무드를 지향할 때 선택하는 재료로 좌표가 수정되었다. 붉은 벽돌 건물들이 성행하는 서울 성수동의 경우는 특별한 경우에 속하는데, 신축 건물에 벽돌을 사용할 때 일정 비용을 지원해주는 제도가 시행되기도 했다(이 지역의 땅값이 전국 최고치를 경신하는 상황에선 지원금이 그리 큰 영향을 주지는 못하는 듯하다). 붉은 벽돌로 지은 공장이 많았던 이 지역의 경관이 급격히 변화하는 걸 막고 지역의 아이덴티티를 유지하기 위한 제도다.

나와 어린 시절을 함께 보낸 한 친구는 이십여 년 전 홍대 앞에서 살 집을 구하느라 동분서주한 일이 있었다. 그녀는 부동산 주인이 근처 집들을 보여주며 한 말을 나에게 전해주었다.

"이 집은 벽돌집이라 다른 집보다 훨씬 싸죠."

우리는 벽돌집이 왜 다른 집보다 싼지 그 이유를 몰랐다. 오히려 벽돌집에 대한 향수를 가지고 있었다. 적어도 내 어린 시절에는 담쟁이가 자라는 붉은 벽돌 이층집은 동네에서 가장 부유하고 세련된 생활을 하는 몇몇에게만 허용된 집이었다. 초등학교 1학년 때 같은 반 아이가 살던 이층 벽돌집처럼.

그 아이네 집은 그냥 이층집이 아니었다. 천장이 높은 거실에서 곧장 이층으로 올라가는 내부 계단이 세워진 집이었다(슬래브가 있는 단층집이던 우리 집은 외부 계단으로 옥상에 올라가곤 했다). 세공된 나무 계단의 고급스러움을 다시 말해 무엇하랴. 이층에는 주로 아이 방이 있었는데, 나를 맞으러 계단을 내려오는 친구의 모습이 레드 카펫을 걸어가는 배우처럼 멋지게 보였다. 거실에선 이층까지 이어진 긴 창을 통해 푸른 잔디가 깔린 정원이 보였다. 광활한 정원에는 어린이 여럿이 마주 보고 탈 수 있는 그네가 있었다.

이것이 내가 경험하고 동경했던 붉은 벽돌집이었다. 반지하방이나 옥탑방이 있는, 다세대를 겨냥해 지은 흔한 이층짜리 벽돌집과는 분명 다른 집이었으나, 벽돌은 벽돌이었다. 친구는 홍대 앞의 그 벽돌집을 샀다. 그리고 십 년 정도 거주한 뒤에 다른 동네로 이사를 가면서 집을 처분했다.

근대로 거슬러 가면 벽돌집은 새로운 생활을 가능하게 해주는 공간이었다. 입식 생활이 가능하고 서양식 가구가 놓일 수 있으며 문화생활의 배경이 되기에 적합한 형태였다. 담쟁이가 둘러싼 붉은 벽돌집에 살던 이효석의 생활을 상상해보자. 이 집에 살 때의 이효석은 「메밀꽃 필 무렵」이 보여주는 향토적 낭만과는 거리가 멀었다. 그는 도시의 문명에 흠뻑 빠진 댄디이자 데카당이었다.

커피 내음으로 가득한 집, 축음기에 레코드를 얹은 뒤에는 등나무의자에 몸을 푹 기대고 앉을 수 있는 집, 포도주를 투명한 크리스털잔에 부어서 즐겨도 되는 집, 남편은 피아노를 치고 아내는 노래를 읊조리는 집, 이 멋진 실내 풍경화는 벽돌로 세워진 집, 높은 천장과 넓은 거실이 있는 공간이어야 가능한 것이다.

이효석의 평양 창천리 붉은 벽돌집의 풍경은 서구적 삶 그대로였다. 레코드 음반과 액자, 조각상이 있는 장식장. 크리스마스트리가 장식된 거실에 앉아 축음기에서 흘러나오는 음악을 감상하는 모던한 삶은 모던한 형식의 집이 어야 가능했다.

당시 일곱 살이었던 이효석의 큰딸 이나미는 창천리 집을 현대생활 양식을 모두 갖춘 곳이라고 회고한다.[1] 이들 가족은 아침마다 배달된 우유를 풍족히 마셨으며 일요일이면 외식을 하러 나갔다. 어린이들이 아침마다 우유를 한 컵씩 마셔야 건강하게 자랄 수 있다는 생각은 당시 일반적인 건강 상식이었다.[2] 이나미는 아버지가 영화를 매우 좋아했고 특히 배우 다니엘 다리외를 좋아해서 그녀의 사진이 벽에 걸려 있었다고 기억했다.

가족 여행도 드물지 않게 다녔다. 함경북도 경성에 있는 외가댁에 자주 갔던 건 주을 온천과 독진 해변이 근처에 있기 때문이었다. 온천 도시에 머물면서 효석이 글감을 다듬고 구상한다는 걸 아이들은 알고 있었다. 여행에서 돌아온 뒤엔 창천리 벽돌집 거실에 놓인 책상에서 밤새 커피를 마시며 글을 쓰는 아버지를 보았던 것이다. 그들의 삶은 전통 한옥에서는 불가능했다. 모던의 삶이 가능하려면 모던한 배경이 있어야 한다. 벽돌집은 획기적인 모던 상품이었다.

붉은 벽돌로 지은 이층집은 강신재의 「젊은 느티나무」에서도 서울에 조성된 전원 주택지의 대표적인 수택으로 등장한다. "그에서는 언제나 비누 냄새가 난다"라는 첫 문장부터 집과 인물의 비밀스러움이 뒤섞여 아찔하게 다가오는데, 이것은 이효석이 창천리 벽돌집에서 썼던 『화분』의 '라일락이 풍기는 비밀스런 살냄새'와 비슷한 느낌이다.

때는 1960년 언저리. 서로에게 이성으로 끌리는 숙희와 현규 남매는 담쟁이로 뒤덮인 벽돌집에 산다. 숙희의 어머니와 현규의 아버지가 재혼하면서 의도치 않게 두 사람은 남매가 되었고 한집에 살게 된 것이다. 이 '인공 남매'가 사는 집은 현규의 아버지 '무슈 리'(숙희는 아버지라는 호칭 대신 이렇게 부른다)가 소유한 집으로, 서울의 중심에서 떨어져 전원의 분위기가 감도는 주택지 S촌에 있다. 벽돌집의 한쪽에는 담쟁이가 휘감겨 있고 다른 한쪽에는 덩굴장미가 자란다. 덩굴식물들이 겹을 이루는 이 집은 실내 구조 또한 엉켜 있을 것이다. 비밀을 덮기에도 비밀을 만들기에도 적당한 분위기다.

집 옆으로 구舊왕실의 사유지인 빈터가 넓게 펼쳐진다. 인공 남매는 사유지의 관리인과 협상하여 그 자리에 테니스 코트를 만들고 자유롭게 드나든다. 흰색의 스포츠웨어를 입은 훤칠한 남녀 학생이(한 명은 대학생, 한 명은 학교 퀸으로 뽑힌 여고생이 아닌가!) 땀 흘리며 운동에 몰두하는 모습은 자못 아름답고 경쾌하여 이웃의 늙은 관리인들도 흐뭇하게 구경할 만했다.

1930년대 댄디한 모던 보이와 모던 걸은 한 세대가 지난 뒤 아이비리그의 프레피에게 주인공의 자리를 넘겨주었다. 이제 남학생은 회색 스포츠셔츠, 여학생은 터키블루의 코튼 원피스를 입는다. 상쾌하고 심플한 패션은 교외 주택지 주변에서 하늘거리는 야생화를 배경으로 신선한 풍경을 만든다.

청년들의 방에는 상념에 사로잡히면 몸을 던질 수 있는 침대가 놓였고 오후의 간식으로는 코카콜라를 마시며 크래커와 치즈를 우물

거렸다. 어머니는 홈드레스를 입고 소파에 앉아 뜨개질을 하며 자녀들의 스웨터와 소파 등받이에 놓일 새하얀 레이스를 짰다. 아버지는 출장과 부부 동반 여행으로 자주 집을 비우지만 멋진 서재를 갖추고 있었다. 이 모든 것들이 담쟁이로 덮인 벽돌집에 속한 이미지다.

쌓기와 세우기의 기술

벽돌은 어떤 이야기라도 할 수 있다. 나는 종종 시간을 들여 촘촘히 해나가는 일이나 그런 태도를 말할 때, 벽돌을 쌓는 일에 비유하곤 한다. 한 권의 책을 쓰기 위해 이야기를 쌓아가듯이, 벽돌을 한 장 한 장 쌓으면서 집을 완성한다고 말이다.

그러나 벽돌을 쌓기만 한다고 집이 지어지지 않는다. 벽돌은 기술이고 역사다. 오래전부터 벽돌로 집을 지어온 나라들이 역사를 이어가며 축적해온 쌓기 방식을 탑재해야 가능해진다(사실 이런 점이 글쓰기와 비슷하다). 아치를 세우고 궁륭을 들어 올려 높고 단단한 지붕을 만드는 벽돌 건축의 발달은 서양건축사의 뼈대가 된다. 이런 이유로 서양 건축을 '쌓기의 건축'으로 설명한다.

건축사학자 김종헌은 서양의 쌓기의 건축과 비교하여, 우리를 비롯한 동양의 건축을 '세우기의 건축'이라고 설명한다. 전통 목구조의 건축 방식을 살펴보면, 나무 기둥과 보를 결구하여 세우는 방식으로 뼈대를 만들고 그 사이를 흙으로 채워 공간을 형성한다. 결구가 얼마나 강하고 아름다운가, 얼마나 높이 세울 수 있는가, 전통 목조 건축은 이 지점을 향해 발전해왔다.[3]

그렇다면 세우기와 쌓기가 만나면 어떤 풍경이 탄생할까? 이 과정은 서양 건축이 우리 땅에 들어와 우리 건축과 어우러지는 시기에 발생했다. 세우기와 쌓기는 각각의 방식이 따로 발전하다가 어느 순간 접목되고 다시 해체되면서 그다음 단계의 건축으로 옮겨 갔다. 초창기 근대 건축의 흥미로운 점은 벽돌이 우리의 전통 건축 구조인 목조와 어떻게 어울리는가에 있었다.

과거 전통 건축에서도 궁궐의 꽃담이나 벽체 일부, 성곽(수원 화성) 등에 벽돌을 사용했다. 이를 전돌이라 하는데, 거무스름한 색채를 띤 벽돌이다. 18세기 말엽 사신으로 청나라에 간 연암 박지원은 북경에 즐비한 벽돌집에 놀라움을 표하며 지대한 관심을 가졌고, 귀국한 뒤에도 벽돌 건물의 축성에 관여했다는 기록이 있다. 현존하는 가장 오래된 근대 벽돌 건물인 번사창(1884년, 기기국 무기고)이 중국풍의 외장을 취하고 있는 것은 그 시기 벽돌 건축의 모델을 어디에서 얻었는지를 알려준다.

번사창이 지어진 지 백 년 후인 1984년, 보수 작업을 하느라 지붕을 열었다가 붉은 비단보에 적힌 상량문을 발견했는데, 거기엔 이렇게 적혀 있었다. "무기를 저장코자 터전을 반석 위에 정하고 쇠를 부어 흙과 합쳐 건물을 지으니 이를 번사창이라 하였다. (중략) 칼, 창 등

1884년에 세워진 근대 벽돌 건축인 번사창. 당시의 벽돌 건축은 중국 색채가 완연했으며 가장 높은 수준의 기술을 상징했다.

정예한 무기를 제조, 수선 보관하는 건물은 기예의 으뜸가는 수준으로 지어져야 한다." 벽돌 건축이 최고의 기술을 탑재한 양식이라고 생각했음을 알 수 있다.

그러나 근대의 벽돌과 조선의 벽돌 사이의 결정적인 차이점은 근대 도시의 얼굴을 형성한 벽돌이 서양 건축의 다른 이름이었다는 점이다. 관공서, 공장, 창고, 철도역, 병원 등 모던 도시의 새로운 시스템은 서양식 건축 언어를 받아들이면서 형성되었고, 이 시기 건축물은 외장재나 구조재로, 혹은 양쪽 모두를 위해 벽돌을 선택했다.

벽돌이 몰고 온 서양식 구법과 이 땅에 오랫동안 존재하던 목재의 결구가 만나는 현장은 기독교를 전파하러 온 서양 선교사들이 지은 건축물에서 가장 흥미진진하고 현명하게 펼쳐졌다. 선교사들은 지역의 재료와 건축 방식을 활용하여 교회(성당)를 지었다. 한시바삐 건립하려면 현지의 건축 양식을 십분 활용하는 것이 여러모로 도움이 되었다. 익숙하고 친숙한 공간은 사람들의 마음의 빗장을 쉽게 열 수 있었으니, 초기 기독교가 뿌리내리는 데는 한옥교회(성당)의 힘이 컸다. 한옥교회는 유럽 성당의 기본이 되는 바실리카 구조를 한옥의 방식으로 구현하는 것이 최대 관건이었다.

대한성공회 초대주교인 찰스 존 코프Charles John Corfe가 세운 강화읍 성공회 성당은 벽돌 이야기에서 빠질 수 없는 사례다. 건축물의 절묘한 위치와 형태는 지금까지도 걸작으로 꼽을 만하다. 교회는 높은 언덕에서 하늘을 향해 솟아 있어 망망대해를 헤치고 나아가는 배처럼 보인다. 언덕을 향해 올라가면 범종이 달린 종탑이 먼저 등장하고 성당은 그 뒤에 서서히 모습을 드러낸다.

사찰처럼 검은 기와를 올린 팔작지붕의 선이 날렵하고 높다. 붉은 벽돌로 벽을 쌓고 나무 뼈대끼리 만나는 곳에 나무창을 달았다. 푸른 칠을 한 나무 여닫이문을 열고 들어가면 반들거리는 회중석의 중앙부에 화강석으로 된 제단이 경건한 풍경을 이룬다. 늘어트린 조명은 신비로운 빛을 뿌리고, 고창高窓에서 흘러온 빛이 깊은 그늘을 만든다. 고창을 만들기 위해 중층 구조를 택한 것은 신의 한 수였다. 양쪽의 건축 언어를 충실히 이해한 특별한 건축가의 솜씨였을지, 직관적이고 임시방편적으로 수행된 결과물일지 궁금해지는 대목이다.

수많은 사례가 그 뒤를 따르겠으나, 익산 나바위 성당(1916년 증축)과 안성 구포동 성당(1922년 재건, 1955년 종탑부 증축)이 이야기를 이어 가는 데 도움이 되겠다. 화산천주교회라 불리는 나바위 성당은 중국에서 사제 서품을 받은 김대건 신부가 다블뤼 주교, 페레올 신부와 함께 황산 나루터에 상륙한 것을 기념하여 세운 유서 깊은 성당이다. 1906년에 세워진 초기 성당은 서원의 강학당을 연상케 하는 한옥이었다. 두 겹으로 올린 지붕의 사이 공간에 팔각 창을 넣어 빛을 끌어들였고 벽돌 굴뚝처럼 생긴 첨탑도 올렸으니 이색적인 시도를 많이 한 한옥이다.

이 독특한 초기 성당을 1916년에 개수하여 고딕식 벽돌 종탑부를 세우고 흙벽을 헐어 벽돌 벽을 쌓았다. 벽돌을 굽고 쌓은 이는 지역에서 활동하는 중국인 기술자들로 알려져 있다. 두 겹의 팔작지붕이 벽돌로 쌓은 몸체 위를 날렵하게 덮었다. 외부의 나무 기둥은 단단한 돌기둥을 받침대로 우뚝 서서, 뻗어 나온 지붕을 받치며 긴 회랑을 만들었다. 지붕의 외부는 서까래를 숨기지 않고 드러내어 한국적인 미감이 깊게 다가온다. 성당에서 가장 큰 인상을 주는 긴 회랑은 흙벽이 벽돌 벽으로 바뀌면서 툇마루가 사라졌기 때문에 성립될 수 있었다.

안성 구포동 성당도 1900년 초로 그 역사가 거슬러 올라간다. 미리내 성지 등 순교 성지와 가까워 일찌감치 성당이 생겨난 곳이다. 1901년 아산 공세리 성당에서 분할된 뒤, 초대 신부인 공베르 신부의 지휘 아래 성당이 축조되었다. 공베르 신부는 이 지역 군수를 지낸 이의 한옥을 사서 성당으로 개조하여 사용하다가, 1922년에 다른 건물에서 나온 부재를 활용해서 중층 구조가 확연히 보이는 성당을 축조했다. 잘 다듬어진 석재로 기단을 쌓고 상부는 한옥의 모양새를 이어받았다. 명동 성당을 축조할 때 활약한 빅토르 푸아넬 신부가 이 성당의 설계에 힘을 보탰다.

건축사학자 김정신의 논문에서 구포동 성당의 초기 모습을 볼 수 있다.[4] 널찍하고 밋밋한 출입구가 떡하니 드러나 멋이라고는 손톱만큼도 부리지 않은 소박한 성당은 왠지 서양의 초기 교회의 그림자가 느껴진다.

이후의 성당도 곱게 다듬긴 했으나 그 분위기는 그대로인 듯하다. 성당 안으로 들어가면 목구조에 얹힌 고딕 성당의 그림자를 강렬하

안성 구포동 성당은 한옥 건축이 벽돌을 만났을 때 어떤 변화가 발생하는지를 보여준다. 목조 가옥임을 보여주는 몸체에 벽돌 종탑을 끼워 두 세계를 조합했다. 목조로 마감한 내부는 잘 세공된 조각을 보는 듯하다.

게 느낄 수 있다. 내가 방문했을 때는 촘촘히 놓인 좌석을 치우고 가장자리로 목재 벤치가 놓여 있었다. 신도들이 신분이나 성별의 차별 없이 모였을 옛 시절이 떠올라 저절로 경건해졌다. 이 가장자리에 중층을 올려 그 위로 걸어 다닐 수 있는 통로를 만들고 넓은 창을 달았다. 고딕 성당의 클리어스토리(채광을 위해 지붕 밑에 한 층 높게 낸 창)를 적용한 것이다. 빛이 자유롭게 들어오지만 적절하게 걸러져 은은한 그림자를 만든다.

출입구의 맞은편에 제대가 놓여 있으나, 제대보다 그 뒤편을 장식한 나무 세공이 먼저 시선을 사로잡는다. 눈부시게 아름다운 목재 장식은 함경북도 덕원에 설립된 베네딕트 수도원의 목공부에서 수학한 원제동의 솜씨라고 한다. 수도원의 공예를 담당하던 수사들은 여러 성당을 돌며 아름다움을 책임졌는데, 그 좋은 사례가 여기에 있다.

선교사들이 생활하던 집은 벽돌을 더욱 자유자재로 활용했다. 한옥의 분위기를 모방하면서도 벽돌의 도움을 받아 고향 마을에서 살던 집의 구조를 완벽하게 재현했다. 서양식을 구현할수록 한옥의 분위기가 강렬하게 따라왔다. 대구 선교사촌의 스윗즈 주택, 대전 오정동 선교사촌에 자리한 서머빌 하우스와 크림 하우스, 청주 일신여고 안의 옛 선교사촌에서 한옥과 서양 공간의 만남을 어렵지 않게 찾을 수 있다.

선교사들이 보여준 전통 건축에 대한 통찰은 목조 결구와 벽돌 벽체라는 어색하면서도 그럴싸한 만남을 고안해냈다. 이도 저도 아니

청주 탑동에 자리한 선교사 주택촌은 벽돌 건
축에 스며든 한옥의 정서를 보여준다. 집의 비
례와 구조에서 한옥의 미감이 느껴지며, 한식
기와로 지붕을 올려 두 세계의 절충을 시각적
으로 드러낸다.

1   노두의 기념관

2   민노아 기념관

3   포사이드 기념관

지만 이것도 같고 저것이라 해도 그럴 법한 절묘한 형태들이 등장한 것이다. 이 변용된 만남은 근대의 풍경을 형성하며 건축의 혼종이 무수히 등장하는 신호탄이 된다.

그렇다면 조선 사람들은 벽돌을 어떻게 활용했을까? 부암동에 자리한 반계 윤웅렬 별서는 가장 주목할 만한 집이다. 개화파에 속했던 반계 윤웅렬(좌옹 윤치호의 부친이다)은 1907년에 이층 벽돌집이라는 꽤 파격적인 형태의 집을 지었다. 사상의 개화가 집으로 나타난 것이라고 단언할 수는 없지만, 아들 윤치왕, 윤치창이 미국 유학파 근대 건축가인 박인준에게 서양식 저택을 의뢰한 것이 이와 무관하다고 할 수 없을 것이다.

이 별서는 후일 셋째 아들 윤치창이 물려받은 뒤에 한식 가옥을 늘려 안채, 사랑채 등 어엿한 살림집의 형태로 확장했다. 이층 벽돌집은 별채로 존재한 것이 아니라 큰 한옥과 결합하여 단단히 엮여 있다. 한옥과 벽돌집을 자유롭게 연결할 만큼 건축에 대해 열린 마음을 가진 시대가 된 것이다. 이에 더해 이 한옥은 놀라운 혼종의 장면을 보여주는데, 벽돌집과 결구된 한옥 위에 목조 테라스를 설치하여 벽돌집의 이층과 연결한 것이다. 지붕 위의 테라스는 정갈한 한옥과 어색하면서도 그런대로 어울리며 파격적인 장면을 연출한다. 한옥 지붕 위에 테라스를 얹어서 생활의 풍류를 구현했으니, 그 상상력의 크기가 지금 보아도 매우 크다.

부암동에 자리한 윤웅렬 별서는 한옥에 벽돌이 침투하면서 발생한 흥미로운 사례다. 이층 벽돌 구조의 별서에 한옥채들이 연결되고 한옥 위에 테라스를 올려 이전에 없던 새로운 정취를 구현했다.

구조체인 벽돌은 꾸밈으로 사용될 때 더더욱 빛을 발했다. 한옥에 벽돌이 적용될 때는 담을 꾸미고 벽에 무늬를 넣고 기단에 글자를 새겨 넣는 등 주로 꾸밈 장식으로 활용되었다. 벽돌 담은 화문석을 걸어놓은 듯하고 꽃밭이 펼쳐지는 듯하다. 물과 불을 쓰는 부엌이나 단단하게 처리해야 하는 기단부, 굴뚝, 화방벽(불이 번지는 것을 막기 위해서 세운 벽), 화문담(벽돌로 무늬를 만들어 넣은 담)에 활용되어 조심스럽게 차곡차곡 채우고 무늬를 만들었다.

근대 건축이 유입되던 초창기에 벽돌은 수입에 의존했다. 벽돌을 수입하기만 하면 큰돈을 벌게 된다고 할 정도로 국내 생산가보다 수입가가 훨씬 낮았다. 1900년 전후로 지어진 인천 개항장의 고풍스러운 은행들은 일본에서 제작된 붉은 벽돌을 한 장씩 종이로 싸서 가져왔다는 기록이 있다.

그러다가 탁지부에 연와 제작소가 설립된 1907년부터는 부분적으로 국내 공급이 가능해져 관급 건축 공사에 벽돌이 대거 투입될 수 있었다. 초기 근대 도시의 사진을 보면 일본식 목조를 바탕으로 서양식 외관을 한 건물들이 흔히 보이는데, 연와 제작소의 설립은 일본식 절충형 건물들을 완전한 서양식 벽돌조 건축으로 바꾸는 계기가 되었다. 1920년대부터 국내 벽돌 생산이 박차를 가하게 되면서 관급 건물, 고급 건물에만 사용되던 벽돌이 민간 건축물에도 사용되기 시작했고, 1930년대에는 살림집도 벽돌로 치장할 수 있는 여건이 형성된다.

이 과정에는 미처 몰랐던 역사의 장면이 겹쳐진다. 바로 1923년 일본을 강타한 관동(간토) 대지진이다. 목조와 벽돌조 일색이던 일본의 건축은 관동 대지진으로 큰 타격을 입었다. 이에 내진 설계가 가능한 콘크리트 건축물의 수요가 급증하면서 시멘트 회사가 득세하게 되고 벽돌 산업은 몰락의 길로 접어든다. 일본의 벽돌 공장은 조선으로 시선을 돌렸다. 조선은 만주로 가는 지름길이었으므로, 조선으로 벽돌 공장이 진출한다는 것은 만주의 드넓은 개척지에 벽돌을 쌓기 위한 준비 단계라 보아도 무방했다. 조선의 벽돌 산업은 대중의 선호도나 기술력과 상관없이 국제 정세에 의해 좌지우지되었던 것이다.[5]

조선의 첫 벽돌 공장이 설립된 지 채 20년도 지나지 않아 조선은 벽돌 생산의 최적지가 되었다. 벽돌 생산에 관해서라면 관이건 민이건, 일본인이건 조선인이건 누구나 뛰어들 수 있었다. 만주에 모던 신도시들이 형성되면서 조선의 벽돌 산업은 호황을 맞았다. 경성연와주식회사는 서울 경기 지역에 8개 공장을, 함경남도에 2개, 만주 봉천에 1개의 공장을 짓고 연간 7백만 장을 찍어내며 가히 벽돌 재벌로 등극했다. 벽돌의 생산량은 1924년에 4,071만여 장이었다가 1936년 8,632만여 장으로 두 배가량 증가했는데 1937년부터는 더욱 급증하여 2년 만에 3억 1,684만여 장으로 늘어났다.[6]

문제는 들쭉날쭉한 공급 가격이었다. 일본과 만주로 향하는 벽돌이 많아지면서 벽돌 가격이 높아졌고 국내 공급량이 줄어들었다. 벽돌 기능공의 노임이 목재 기능공보다 높았고 건축재의 가격 상승까지 겹치면서 벽돌이 민간 건축에 활용되기에 불리한 여건이 조성되었다. 이런 이유로 서양식 주택을 표방한 일본식 문화주택들도 목조를 선택하고 부수적으로 벽돌을 썼으며, 한국인 주거지에 대량 건설되던 한옥 마을도 벽돌을 특정 요소에 부분적으로 활용하거나 장식용으로 사용하는 데 그쳤다.

벽돌은 근대 도시의 얼굴을 여러 번 바꾸었다. 화려한 모던 신세계를 열었던 벽돌은 병참기지화가 진행되면서 이전과는 전혀 다른 건축의 등장을 이끌었다. 전쟁을 수행하기 위한 산업기지와 공장들이 대도시와 신도시에 등장하면서 벽돌은 산업 건축의 재료로 투입되었다. 1940년대 건축계에서 가장 빈번하게 이야기되던 주제는 방공호 건축이었다. 건축가들은 방공호의 모델을 제시하고 해법을 연구해야만 했는데, 방화와 공습을 견디는 내연재로서 벽돌 건축은 콘크리트 건축과 함께 필수적으로 활용되었다.

무너지고 쌓고
무너지고 다시 쌓는 마음

벽돌은 글과 분명 닮은 점이 있다. 집착 없이는 완성되지 않는다는 점에서 그렇다. 벽돌은 흙과 불에 대한 집착이며, 벽돌집은 집착이 완성한 건축이다. 흙과 불이 빚어낸 빨강의 산물. 벽돌은 뼈대가 되는 동시에 외피도 된다. 벽돌을 쌓아 올리며 집은 힘을 갖고 무너지지도 불타지도 않는 갑옷을 입는다. 안과 밖이 같은 질감, 같은 색깔이다.

벽돌 건축의 걸작을 꼽으라면 단연 명동 성당이다. 벽돌의 경이로움, 말 그대로 한 장 한 장 쌓아가는 영롱한 구축을 볼 수 있는 건물이다. 20세기가 밝아오기도 전에 완성되었다고는 믿어지지 않는 장엄함의 산물이기도 하다. 벽돌 기술이 무無에 가까웠던 시대, 신앙으로 모여든 민중들과 사명감으로 강행군한 파리외방전교회(1653년 아시아 포교를 위해 프랑스에 설립된 가톨릭 해외 전도 단체)의 신부들과 일 년에 여덟 달을 일하러 조선에 온 중국인 원정 기술자들의 길고 치열한 집착이 만들어냈다고밖에 설명할 길이 없다. 그들은 이 성당의 공사가 어디에서 시작되었고 어디에서 끝이 났는지 과연 알고 있을까? 끝없이 쌓고 무너트리고 쌓고 무너지는 무수한 반복으로 점철된 그 싸움이.

넓은 표면적의 밀도를 최고로 높이는 데는 벽돌만 한 게 없다. 압도적인 벽체 앞에 서면 마치 벽 속으로 빨려 들어갈 것만 같다. 쌓기라는 신체적 활동에 의해 직립된 벽돌의 구조적 압력은 고스란히 신체로 전달된다. 벽돌의 붉은색은 불꽃의 색이다. 그러므로 명동 성당은 타오르는 불꽃을 닮은 건축이다. 벽돌 표면의 미세한 요철에 따라 일렁이는 불꽃처럼 빛의 잔물결이 번져 나간다. 시각적 강렬함과 더불어 심리적으로도 긴장과 압박을 가하며 숭고미에 도달한다.

멀리서는 붉게만 보이지만 가까이 다가가면 붉은색과 흑회색으로 구분되고 붉은색 역시 여러 가지 빛깔이 섞여 있음을 알게 된다. 벽돌의 붉은색이 각양각색이 된 것은 부서지고 갈라진 벽돌을 빼내고 새로운 벽돌을 집어넣는 식으로 보수 작업을 하면서 시대적 특성이 다른 벽돌이 사용된 결과이기도 하지만 지어질 당시에도 그랬을 것이다. 벽돌은 소성 온도에 따라 색깔이 달라지는데 당시 사람들이 가장 아름다운 빨강과 단단한 강도를 갖게 하는 벽돌의 소성 온도를 알았다고 해도, 일정한 온도를 유지하며 같은 색상으로 제작하기란 불가능에 가까웠을 것이다.

명동 성당의 건축을 담당한 이는 외젠 코스트^{Eugene Jean Georges Coste} 신부다. 우리나라 최초의 서양식 성당인 약현 성당을 시작으로, 용산 신학교, 예수성심성당, 살트르성바오로 수녀원 등 초기 천주교 건축물을 무수히 남겼다. 코스트 신부가 선택한 건축 언어는 고딕 양식의 벽돌 건축이었다. 한국 기독교 건축이 대부분 하늘을 향해 간절하게 서 있는 높은 종탑의 파노라마인 것은 코스트 신부의 건축에서 비롯되었다고 해도 무방하다.

아직 명동 성당이라는 이름이 없었을 때, 그러니까 종현^{鐘峴}에 세워지는 프랑스 성당이라 불렸을 때, 가장 시급했던 것은 벽돌이었다. 놀랍게도 조선의 천주교인들은 마치 기다렸다는 듯이 벽돌을 구워냈다. 박해를 피해 산속에 숨어서 교우촌을 형성하며 살던 그들은 옹기를 굽고 팔아서 신앙생활을 이어온 오랜 경험이 있었다. 그 덕분에 20여 가지 모양의 벽돌이 짧은 시간에 구워질 수 있었다. 직육면체의 벽돌뿐 아니라 모서리에 끼우거나 기둥을 두르기 위해서는 다종 다형의 벽돌이 필요했다(이를 이형벽돌이라고 한다). 코스트 신부는 벽돌의 모양새와 견고함이 완벽한 지점에 이르렀는지를 철저히 살폈다. 벽돌을 굽는 건 한국인 신자들이 도맡았고 벽돌을 쌓아 건물을 올리는 것은 중국인 기술자들의 몫이었다.

차곡차곡 쌓기만 한다고 해서 건물이 세워지지 않는다는 건 명동 성당에도 해당된다. 벽돌 벽은 수차례 무너졌다. 저절로 무너져 내리기도 했고 구조를 파악하기 위해 쌓았던 것들을 무너트리기도 했다. 무너지고 쌓고 무너지고 쌓고…… 무한 반복이었다. 기둥까지도 석재의 도움을 빌리지 않고 오로지 벽돌로만 쌓은 것은 석재에 능통한 한국인 기술자를 구할 경제력이 없었던 까닭이었다. 뮈텔^{Gustav Charles Marie Mütel} 주교의 일기에는 명동 성당 건축 과정이 상세히 등장한다. 그중에서 벽돌에 대한 것들을 추려보면 이런 내용이 된다.

> 1시경 우리는 주교좌 성당 제단의 좌측(복음 편) 첫 번째 기둥에 금이 가고 벽돌이 부서져 있는 것을 발견하였다. 당연히 커다란 동요가 일어날 수밖에. 곧 중앙 홀의 석조 부분 전체가 작은 홀의 궁륭에서 오는 압력 때문에 휜 것이 밝혀졌다. (1893년 8월 20일)

> 부축벽으로 첫 번째 기둥을 아주 튼튼하게 받쳐주어야 하는데, 그 기둥 하나만을 받치면서 고정시켜 보려고 애써 보았지만 헛

일이었다. 대단히 주의를 기울여서 벽돌 공사를 다시 해야만 한다.
(1893년 8월 24일)

수리 중인 기둥에 받쳐놓은 버팀목들을 지나치게 신뢰하던 중
국인 벽돌공들이 한꺼번에 사방에서 그 기둥을 철거해버렸다. 따
라서 손상되지 않고 남아 있던 벽돌 공사의 중심 부위가 아치와 건
물의 무게를 견뎌내지 못하는 바람에 그 잘못되었던 기둥 위에서
전체가 휘고 말았다. (1893년 8월 25일)

사바틴• 씨가 다시 와서 현장으로 올라가다. 그는 벽돌 공사의
몇 가지 결점을 발견하기는 했으나 두 번이나 사고가 나서 일이 이
렇게 된 진짜 이유를 깨닫지 못하는 것 같다. (1893년 8월 26일)

잘못 세워진 기둥과 그 기둥을 기울게 한 아치들을 허물기 시작
했다. (1893년 8월 28일)

너무 약하게 지어진 성당의 내부를 모두 부수기 시작했다.
(1894년 4월 3일)

● 아파나시 이바노비치 세레딘-사바틴. 1883년 조선에 입국하여 한국 서양 건축의 초창기에 큰 역할을 한
러시아 출신 건축가. 경복궁 내 이층 양관인 관문각, 덕수궁의 돈덕전, 중명전, 정관헌 등을 건축하여 왕
궁 건축가라 불렸다. 인천 제물포 구락부와 서울 독립문에서도 그의 흔적을 찾아볼 수 있다.

우리 청국인 벽돌공 22명이 오늘 아침에 떠났다. (1894년 8월 8일)

우리 주교좌 성당의 공사도 지난 3일 이후로 지체 없이 계속되고 있다. 제물포로 오기로 되어 있는 우리 벽돌 제조공들도, 벽돌공들도 아직은 도착하지 않았다. (1895년 6월 4일)

쇠시리용 벽돌이 부족해 우리 벽돌공들이 대성당 공사를 중단하고 있다. 집의 빗물을 멀리 흘려보내는 데 쓰일 배수관 두 개를 다시 만드느라 쇠시리용 벽돌들을 써버린 까닭이다. (1895년 6월 17일)

중국 체푸*에서 온 13명의 벽돌공들이 오늘 저녁에 도착. 그들은 상하이에서부터 목재와 함석을 싣고 온 배에 함께 타고 어제 도착하였으며…… (1895년 10월 12일)

어제 대성당의 배내기(코니스, 돌림띠) 공사가 끝났으므로 오늘 대부분의 벽돌공들이 제물포행 배를 다러 떠났다. 님은 벽돌공들은 12명인데 그들은 조선에서 겨울을 보낼 예정이었다. (1895년 11월 22일)[7]

● 산둥 반도의 북부와 중부에 걸쳐 있는 옌타이烟台 시. 서양 열강에 개방된 항구 중 하나로 조계지로 사용되었다. 즈푸芝罘 섬이 있었던 이유로 서양에는 체푸Chefoo로 알려졌다.

이즈음 한국 근대 건축사의 가장 큰 난관이 발발하고 만다. 코스트 신부가 몸져누운 것이다. 미열에서 시작된 신부의 병환은 차도는 보이지 않고 고열과 두통으로 이어졌으며, 곧 아무 말도 못하고 아무것도 듣지 못하게 되었다. 장티푸스였다. 코스트 신부는 발병한 지 아흐레 만인 1896년 2월 28일에 선종했다. 성당은 외관이 어느 정도 모양을 갖추긴 했으나 아직 지붕도 지붕을 받칠 궁륭도 만들어지지 않은 채였다. 난제 중의 난제만 남겨둔 성당 공사는 코스트 신부와 함께 명동 성당의 다양한 역할을 맡아온 푸아넬 신부에게 넘겨졌다.

건축가 코스를 밟은 것은 아니었지만, 코스트 신부는 동남아시아의 여러 부임지에서 건축일에 참여하며 다양한 경험을 쌓았다. 그런 코스트 신부도 나름의 해법을 찾느라 연구를 거듭하며 대성당의 건축에 매진해왔으니, 가뜩이나 건축 경험이 부족한 푸아넬 신부에게는 너무나 갑작스럽고 어려운 사안이었다. 코스트 신부가 선종한 뒤 많은 신부들과 수녀들이 몸져누웠고 생사의 갈림길에 섰다. 푸아넬 신부는 지쳐 있었다. 주교좌 성당의 주임신부로서 해야 할 일에 온전히 시간을 쏟기에도 부족한 상황이었다. 이 공백의 시기에 푸아넬 신부는 새로운 사명에 순명하고자 어떤 마음으로 어떤 준비를 할 수 있었을까? 공사를 멈춘 성당의 살풍경한 모습에 자신을 투영하면서 어떻게 조금씩 주어진 사명에 다가갈 수 있었을까?

당시의 바깥 상황도 매우 혼란스러웠다. 왕비가 죽임을 당하고 동학 농민 혁명의 여파로 뒤숭숭했으며 외교가의 활동은 더욱 은밀해

1

2

1 공사 중인 명동 성당의 모습을 남산 방면에서 찍은 사진. 제단부가 어느 정도 완성되었고 십자가 형태로 두 개의 익랑이 올라가고 있다.

2 1916년경의 명동 성당. 사진의 왼쪽에 자리한 벽돌 건물은 주교의 숙소와 식당, 업무 공간으로 구성된 사도 회관이다. 1891년에 완공된 건물로 위의 사진에서도 뚜렷이 보인다.

졌다. 뮈텔 주교는 조선의 고위 관리와 각국의 외교관들, 귀족 계급의 많은 사람들을 만나 정치적인 행보를 이어 갔다. 당시의 주요 상황들을 뮈텔 주교는 일기에 기록했다. 프랑스 공사는 어떤 입장이었으며, 주교로서 러시아 공관을 드나드는 동안 무엇을 들었는지, 조선에서 대한으로 국호가 바뀐 대사건에 어떤 반응을 보였는지, 왕의 어머니인 민씨가 마리아라는 세례명을 가진 천주교인이었으며, 흥선대원군을 천주교에 귀의시키고자 노력했던 사실까지도 적혔다.

그동안에도 성당은 조금씩 높아져 갔다. 성당을 짓는 사람들은 작고 힘없는 존재들이었다. 거대한 역사의 물줄기에 밀려 일기의 귀퉁이에도 적히지 못했던, 그러나 성당을 짓는 그곳에 항상 있었던 교인과 기술자들, 벽돌을 쌓는 사람들. 그제야 푸아넬 신부는 주교좌 성당의 건축가로 임할 준비를 끝낼 수 있었을까? 이윽고…….

대성당 천장의 아치형 벽돌 공사가 시작되었다. (1896년 7월 21일)

어제 체푸에서 벽돌공들이 도착했다. 그러나 감독은 아직 도착하지 않았다. 그런데 여전히 금고에는 돈이 한 푼도 없으니! (1897년 3월 21일)

오늘 아침 종탑 공사를 마무리하는 벽돌 공사가 다시 시작되었는데 그것은 지난겨울에 중단된 이래, 탑의 토대가 가라앉고 또 붕

괴되어 지금까지 감히 일을 다시 시작하지 못했었다. 그러나 그 일이 지금은 그렇게 어려워 보이지 않는다. (1897년 5월 31일)

9일 전부터 궁륭의 뼈대에 페인트칠과 천장 붙이는 일을 시작했다. 오늘부터는 익랑의 기둥 사이의 세 공간에 골격을 올리기 시작했다. (1897년 8월 16일)

대성당은 성당 안의 발판을 떼었고, 색유리도 끼웠고, 칠까지 끝남으로써 정말 대단히 훌륭하게 보였다. 제단은 많이 파손되었는데, 제대의 돌까지 포함하여 긴 돌들 중에서 부서지지 않은 것이란 거의 하나도 없었다. (1897년 12월 6일)

성신 강림 첨례. 여섯 시 반에 성당 축성 예식이 시작되었다. (1898년 5월 29일)

오늘 오후에 드디어 종을 종탑 위에 올리는 데 성공했다. 처음으로 종소리를 들을 수 있었다. (1898년 6월 11일) [8]

문화재청에서 2002년에 제작한 『명동 성당 실측조사 보고서』는 벽돌 쌓기 방식이 우리의 전통적 기법을 따른다고 설명한다. "붉은 벽돌과 흑 벽돌을 서로 교묘히 디자인적으로 활용해서 붉은색의 기분인 나쁨, 흑색의 어둠을 모두 털어내는 대비 기법을 활용하고 있는데, 이는 우리나라 벽돌 건축에서 흔히 쓰는 디자인 기법"이라는 것이다. 벽돌 벽의 맨 아랫단 지대석에 화강석을 쓰는 것도 전통 건축에서 나왔다고 한다. 화강석 지대석은 벽돌의 습기를 빨아들이므로 지면의 습기가 올라와 겨울에 동파되는 것을 막아준다.

대성당은 마음이 예술이 되는 순간을 보여준다. 검은 벽돌이 꾸미는 정교한 장식과 색유리의 빛이 회중석과 제단을 둘러싸며 눈부신 풍경을 만든다. 검은 벽돌이 기둥에서부터 천장까지 긴 곡선으로 포개지며 거대한 율동감을 만들어낸다. 그 공간에 들어서면 마치 다른 존재가 되어 저 높은 궁륭의 끝까지 날아갔다 사뿐히 내려앉는 듯한 부유감이 밀려온다. 벽돌 기둥은 스테인드글라스를 투과한 빛이 영롱한 색채를 펼치라고 존재하는 것이 아닐까? 따스한 빛의 색이 번지는 회색 기둥은 착한 아이의 이마처럼 맑고 깨끗하다. 그리고 오래된 바위처럼 평온한 안식을 준다.

뮈텔 주교는 일기에 성당이 완성되기 직전에 프랑스 생고뱅saint gobain 유리 공방에서 제작된 스테인드글라스가 도착했다고 적어두었다. 조선까지 오랜 시간 동안 출렁이는 배에 실려 도착했음에도 색유리들은 거의 깨진 것 없이 무탈했고, 신부들은 감사의 기도를 올렸다. 백여 년의 세월이 흐르는 동안 스테인드글라스는 수많은 상흔을 입었고, 1981년에 시작되어 3년간 이어진 명동 성당의 대대적인 보수 공사 때 완전히 교체되었다. 지금의 스테인드글라스는 색유리 공

명동 성당은 벽돌의 수량은 물론이거니와 벽돌의 형태도 매우 다양하게 제작하여 활용했다. 수십 가지의 이형벽돌은 건축물의 완성도를 높여준다. 단단하게 벽체를 이루는 면은 붉은 벽돌을, 선을 그리며 구조를 지지하고 율동감을 주는 곳은 검은 벽돌을 썼다.

예가인 이남규 작가가 원본의 이야기와 스타일을 살려 1982년부터 2년에 걸쳐 새롭게 작업한 것이다.

지하 소성당은 층고가 낮은 천장에 수많은 벽돌 선들이 구불구불 교차하며 아치를 이룬다. 대성당에서는 벽돌 기둥으로 말미암아 공간이 깊고 넓게 확장되는 것처럼 느껴진다면, 지하 성당의 벽돌 기둥과 벽돌 선은 점점 축소되고 좁혀져 살갗과 맞닿는 기분을 느끼게 한다. 벽돌의 내리누르는 힘이 압축되어 밀도를 최대한으로 높인 공간이다. 지하 성당에는 병인박해 때 순교한 신부와 신도들의 유해가 봉안되어 있다. 고해소도 이곳에 있어서 주말에는 고해 성사를 하려는 사람들이 긴 줄을 선다. 고해와 보속. 여기선 언어조차 무게를 가진다. 톡 떨어진 한 방울의 물조차도 바닥을 깨트릴 것만 같다.

바깥으로 나오면 바다처럼 망망하게 펼쳐진 붉은 벽돌의 물결과 높이 솟은 종탑이 장엄하게 서 있다. 이제 벽돌은 솟구치고 내리누르는 신체적 긴장감을 견디고 난 뒤에 무한히 열린 해방감으로 찾아온다. 그런 과정을 거치면서 심리적으로 이 공간에 완전히 속하게 된다. 온전히 내려놓고 온전히 받아들이는 순종의 공간. 다치고 죽으면서까지 성당을 완성해낸 그 마음이 바라고 바란 것이 그것이었으니 그렇게 될 수밖에 없다.

우리는 우리를 사랑할 수 있을까? 우리는 우리를 용서할 수 있을까? 수많은 손과 수많은 마음이 벽돌처럼 쌓여 있다. 그러므로 종현, 이 높은 언덕에 자리한 성당에서는 머리를 조아리는 게 아니라 벽돌로 쌓은 저 끝까지 올려다보아야 한다. 결국 붉은 건물의 배경이 되는 저 푸른 하늘을 향해서.

가장 서양의 것에서
가장 우리의 것으로

오늘날도 벽돌을 선호하는 건축가들이 많다. 공예적인 감수성 때문이다. 시간을 품을수록 자연스레 진해지기도 하고 얼룩이 지기도 하지만 그 또한 집의 인생을 보여주는 징표가 된다. 벽돌을 두고 "나이를 먹어도 주름살이 예쁘게 지는 재료"라고 건축가 장영철은 말했다.

사실 벽돌이 값싸 보였던 적은 없다. 도심 외곽의 동네에 마구잡이로 지어진 다세대 빌라가 붉은 벽돌집인 것은 좁은 골목 안까지 이동할 수 있는 재료가 벽돌이었기 때문이다. 알루미늄과 유리처럼 번쩍이고 가벼운 재료들이 새로운 유행을 만들자, 묵직하게 색이 스며들고 밀도 높은 표면을 만드는 벽돌이 잠시 주춤했을 뿐이다.

"건축은 빛과 벽돌이 짓는 시"라고 표현했던 건축가 김수근에 이르면, 벽돌은 한국적인 공간을 보여주는 재료로 방향을 전환하게 된다. 대학로는 김수근의 건축론이 집약된 벽돌 건축물들, 이를테면 아르코 미술관, 아르코 예술극장, 옛 샘터 사옥(지금의 공공일호), 국제협력단, 서울대병원 의생명연구원 등이 한자리에 모여 있다. 이 건물

건축가 김수근이 설계한 대학로 아르코 예술극장. 벽돌 매스가 중첩되며 형성된 독특한 형태감과 그림자가 지면
서 드러나는 건물의 표정은 시적인 건축이 무엇인지 보여준다.

들을 모방한 벽돌 건축물이 대량으로 지어지고 거리의 계단과 담도 벽돌로 장식했기 때문에 붉은 벽돌 거리라는 별명이 붙어 있다. 대학로의 역사와 붉은 벽돌 건축에 내재된 지적인 감성과 시간성이 어우러져 특징적인 장소성을 갖게 된 것이다.

혜화동 골목 안에는 김수근이 작고하기 삼 년 전에 완성한 고석공간(1983년 완공)이 있다. 주재료는 붉은 벽돌이며 거무스름한 미송을 격자무늬로 덧대어 독특한 입면을 만들었다. 이 집을 지으면서 김수근은 서른 채 지을 목재를 다 썼다고 푸념 아닌 푸념, 자랑 아닌 자랑을 했다. 고석공간이라는 이름에서 짐작할 수 있듯이, 그의 매형인 화가 박고석과 한복 디자이너로 활동한 누나 김선자의 집이다.

이 집은 붉은 벽돌과 한옥 공간이 우아하게 만났다. 격자무늬 한지 창을 넓게 두른 거실 안에 툇마루가 딸린 사랑방을 구성한 이층이 특히 흥미롭다. 문갑과 사방탁자가 놓인 작고 낮은 사랑방을 불교 신자인 김선자 씨는 기도실로 썼다고 한다. 명백한 서양식 공간 속에 툇마루를 디뎌야 출입할 수 있는 작고 낮은 방을 넣은 이유는 무엇이었을까? 집주인의 추억이 깃든 공간을 재현한 것일까? 가족만이 알 수 있는 내밀한 공간을 건축가 동생이 선물한 것은 아닐까?

집 안에 내 몸과 밀착된 공간 하나쯤은 있어야 한다는 것을 김수근은 알았던 것 같다. 그는 작은 공간을 만드는 데 귀재였다. 우리는 넓고 높은 공간이 아니라 좁고 낮은 공간에서 아늑함을 느낀다. 몸에 밀착될수록 마음은 평온을 얻는다.

김수근은 청진의 유복한 가정에서 태어났다. 잘 지은 집에서 잘 지은 옷을 입고 생활했으며 모든 형제들이 경성에 나와 공부를 했다. 한국전쟁 때 통역으로 복무하던 김수근이 당시 부산으로 피란을 간 누나 부부를 찾아왔을 때, 누나는 동생을 부대로 복귀시킬 수 없었다. 귀중품을 팔아 돈을 마련한 누나는 동생을 바다 건너 일본으로 보냈다. 1957년 일본에서 건축 공부를 마친 김수근은 국회의사당의 설계도를 갖고 돌아왔다. 그리고 시대가 요구하는 모습으로 완벽하게 변신했다. 재건 시대는 건축가를 필요로 했고, 김수근은 한국의 산업 시대를 활짝 열어젖혔다.

김수근의 건축을 보려면 '공간' 사옥으로 가야 한다. 아라리오 뮤지엄이 된 지금에도 어쩐지 공간 사옥이라고 불러야 할 것 같은 이곳은 김수근 자신의 건축 스튜디오이자 문화사랑방의 역할을 했던 건물이다. 푸른 덩굴이 휘감은 검은 벽돌집에는 붉은 벽돌과는 다른 깊이의 어둠이 숨어 있다. 어둠이 깊어서 빛을 찾게 되는 곳, 빛이 더욱 환하게 느껴지는 곳이다.

공간 사옥이 건축 사무소였을 때 이 건물에 대해 들은 이야기는 어둡고 좁고 불편하다는 게 대부분이었다. 동선이 너무 복잡해, 공간 직원들도 길을 잃는대, 천장은 너무 낮고 화장실은 너무 좁고 계단은 너무 많아. 슬쩍 몇 군데만 들여다보았을 뿐인 나도 그런 말에 아무렇게나 동의했었다. 아라리오 뮤지엄이 되면서 이 건물을 총체적으로 자유롭게 살펴보게 된 지금은 분명히 알 수 있다. 그 불편함과 어둠은 착오나 실수가 아니라 의도였고 표현이었다.

내부에서도 바깥과 마찬가지로 흑회색 벽돌의 무게감과 밀도가 이어진다. 좁고 가깝게 밀착된 벽이 밀도감을 한층 높인다. 층의 높이가 비교적 낮은 점도 공간을 더욱 밀도 있게 만든다. 내부 계단도 벽돌이다. 세모꼴을 그리며 조심스럽게 쌓아 올린 계단은 허공에 띄운 조형물이나 마찬가지다. 이 건물에는 네 개의 벽을 가진 사각형의 방은 존재하지 않는다. 방은 복도가 되었다가 홀이 되며 물 흐르듯 연결된다. 공간의 흐름은 위층으로 자연스럽게 상승한 뒤에 꼭대기 층의 넓고 탁 트인 홀에서 클라이맥스에 이르렀다가 숨겨진 원형 계단을 딛고 아래로 침잠하듯 느슨하게 내려가게 된다.

좁은 골목을 헤매며 다양한 집과 삶을 엿보았던 경험이 있다면 이 건물에서는 그때의 골목이 떠오를 것이다. 낯선 풍경이 불쑥 등장하고 막다른 벽이 가로막기도 한다. 벽돌은 집요하고 디테일하게 공간을 형성하고 변화시키고 다시 빚어낸다. 동남향의 강한 빛은 좁은 틈을 비집고 새어들며, 북서향의 느슨한 빛은 넓은 창으로 천천히 스며든다. 빛과 그림자는 한 공간에서 경건하게 만난다. 틈새처럼 좁은 창에서 새어든 빛이 천천히 어둠을 뒤로 물린다.

건축물은 인간처럼 여러 가지 얼굴을 갖고 있다. 공간 사옥의 주출입구가 있는 벽을 형성하는 좁고 긴 창과 조형적인 원형 계단은 사랑하는 누이를 위해 지은 고석공간에도 표현되어 있지만, 남영동 대공분실처럼 인권을 유린하는 공간에 활용된 건축 언어와도 정확하게

공간 사옥은 흑회색 벽돌로 밀도감 있게 쌓아 올려 독특한 공간감을 표현했다. 힘과 밀도, 색채와 그림자, 벽돌의 특성이 최대로 발휘된 건축물이다.

일치한다. 민주화운동가들을 감금하고 고문하던 건물의 설계자와 문화 기업의 수장이라는 두 가지 역할을 아무런 괴리감 없이 해내야 하는 것이 그 시대 건축가에게는 소명이었을지 몰라도, 지금 우리는 역사의 부끄러움 없이 이 건물을 바라볼 수 없다.

좁고 길게 난 창으로 스며든 빛을 바라본다. 그 빛은 충분히 밝지 않아 완벽하게 어둠을 밀어내지 못하고, 오히려 어둠의 깊이를 강조한다. 빛은 숭고하지만 연약하고, 어둠은 불안을 불러일으키지만 그 속에서 안온하다. 이 빛과 어둠은 우리 마음의 풍경일까? 빛과 어둠의 심연에서 쓰러졌다가 가까스로 몸을 일으키는 인간, 그런 인간을 본 것만 같다.

윤웅렬 별서는 자연스레 형성된 숲길과 물길로 둘러싸여 있다. 벽돌집 이층에서 뻗어 나간 테라스가 바로 옆에 연결된 한옥의 지붕 위에 얹혀 있다.

청주 일신여고에는 모두 여섯 채의 선교사 양관이 있다. 청주 읍성의 돌을 가져와 기단을 쌓고 벽돌로 몸체를 올린 뒤 한식 기와로 마무리한 집이다. 성경학교로 지어진 노두의 기념관(왼쪽)과 밀러 선교사 가족이 살았던 민노아 기념관(오른쪽), 그리고 묘소를 정원처럼 집 앞에 둔 포사이드 기념관(다음 쪽).

벽돌 건축의 최고 영예는 명동 성당이다. 붉은 벽돌과 검은 벽돌이 절묘하게 제 할 일을 하며 섞이고 구분된다. 벽 돌은 면을 채우고 지붕을 견디며, 장엄한 장식이 되어 건물을 치장하고, 문과 창문을 감싸며 빛을 들이고 사람을 들인다.

마침내 우리는 이 계획을 현실화하기 위해 가족을 정리할 것입니다. 즉 모든 가족이 서로서로 그의 생활과 그의 기분을 이해해야 합니다. 만일 이해하지 못하는 경우에는 이해하는 자와 이해하지 못하는 자가 분리되어야 합니다. 새로운 공기公氣에서 생활하려는 자식을 만일 그 부모가 이해하지 못하는 경우에는 반드시 자식은 부모와 별거할 수밖에 없습니다. 또한 새로운 생활을 경영하려는 남편을 그 처자가 이해하지 못한다 하면 그는 반드시 그 처자와 별거해야겠습니다.

—김유방, 「문화생활과 주택」(2), 『개벽』, 1923년 3월호

도시 한옥의
관능과 예술

3

그전과 다른 집, 북촌 한옥

우리는 언제나
작은 집에 매혹된다

빈자의 미학을 논하던 건축가 승효상이 검박한 목가구를 선보였을 때 한 사람이 걸어가는 길에서 참 아름다운 생산물이 탄생했다고 느꼈다. "재료가 서로에게 의지하고 스스로 아귀를 맞춰가며 무게를 견디는 상태." 이 장면을 그는 '결구'라고 부른다. 몸과 가구가 만나 서로를 지탱하는 긴장된 시간이 고요의 경지에 이를 때. 그 순간을 바라보며 창조한 자신의 가구를 '수도원 가구'라고 했다.

나는 이 의자들이 놓인 공간을 상상해보았다. 몇 해 전 승효상 건축가와 함께하는 영성 기행에 참여한 나는 명례성지와 하양교회, 사유원을 돌며 건축가가 빚은 믿음과 성찰의 공간에서 순간순간 고요함을 느낀 적이 있다. 자연과 인간이 집이라는 공간으로 만나는 것도 겨루기의 형태와 닮아 있을 것이다. 살아가는 건 텐션, 정신과 육체의 긴장이다. 나는 그 긴장감이 싫지 않았고 서로 힘주어 겨루는 장면이 아름답고 숭고해 보이기까지 했다.

수도원이 추구하는 몸은 노동과 수행의 몸이다. 궁극의 지점에 이를 때까지 정진하는 몸을 위한 가구는 가성비나 편안함, 무난함으로 선택되는 대부분의 실내 가구를 조금 다른 관점에서 보게 했다.

사실 우리의 옛집에는 가구가 없었어요. 우리의 방은 안방, 건넌

방, 문간방처럼 위치에 따라 나뉘었지 욕실, 침실, 거실이라고 부르지 않았죠. 목적에 따라 부르는 방에는 항상 목적 수행을 위한 가구가 놓여 있어요. 침대, 소파, 다이닝 테이블 등 어쩌면 지금 우리는 가구가 원하는 대로 살고 있는지 몰라요. 근데 옛날의 우리 집은 목적을 띤 가구가 아니라 포터블 형식으로 존재했죠. 밥상은 부엌으로 안방으로 들고 나고 했잖아요. 공부하고 싶으면 서탁을 놓았고, 요를 깔면 침실이 되는 거죠. 그렇게 우리 의지대로 항상 공간을 변화시키면서 썼거든. 우리가 항상 주체였죠.[1]

승효상 건축가가 목가구의 맥락에서 들려준 집 이야기는 공간과 가구의 관계에 대한 새로운 사유를 던져주었다. 그런데 이 글을 읽으면서 이와 완전히 반대되는 지점에서 전통 공간을 비판했던 한 예술가가 떠올라 무척 흥미로워졌다. 용도가 구분되지 않은 공간과 누구의 집인들 비슷비슷하게 놓인 가구들은 인물의 내면이 추구하는 욕구를 채울 수 없다고 설파했던 김유방이다.

김유방은 1923년에 월간지 『개벽』에 칼럼을 실으며 작은 집 철학을 펼쳤다. '문화생활과 주택'을 주제로 쓴 세 편의 칼럼은 근대기 주택 개조론의 첫 문을 열었다고 평가된다. 정확하게는 이런 문장이다.

이미 우리에게는 아무런 필요가 없는 내외실의 분별은 있거니와 그 타他는 자못 혼돈하야 침실이 식당도 되고 식당이 객실도 되

며 어떠한 경우에는 침구 같은 것이 실내를 장식하는 자랑거리가

되어 욕심이 많은 부인들은 쓸데없는 오색 침구를 첩첩이 쌓아놓

고 이것으로써 객寐을 대하는 체면을 삼음은 실로 합리 불합리는

막론하고 무엇으로나 변명할 도리가 없겠습니다.

구미인들은 주택에 장치하는 가구에 대하여 많은 고찰과 많은

비용을 소비하여 그로써 자기의 기호심을 도우며 또한 내외면 생

활의 일치를 도모한다 합니다. 즉 종교가는 종교적으로, 법률가는

법률적으로, 과학자는 학자적으로, 예술가는 예술적으로 모두 그

생활의 타협을 짓는 겁니다. 그러나 우리의 주택을 장식하는 비품

이라는 것은 물론 빈부라는 찌를 가지고 볼진대 심한 차별은 있다

할지라도 기타는 별달리 개성을 가진 것은 아무것도 없습니다.

—김유방, 「문화생활과 주택」(1), 『개벽』, 1923년 2월호

서구의 의식주 문화가 전통의 것과 뒤섞이는 과도기가 이미 도래

한 상황에서 복식과 식습관에 비해 주거는 유독 변화에 뒤늦었다.

"과연 우리의 집은 어떠해야 하는가?"라는 궁극적인 질문에, 김유

방의 해답은 '해방'이었다. 집의 해방은 개인의 해방이며 단단하게 옭

아맨 전통의 관습으로부터 해방됨을 뜻한다.

근대의 건축가와 사상가들은 우리 옛집의 부엌과 대청을 가장 불

편하고 불합리한 공간으로 꼽으며 개선이 시급하다고 누누이 지적

해왔다. 그런데 어째서 가장 활발히 사용하는 부엌과 집의 중심에 놓인 대청이 죽어가는 곳이 되고 말았을까? 김유방이 볼 때 부엌은 여성들의 노동 공간이며 대청은 제사를 지내는 곳이었다. 이 공간들은 해방되지 못한 관습과 변화해야 마땅한 제도와 관련이 있었다.

오직 이것(대청)을 폐지하지 못한 것은 제례의 일체 준비와 그 절차를 이곳에서 거행하는 까닭에, 이는 평소의 불필요를 이러한 특수한 때를 위하여 참았거니와 지금 이러한 절차가 이미 우리 가정에서 거행치 않게 된 이상에는 그 불쾌한 공간을 주택 한가운데에 두어, 제일은 건축비에 과분을 지당하며 다음은 공허한 기분을 취할 필요가 어디 있겠습니까? 그럼으로 대개는 이 대청을 식찬설비 간으로 대용하는 까닭에 실로 생활상 정돈과 질서만 흐리게 할 뿐입니다.

조선 주택 중 부엌은 가장 많은 결함을 가졌습니다. 부엌이 가장 불결해진 것은 본래 우리 주택 설계가 그렇게 만든 것은 아닙니다. 우리 조선 사람은 무엇보다도 음식을 존중하는 습관이 그 특색입니다. 우리의 생활은 계급이 심한 동시에 남존여비의 폐도 있었습니다. 그러므로 부엌은 단순히 여자와 하인에 한하여 용납할 곳이라 하여 점점 타락하였고 오늘날 우리의 부엌이 되었다 합니다.

—김유방, 「문화생활과 주택」(1), 『개벽』, 1923년 2월호

이미 새로운 의식을 갖게 된 근대 지식인들은 구시대의 산물인 전통 가옥에서는 살아갈 수가 없다. 우리의 역사를 돌이켜보건대 집의 연구를 게을리했다는 자각이 밀려온다. 그제야 서양 가옥의 변천사를 들여다보지만 그것이 우리의 삶에 딱 들어맞을 리가 없다. 김유방의 고민은 여기에 있다. 어떤 기준으로 새로운 집을 모색해야 할까?

그는 먼저, 서구 부르주아 저택이 보여주는 수십여 종에 달하는 다양한 공간들에 집중했다. 서양의 대저택은 다양한 방들이 기능적으로 배치되는 과정을 통해 변화했는데 김유방은 이 점이 흥미로웠던 모양이다. 『개벽』 3월호에 이어지는 두 번째 칼럼에는 수많은 기능실 중 39가지를 나열하면서 서양에서 오랜 시간을 들여 시대가 요구하는 주택을 연구하고 적용해온 방식을 소개했다. 그렇지만 서양에서도 부르주아의 대저택은 한물갔고 과학 정신에 입각하여 기능적으로 간소화된 소주택을 찾는 쪽이었다. 이쯤 되면 우리 가옥에도 적용해볼 만한 사례가 있을 법도 하다.

"합리적이고 실생활에 밀접한 소주택을 찾자!"

김유방의 작은 집 철학은 여기에서 시작된다. 소주택은 가족의 규모를 제한한다. 그러니 종래의 대가족 제도에서는 집의 변화가 이루어지기 어렵다. 집의 변화는 가족 제도가 해체되어야만 가능해진다. 김유방은 집에 대한 생각이 서로 일치하지 못한다면 부모 자식도 별거해야 하며, 그 점은 부부에게도 마찬가지로 적용된다는 극단적인 선언에 이른다.

이왕 여기까지 왔으니, 김유방의 걸음은 한 단계 더 나아간다. 풍한서습—큰바람, 추위, 더위, 습기—을 방어하는 안전한 가옥에 그친다면 새로운 가옥이라 할 수 없다고 말이다. 우리의 관능을 위로할 만한 예술로서의 집이 더욱 절실하다고 그는 말했다.

어떤 주택을 마련하여야 우리의 관능과 우리의 실생활에 타협이 될 만한 우리의 것이 되겠습니까?

김유방은 낚시성 질문을 던지며 연재를 계속 읽어가기를 요구한다.[2] 과학적이고 관능적이며 예술적인 집을 논하기에는 김유방의 문체가 한자어도 많고 쓸데없이 장황하지만 그의 결론이 궁금하니 끝까지 살펴보기로 한다. 과연 1920년대의 작은 집 철학은 어떤 세상을 보여주려 했을까?

사람의 삶은
미와 관능을 경유하고

근대 건축계에서 김유방은 미스터리한 인물이다. 건축 교육을 체계적으로 받은 건축가 명단에는 전혀 존재하지 않을뿐더러 설계자로 명시되거나 구전되어오는 건물도 없기 때문이다. 한국민족문화대백과사전에는 김유방을 「배교자」, 「삼천오백냥」 등을 저술한 일제 강점기의 유학자로 나와 있다. 출생일과 사망일은 미상.

> 본명은 찬영. 1919년에 김동인, 김억, 전영택, 주요한, 김환 등과 함께 우리나라 최초의 순수문예동인지 『창조』를 창간하였다. 그러나 그는 평론과 희곡을 몇 편 썼을 뿐 적극적인 문단활동이나 연극 운동을 한 것은 아니었다. 비평의 경우, 김동인과 염상섭의 논전에 끼어들어 「작품에 대한 평가적 가치」라는 평을 쓰기도 했다.
>
> ─온라인 한국민족문화대백과사전 김유방 편

유학자라는 설명이 과연 어디서 나온 것인지 모르겠지만 김유방이 이를 알았다면 파안대소하지 않았을까! 구습 개혁에 투신하면서 몸소 방랑과 방탕을 저질러온 유미주의자에게는 가당치 않은 수식이기 때문이다. 김찬영(김유방의 본명이다)은 1917년 동경미술학교를 졸업하고 돌아온 우리나라 1세대 미술가에 속한다. 그런데 그림을 지속적으로 그릴 생각은 하지 않았고, 『폐허』, 『창조』, 『영대』와 같은 1920년대 문예 잡지의 동인으로 이름을 올리며 논객의 자리를 차지했다.

김찬영을 설명하는 가장 적절한 말은 '평양 부호'다. 김찬영은 화가 김병기(1916~2022년)의 부친이다. 김병기 화백이 101세가 되던 2017년 『한겨레신문』에 회고록을 실었다. 미술사가인 윤범모가 구

술 정리한 이 회고록에는 부친 김찬영에 대한 에피소드가 상세하게
서술되어 있다.

신흥 부자 정도가 아니라 전설적인 부자였다는 김찬영의 집안은
한없이 축적된 재산을 둘러싸고 수많은 잡음과 싸움이 끊이지 않았
다. 사람은 많았으나 사랑이 없는 집이었고, 조혼까지 하였으니 더더
욱 집이 싫어 자주 집을 비웠던 그였다. 김병기가 싸늘한 집이라고 회
고하는 그 집을 김찬영은 열여섯 살이던 1909년에 떠났다. 동경으로
유학길에 오른 그는 서양 문물과 예술에 푹 빠진 귀족적인 인사로 성
장했다.

같은 평양 부호의 자손이자 일본 유학생이던 김동인과 가까워진
것도 부유한 취향을 가진 예술지상주의자로서 일체감이 있었기 때문
이었다(후에 김병기가 김동인의 형 김동원의 딸과 결혼함으로써 두 사람은
가족관계로 얽히게 된다). 김동인과 김찬영은 주요한, 김한, 김명순 등 일
본 유학생들과 함께 새로운 사조의 문예지 『창조』를 탄생시켰다. 9호
를 끝으로 2년간 이어간 『창조』가 문을 닫은 뒤 그 핵심 멤버인 김동
인, 김찬영, 주요한 등이 다시 뭉쳐 예술평론가인 노월 임장화를 끌어
들여 만든 잡지가 예술지상주의를 표방했던 『영대』다.●

김동인은 고락을 함께한 친구 김찬영을 정답게 표현할 생각이 전
혀 없었던 터라 '한량 K'라 불렀고, 김찬영 역시 그렇게 불려도 마땅

● 『영대』는 1924년 8월에 창간호를 냈으며 1925년 1월에 5호를 마지막으로 폐간했다.

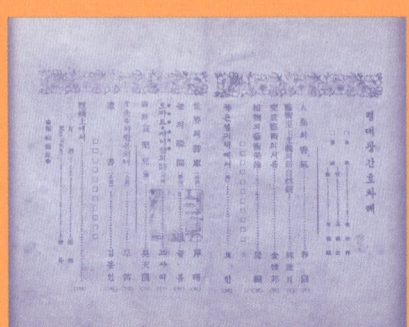

1   2

3

1·2 1924년 8월에 창간호를 낸 예술동인지 『영대』의 표지와 차례.

3 고희동에 이어 한국인 제2호로 동경미술학교에 유학한 김관호가 『영대』의 삽화를 맡았다.

할 정도로 허랑방탕한 생활을 했다. 그렇지만 『영대』만큼은 출판 자금을 댔던 김동인보다 김찬영이 더욱 애정을 쏟았던 매체였다. 예술 평론가인 임장화와 함께 김찬영은 예술지상주의자의 예술론을 설파하는 장으로 『영대』의 세계를 신나게 열어젖혔고, 표지 도안은 물론 편집까지 도맡아 공을 들였다.

『영대』는 세상 두려울 것 없던 청년들의 새로운 세계관, 자유로운 언어와 대책 없는 상상력을 담은 공론의 장이었다. 김찬영은 작품 활동은 하지 않으면서도 『창조』에 표지화를 실으며 그간 출판물이나 전람회에서는 발견할 수 없었던 모던하면서도 신화적인 이미지를 그려냈다. 그러다가 『영대』에 이르러서는 신령스럽고 모호한 제호와 도안을 창안했을 뿐만 아니라 기묘하고 아름다운 장식들을 마음껏 표현했다.

왕희지의 글자를 집자한 『영대』에는 그들이 열렬히 읽고 토론하던 서구의 문학가와 예술가들의 초상 삽화가 잔뜩 담겨 있다. 삽화는 같은 평양 출신으로 김찬영에 앞서 동경미술학교에서 두각을 나타낸 김관호가 맡았다. 문예지가 문학과 예술을 논하는 잡지라고 한다면 한국의 진정한 문예지는 『영대』에서 시작되어야 한다.[3]

해석하여야만 알아볼 깊은 문자로서 명명한 바가 아니다. 오직 '영대'라는 글자의 체재와 또는, '령대'라고 부르는 리듬과 또한 '신령 령'자와 '집 대'자가 합한 그 무드가 우리로서 '영대'라고 명명하

게 만들었을 뿐이다. 즉 말하자면, 오직 실재와 표현밖에는 딴 의미
가 없다는 것이다.

—김유방, 「영대 상에서」, 『영대』 창간호, 1924년 8월

김찬영은 출세가 아니라 예술을 하고 싶었다. 예술은 자신의 혼과
직접적으로 이어지는 일이고 영혼을 발견하는 일이었다. 스스로 누
구인지를 자각하고 싶었던 사람, 그리고 과거와 단절하고 (그러나 경제
적으로는 결코 단절하지 못했고) 완전히 새로운 얼굴로 살아가고 싶었던
사람이었다. 1920년대 예술가들은 사춘기를 맞은 청소년처럼 질풍
노도의 시기를 겪었다. 문학도 예술도 제도도 삶의 모습도 새로울 것,
과거와 달라질 것을 요구받았던 시대였으나 다들 오리무중이었다.

예술가이자 예술애호가로서 김찬영은 신문에도 종종 등장했다.
야나기 무네요시의 아내인 성악가 야나기 가네코의 독창회를 광익
서관● 고경상 사장과 함께 추진했고, 『조선일보』 평양 주필에도 이름
이 올라 있다. 김관호, 이종우 등과 평양에서 '삭성회'라는 미술 단체
를 조직하여 미술의 기운을 넓혀보려 애쓴 정황도 포착된다. 함께 삭
성회에서 활동했던 화가 이종우의 회고록에는 김찬영에 대한 중요
한 단서가 등장한다.

● 광익서관은 『창조』에서 『영대』까지 출판에 힘써준 출판사 겸 서점이었다.

(김유방은) 1920년대 초부터는 새로이 건축에 관심을 보인다. 건축은 그때 더욱 미개척 분야이므로 한국인으로서는 이렇다 할 건축가가 없었다. 유방은 건축을 전공하지는 않았으므로 신식 빌딩을 운운할 처지가 못 된다. 하지만 그는 우리의 주택과 생활 구조에 대하여 적잖은 글을 발표했다. 그는 뒤에 골동에 관계하는 것으로써 미술에 대한 젊어서의 소망을 달래었다.

—『중앙일보』, 1971년 8월 26일

삶이 달라져야 집이 달라지며, 집이 달라지면 삶도 달라진다. 가지고 싶은 것은 다 가질 수 있었으나 자주 열망하던 일에 실패하고야 말았고, 늘 사랑에 목말라 떠돌아다녔던 허랑방탕한 예술가 김찬영. 평양, 경성, 동경을 넘나들며 다종다양한 주거를 경험했고, 다른 삶을 살아보고 싶었던 열망이 끓어올랐던 김찬영이라면 당연히 건축이라는 분야에 푹 빠져들 만했다. 모던 시대가 담보하는 신주택과 신가정의 풍경, 따듯하고 단란한 근대 가족이 표상하는 풍경을 그가 열렬히 바랐을지는 모르겠지만.

『개벽』의 칼럼에서 유방 김찬영은 공간을 기능적으로 엮은 작은 집을 제안하며, 두 가지 견본 주택의 스케치와 간단한 도면을 그려서 보여준다. 방갈로 주택●●에 영감을 받은 기초 설계안에는 공적 공간

●● 처마가 깊고 정면에 베란다가 있는 작은 단층 주택. 인도 벵골 지방의 주택 양식이었으며 유럽으로 건너가 소형 주택, 휴양지 별장의 형식으로 발전했다.

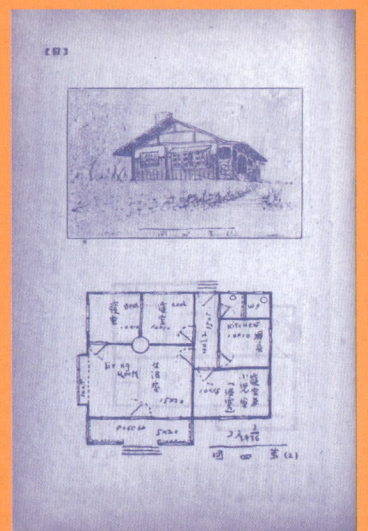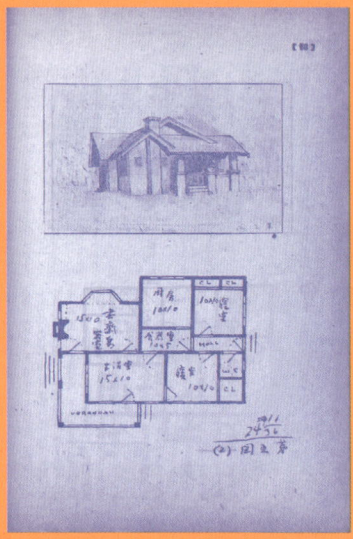

김유방은 「문화생활과 주택」이라는 칼럼을 『개벽』(1923년 2월~4월)에 게재하고 주택 개조의 필요성을 설파했다.
삽화와 도면에 표현된 주택 개선안은 구습을 적극적으로 혁파하고 바로 지금의 생활을 담아낸 소주택이었다.

과 사적 공간을 분리하고 출입구와 복도, 홀 등으로 유연하게 연결한 점이 눈에 띈다. 대청은 삭제되었고 생활실(living room, 거실)이 중요하게 자리 잡았다.

생활실은 베란다 혹은 포치와 연결되어 집의 전면을 구성했는데, 손님을 맞기도 하고 가족들이 모이기도 좋은 위치에 놓았다. 방은 두 개 혹은 세 개가 적당했다. 프라이버시를 유지할 수 있도록 방은 집의 뒤편에 자리하거나 따로 작은 출입구를 가진 복도가 딸려 있다. 부엌과 창고가 분리되고, 화장실과 욕실을 실내에 두었다. 창고를 두기가 애매한 작은 집에선 필수품인 수납용 붙박이장도 설치했다.

그가 방갈로 주택을 선택한 또 다른 이유는 자연과 가장 가까이 소통하는 방식이기 때문이었다. 평평하고 넓은 지붕과 길게 내려오는 처마는 기후에 유용하게 대응하면서 집의 미학을 표현하고, 베란다와 테라스는 외부와 자연스럽게 접촉하며 낭만과 자유로움을 끌어들인다. 김유방은 "집은 우리 일생 중 가장 많은 시간을 보내며 가장 밀접한 접촉을 하는 예술"이라고 설명한다. 사원, 극장, 성곽 등의 대건축만 예술로 볼 게 아니라 일상생활도 예술로 만들어야 한다고 말이다. 예술의 민중화는 주택 예술로 향한다.

사람은 예술을 떠나서 살아온 예는 없습니다. 미美의 욕구는 사람의 본능입니다. 사람의 관능은 미를 탐구하기 위해서 생긴 것입니다. (중략) 사람의 삶이라는 것은 미의 수속手續을 경유하여 비롯

143

하는 것입니다.

—김유방, 「우리가 선택할 소주택」, 『개벽』, 1923년 5월호

김찬영은 『영대』의 폐간 이후 영화판으로 자리를 옮겼다. 영화배급회사인 기산양행을 세워 MGM의 독점 배급권을 따냈고, 조선극장의 공동 운영자가 되었다. 크게 잘 되었으나 결국 크게 망하고 말았던 영화 일은 그에게 무엇을 남겨주었을까? 그다음 행로는 놀랍게도 골동품 수집계의 큰손으로 이름을 알린 것이다.

아방가르드한 신세계를 찾던 예술가로서는 반동에 가까운 일이지만, 1930년대의 예술가들은 지나간 시대의 예술품이 주는 매혹을 거부하지 않았다. 평양 출신답게 그의 수집은 고려에서 시작되었으니, 예술 애호가의 진면목을 이제야 발견한 것인지도 모른다.

김병기는 아버지 김찬영이 서울에 거처를 잡으면서 호적을 정리하고 김덕영으로 개명했다고 전했다. 김덕영은 주로 골동품가(街)에서 불리던 이름이었는데, 그는 자기 이름으로 물건을 내놓는 걸 즐기지 않았다고 한다. 유방 김덕영의 서울 생활은 가회동, 장교동, 돈암동, 회현동, 후암동을 거쳐 갔다. 그러는 동안 집에 대한 그의 생각은 어떻게 달라졌을까? 그는 이제 의견이 일치하는 사람과 함께 살고 있었을까?

인생의 진짜 반려와 함께라면 어떤 집이어도 무방하다고 생각했을지도, 혹은 호적을 정리하여 분가한 뒤엔 집의 개조 자체가 불필요

해졌을지도 모르겠다. 아름답기로 소문이 자자했던 새 아내 정충실과 함께 살기 위해 지은 돈암동 집처럼 말이다.

"돈암동 한옥은 아버지가 직접 설계해 지은 집으로 마당에 신라 석등이 있었다."

김병기는 기억 속의 집을 이렇게 전했다.

삶이 달라져야 집이 달라지며, 집이 달라지면 삶도 달라진다

김유방이 활동하던 1920년대부터 『개벽』, 『조광』, 『동광』 같은 잡지들과 신문들이 앞다투어 생활 개조와 주택 개량에 목소리를 쏟아부었다. 당시 집의 문제는 공간의 좋고 나쁨보다는 생활의 괴리에 대한 문제가 더 컸다. '양洋'자 들어가는 말은 전부 혐오한다면서도 양복을 입고 양요리를 먹는 일처럼 불일치의 문제였다.

사람들은 조선식과 서양식으로 나누어 살지 않았고 새로운 생활이 양식과 양복에서 나오지 않는다는 것을 알고 있었다. 하루 일과를 적절히 수행해야 했고(근대인이 되어서야 체득한 하루 24시간 개념은 그 전까지만 해도 매우 낯선 것이었다), 가족 구성원이 각자 역할을 갖게 되었으며, 자기는 계발해야 하는 존재이고 가정은 경영해야 하는 대상이란 것도 알게 되었다. 지금도 마찬가지겠지만, 생활은 실험이다. 주거 실험의 목표는 집에 대한 이상과 실제의 삶 사이의 불일치를 해소하고 균형을 찾는 것이었다. 집은 궁극적으로 모양새보다 삶의 문제를 해결하는 게 중요했다.

『독립신문』의 주필이었다가 천도교 교령으로 활동한 이종린이 세태 잡지『별건곤』1928년 12월호에 기고한 집 이야기를 들어보자. 이종린은 온 가족을 데리고 6년째 여관 생활을 하고 있었다. 주택난이 심각한 서울에서 가족 모두를 건사할 수 있는 집을 구하는 일이 날로 어려워지자 완전히 다른 해법을 찾은 것이다. 당연히 비용이 적잖이 들기는 하지만 집을 구입하는 비용, 먹고살며 세금을 내는 비용, 찾아오는 손님을 일일이 맞이하는 비용 등을 계산해보면, 여관 생활이 오히려 경제적인 부분도 있었다. 편리함은 물론, 무전취식하는 가객들도 없으니 "여러분들도 여관 생활을 하시라"고 권하기까지 했다.

1930년대가 되면 동아일보사의『신가정』, 개벽사의『신여성』, 조선일보사의『여성』등 본격적인 가정 잡지들이 등장한다. 근대판『메종』이나『행복이 가득한 집』이다. 이제 집은 시시콜콜한 이야기가 가능할 정도로 디테일해졌다. 그간 남성 시식인들의 계몽적이고 선언적인 목소리로 집의 담론이 설파되었다면, 지금부터는 주부이자 가정생활의 실제 주인인 여성들이 실생활의 경험을 논하는 세밀한 인터뷰가 많아졌다. 삽화와 사진, 화보들을 적절히 실어 읽는 잡지에서 보는 잡지로 넘어가는 변곡점이기도 했다.

『신가정』에는 2백 페이지에 가까운 탄탄한 볼륨에 살림살이에 서

1

2

3

경성박람회(1929년) 전후로 경성에서는 여관 등의 숙박 시설이 폭발적으로 증가했다. 여관은 살림집, 예술가들의 아틀리에, 문학 동인들의 회합 장소, 사무실이자 작업실 등으로 다양하게 활용되었다. 공공 공간이 많지 않던 당시에는 만남을 갖거나 선을 보는 장소로도 여관을 선택했다.

1   후타미 여관

2   경성호텔

3   명동호텔

툰 주부들이 믿고 따라 해볼 수 있는 다양한 정보성 기사가 실려 있다. 화보에서 연재소설까지 단연 넘겨보는 재미가 있었다. 사회적 명망을 가진 스페셜 게스트의 집을 탐방해서 집 꾸밈과 살림의 해법을 찾아 돋보기를 들이대고, 계절 음식 만들기, 간단복 만들기, 꽃나무 가꾸기 등 실용적인 기사들도 시즌별로 등장했다.

남의 집 구경만큼 재미난 게 있을까? '가정 순례'는 가장 흥미를 끌었던 연재인 만큼 여러 잡지들에서 줄기차게 시도했다. 『신가정』의 가정 순례는 육아, 정원, 위생 설비, 부업 등을 주제로 삼아 적합한 인사의 집을 탐방해 인터뷰를 진행했다. 세세하고 집요한 질문과 답변이 유튜브 채널을 보는 것처럼 생동감 넘친다. 육아 문제나 혼기가 찬 딸을 가진 어머니를 주제로 한 탐방도 있었으니 여성의 관심사를 다각도로 살펴본 기획이었다. 각 편마다 대조적인 성격을 가진 두 가정을 소개하여 서로 상호 보완적으로 살피게 했는데, 이 점에서 기자의 기획 의도가 잘 드러나 있었다. 재래식 가옥과 신식 가옥을 섞고 생활 유형도 서로 대비되고 보충될 수 있는 사례들을 고심해서 고른 흔적이 엿보인다.

가령 육아 편에서는 육 남매를 낳고 기르는 소아과 의사의 아내와 외동딸을 키우는 유학파 여성을 선택했고, 정원 탐방기는 앞서 소개한 바대로 소박한 별서 정원을 갖춘 이태준 가옥과 재벌 기업가 김연수 가옥이 소개되었다. 경성방직 창업주 김성수의 아우인 김연수 역시 재벌가의 일원이었는데, 기자가 그 집을 방문하게 된 배경에는 1933년

1·2 『조선과 건축』에 실린 성북동 김연수 주택. 모더니즘 양식을 추구한 건축가 박길룡의 대표작 중 하나다.

3·4 『신가정』의 가정 순례 탐방기에 실린 김연수 주택에는 위의 신경향 주택 외에도 안쪽에 커다란 한옥이 있고, 정자가 있는 화단과 드넓은 프랑스식 자수 화단이 같이 꾸며져 있음을 볼 수 있다.

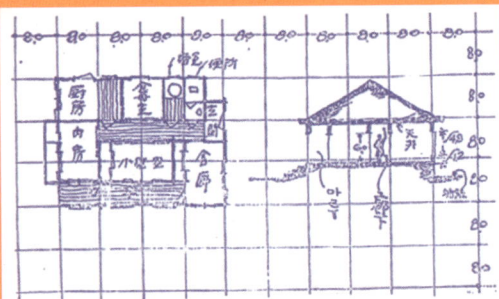

1 박길룡은 주택개조론을 지속적으로 펼친 건축가이다. 박길룡이 '8자 모듈 개념'을 활용해서 제시한 소주택
   안. 우리네 공간에 삽입된 르코르뷔지에의 모듈러가 흥미롭다.

2·3 『동아일보』, 『신가정』 등 신문과 잡지에 발표된 부엌 개조안들. 위생과 편리성을 갖춘 기능적인 주방이 주로
   소개되었다.

4 『조선과 건축』에 실린 일본식 문화주택에 구현된 주방의 모습.

당시 김연수가 동아일보사와 관련이 있었기 때문에 취재 협조가 가능했던 것으로 보인다.

이태준 가옥에서 호들갑스러울 정도로 활달한 목소리를 전달하던 기자(기명되어 있지 않으나 『신가정』에서 여성 기사들을 주로 쓴 기자는 김자혜였다)가 훨씬 더 크고 화려한 김연수 저택에 대해서는 어쩐지 평범한 묘사로 일관한다. 아마도 이는 이 집의 프랑스식 정원이 크게 흥미롭지 않았거나 김연수 집안에서 그다지 협조적으로 나오지 않은 까닭으로 짐작된다. 김연수 저택 하면 스타 건축가 박길룡이 설계한 모더니즘 양식의 건물만 널리 알려져 있는데, 이 기사를 통해 실제로는 큰 한옥이 안쪽에 위치했으며 정원도 한옥에서 바라보이는 곳에 있었다는 점을 알게 된 것은 작지만 확실한 수확이었다.

위생 설비 탐방기의 대상지로 백인제 가옥이 들어 있으니 담당 기자는 꽤 활발히 다닌 모양이다. 백인제 가옥이라면 한성은행장을 지낸 한상룡이 지은 가회동의 그윽한 상류층 가옥이 아닌가? 당시 욕실, 화장실, 부엌이 어떤 식으로 관리되었는지, 실내로 들어온 변소가 어떻게 부엌과 공존할 수 있었는지, 거대한 원형 철제 욕조는 과연 어떤 식으로 사용했는지, 그 해답을 90년 전 그 집을 찾아간 기자가 알려주겠다고 하니 고맙기 그지없다.

그런데 다시 생각해보니 1933년이라면 아직 백인제, 최경진 부부가 가회동의 큰 집으로 이사하기 전이다. 최경진 여사가 자신을 초보 주부라고 부를 때이고 기자 또한 가회동 북쪽의 취운정• 막바지 솔

밭 쪽에 숨어 있는 백 박사의 집을 찾아 매우 헤맸다고 하는 것을 보니 지금의 저택으로 오기 전에도 가회동길에 자리한 개량식 가옥에서 살았던 모양이다. 설비와 부엌에 대한 설명은 이 집이 서양식 가옥이 아닐까 짐작하게 한다.

기자는 최경진 여사에게 형사가 취조하듯이 욕실을 보여달라고 조른다. 안방과 가까운 곳에 골마루를 사이에 두고 목욕실이 있었는데, 철제 욕조가 있는 목욕실이 한 평쯤 되고 도기 세면대가 있는 세면실이 반 평쯤 되는 크지 않은 곳이건만 아래는 콘크리트로 하고 벽은 방수 마감을 확실히 하여 물샐틈없이 정비했다.

두 사람이 '쇠가마'라고 부르는 반구형 철제 욕조는 실제로 가마솥처럼 생겼다.●● 아래에서 불을 때어 물을 데우는 방식이다. 쇠가마는 도기 욕조보다 가격이 싼 편. "4, 5원밖에 안 가는 걸요. 녹나는 것은 좀 안 되었지만." 최경진의 대답에 "쇠기름은 절대 피하고 돼지기름을 칠하면 녹이 나지 않는다"는 노련한 생활 조언이 등장한다. 천

● 취운정에 대해서는 「동아일보」 1924년 6월 28일자 '가회동 취운정'이 좋은 설명이 되겠다.
"지금부터 약 70~80년 전 창덕궁 전하의 장인 되시던 민표정(민태호) 공이 한참 세도를 부릴 때 취운정 정자와 사모정 정자, 백락동 정자를 지어놓고 꽃피는 봄과 달 밝은 가을에 한가한 사람들과 더불어 취흥을 돋우던 곳이랍니다. 창상은 변하는 법이라 어찌 한 사람의 즐김이 오랠 수야 있겠습니까. 그 후 대원군의 첩 되시는 소위 백락동 마마님이 몇 해 동안 살다가 죽은 뒤 일시 이왕 전하의 어료가 되었다가 다시 한성구락부가 되었다가 나라가 망할 때 소위 귀족들의 활 쏘고 노는 터가 되었다가 창상은 다시 변하여 조선 귀족회의 소유가 되었다가 요사이는 시민들의 소유지가 되었더니 며칠 전부터는 동맹 휴학하는 학생들의 회의지가 된 듯합니다. 세월이 변함에 따라 주인은 갈리지만 취운정 정자는 의구히 옛날을 말하는 듯하고 청린동천 바위 밑에는 약물만 줄줄……"

●● 이효석의 「낙엽을 태우면서」에도 욕조에 불을 때어 물을 끓이는 장면이 서술되어 있다. 쇠가마 욕조가 궁금하다면 명륜동 장면 가옥(1937년 완공)에 설치된 것을 참고하면 되겠다.

1

2

4

3

5

『신가정』에 실린 근대 주택의 다양한 공간들.

1·2   백인제 편에 소개된 욕실

3   김활란 편에 등장하는 서재

4   현진건 편에 등장하는 양계장

5   신형숙 편에 실린 아이방

장에는 수증기를 바깥으로 내보내는 구멍을 냈고 바닥에 목재를 깔았다는 기자의 설명으로도 이 집이 서양식 가옥 혹은 개량식 가옥임을 짐작할 수 있다.

목욕을 한번 하려면 물은 2전 정도 들고, 석탄 2부삽이 든다. 당연히 공중탕을 사용하는 것보다 저렴하다(1928년 기준으로 공중탕은 성인 5전이었다). 세면소 옆에 변소간이 있다. 수세식은 아니지만 '셉틱 탱크(정화조)'를 가설하여 자연적으로 썩어 비료가 되게 하는, 냄새도 적고 위생적인 시스템이다. 변소는 주기적으로 소독하는데, '리소두'라는 소독약을 많이 사용한다지만 최경진은 석유를 썼다. 가격은 비싸지만 효과가 훨씬 좋았다.

부엌에 이르면 기자의 만족감이 급상승한다. 입식 부엌이 등장한 것이다. 바닥이 마루랑 같은 높이에서 시멘트로 마감되어 있으니 마루를 오르내리는 불편이 없었을 터였다. 온돌방 쪽으로 화덕이 놓이기 마련인데, 이 집은 그렇지 않았다. 수도와 화덕, 개수대, 조리대 등이 기능적으로 배치되어 위생과 실용을 살린 부엌이라고 기자는 감탄해 마지않는다.

육아 편에서는 육 남매의 어머니 구영숙과 한 자녀 어머니 신형숙이 등장한다. 구영숙은 소아과 의사의 아내로 병원에 딸린 사택에 살고 있다. 아직 어린 육 남매와 곧 출산을 앞둔 배 속의 아이까지 다둥이 가족이다. 여자아이 둘, 남자아이 넷인데 위의 아이 셋은 보통학교에 다니고 그 아래 아이 셋은 유치원에 다닌다. 기사에는 아이들이 엄마와 함께 사택 정원에서 놀고 있는 사진이 실려 있다. 사택은 선명하지는 않지만 벽돌 건물처럼 보인다. 이 시기에는 병원과 살림집이 내부에서 이어진 형태로 지어진 경우가 많았다.

신형숙은 부부가 모두 미국 유학을 한 '양행 커플'이다. 시대상으로 봤을 때 가장 현대적인 교육을 받은 부모이며 딸 하나를 두고 있다는 점도 모던 커플다웠다. 당연히 서양식으로 지은 집에 살 거라는 기대와 달리 조선식 초옥을 만난 기자는 놀라는 눈치다. 그러나 집 안은 재래식 가옥의 어둡고 불편한 구조가 아니었다. 신형숙은 대청을 장지문으로 둘러 응접실로 꾸며놓고 이곳에서 주로 손님을 맞이했다. 기자와 신형숙의 질문과 답은 역시나 시시콜콜하고 디테일하다.

Q: 몇 살인데 아이가 아직 우유를 먹는가?

A: 만 세 살까지는 우유를 주식으로 기르려 한다. 지금 만 일 년 열 달.

Q: 모유 수유는?

A: 만 아홉 달까지 했다. 그 뒤로 우유와 간단한 음식을 먹는다. 영양 보충으로 어간유도 한 숟갈씩!

Q: 어떤 우유가 가장 좋고 안전한가?

A: 콩 우유도 먹여보고 카네숀 우유(당분이 없는 연유)도 먹여보고 통에 든 것도 먹여봤지만 목장에서 갓 짜서 소독해 오는 생우유만은 다 못하다. 체하지 않고 아이가 잘 자란다.

Q: 주식인 우유 외에 무엇을 먹이는가?

A: 시금칫국, 달걀 반숙, 토스트를 노랗게 구워서 먹이기도 한다. 간식으로는 사과 한 개, 귤 두 개, 그리고 소다 비스킷.

Q: 아이방이 있는가?

A: 물론이다. 아이는 태어나서부터 요람에서 재웠다. 지금까지도 아이방에서 혼자 잔다.

Q: 아이 장난감을 소개해달라.

A: 나무토막이 제일 좋다. 요즘은 인형을 가지고 논다. 플레이팬이라는 아기용 펜스를 쳐두고 장난감을 넣어주면 그 안에서 논다.

생우유는 180밀리미터 한 병이 9전 정도로 목장에서 착유한 다음 고온 살균해서 배달했고, 한때 연유가 모유 대신 권장되기도 했으니, 우유와 이유식에 대한 문답은 꽤 흥미로운 부분이다. 기자는 아이방에는 인형이 여기저기 있으며 마루에는 커다란 목마가 놓여 있다고 했는데, 어린이방이 등장한 것도 1930년대의 새로운 경향이었다.

이 가정도 엄마가 종일 아이를 보는 쪽이었지만 보통 가정에는 '애보개'라 하여 보모를 두는 경우가 많았다. 모던 어머니는 새로운 육아법으로 아이를 키우고는 있지만, 종일 아이방을 들락거려야 해서 한시도 쉴 틈이 없다고 토로한다. 기사 내용에는 들어 있지 않지만 사진 속의 두 여성은 차림새가 다르다. 한쪽은 사택에 살면서 한복을 입고 머리를 뒤로 올려 쪽을 졌고, 한쪽은 재래식 집일망정 서양식 간편복과 에이프런을 걸치고 있다.

부업 부분에 소개된 이는 소설가 현진건이다. 부암동 골짜기 한옥집 근처에서 닭을 칠백 마리나 치고 있었다니 어찌 된 일일까? 소설가의 방에는 양계 잡지가 수 권이 쌓여 있고 닭 모이용 옥수수, 어란, 수수, 등겨 등이 한가득이다. 해가 짧은 겨울에는 새벽 세 시에 닭장에 불을 켜주며 활동을 돕는다는 현진건의 설명에 기자는 이렇게 응수한다. "닭도 문명했군요!"

이렇게 하여 하루에 적어도 2백여 개의 달걀을 모은다. 달러가 오르자 옥수수도 비싸져서 한 마리당 1원 50전의 이익이 나던 것이 1원으로 떨어졌다 한다. 후다닥, 기자가 머리를 굴려 숫자를 파악해보니, 낮게 잡아도 한 해 수익이 600원, 한 달 수익은 50원이나 된다. 웬만한 직장인 월급이다. 알고 보니 현진건은 신문사(그는 동아일보사에 부장으로 재직 중이었다)에 하루 종일 나가 있고, 이 부업은 하인 둘을 데리고 안주인이 하고 있었다. "주부의 손으로 한 달에 50원씩 벌 수 있다면 남편한테 얼마나 떳떳하고 장한 일인가!" 기자는 부지런한 주부를 칭송하는 일을 잊지 않았다.

현진건은 1936년 동아일보의 손기정 일장기 말소 사건의 책임자로 1년간의 복역을 치르고 그 후 생계로 양계를 하기 위해 부암동으로 이사한 것으로 알려져 있었다. 그런데 이 기사를 보면 그는 1933년에 이미 부암동으로 거처를 옮겼고 아내 이순득이 양계 부업을 한창

해오던 터였다. 역사의 스포일러를 빌리자면 복역과 퇴사로 생계가 어려워진 현진건은 미곡 선물 투자에 손을 댔다가 1940년에 양계장과 부암동 집마저 홀랑 날리고 만다. 동료 박인곤에 따르면 실의에 빠진 소설가는 자하문을 건너온 친구들과 자주 술을 마셨고, 그럴 때마다 양계장의 닭과 달걀이 줄어들었다는 것이다. 그들은 1921년 가난한 소설가와 그의 애처로운 아내를 소재로 한 「빈처」를 썼을 때로 회귀하고야 말았다.

부암동 325-5번지에 자리했던 현진건의 집은 2000년 초에 문화재 조사를 진행했으나 오랜 시간이 흘러 원형을 잃어버린 탓에 문화재로 지정되지 못했다. 바로 앞에 위치한 안평대군 이용의 집터와 함께 이 집까지 사들인 주인은 안평대군의 집엔 높은 담을 쌓고 별서 정원을 꾸미기 시작했으나 이 집은 곧바로 헐어버렸다. 지금 그 자리는 나무가 무성하게 자랐고, 누군가의 집이 있었다는 기억은 완전히 지워졌다.

집의 시대,
대세는 도시형 한옥

그렇다면 어떤 집들이 새로운 시대를 이끌어 갔을까? 김유방이 제안한 방갈로 주택은 많은 건축가들이 고민하던 주택 개선의 선택

지 중에서 가장 간소한 버전이었다. 조선건축회의 회원이 주축이 되어 발행한 건축 잡지 『조선과 건축^{朝鮮と建築}』에서 소개한 주택개선안 공모전 입선작들을 두루 살펴보면 대부분이 방갈로 주택을 방불케 하는 미니 양옥이다. 경사형 지붕, 단층 혹은 이층으로 구성된 간편하고 기능적인 집들은 1929년 경성박람회의 견본 주택으로 재조명됐고 비슷한 모양새의 실제 주택으로 등장했다.

서양 가옥의 외양을 한 근대 주택을 당시엔 '문화주택'이라 불렀는데, 용산에서 시작되어 장충동으로 남산을 둘러싸며 신식 주택촌을 형성했다. 문화주택은 전통 가옥의 제도와 관습을 뛰어넘는 집이긴 했으나 결코 작은 집은 아니었다. 보통의 조선인들이 쉽게 가질 수 없는 비싼 집이기도 했다. 비싼 이유는 여러 가지다. 새로운 재료와 시공법은 비쌀 수밖에 없었고, 문화주택에 참여하는 시공 회사와 인부들은 노임이 더 높은 일본인들이었다.

그러니 집값을 경제적으로 제안할 수 있는 적절한 규모의 매력적인 작은 집은 공급업자의 기획에 의존할 수밖에 없었다. 작은 집의 발명은 서구식 주택이 아니라 한옥에서 탄생했다. 모던의 삶은 도시에 알맞게 개조되고 고안된 작은 한옥으로 이어졌다.

우리는 이 한옥을 잘 알고 있다. 서울의 한옥 풍경 하면 떠오르는 따닥따닥 붙은 한옥 담과 네모난 마당을 품은 한옥집들을 우리는 오랫동안 경험해왔다. 좁은 골목길을 마주 보며 노닥노닥 붙은 한옥 상점가를 수시로 드나들기도 했었다. 서촌에서, 삼청동과 익선동에서,

청량리, 돈암동, 혜화동, 보문동, 성북동, 서대문에 여전히 남아 있는, 도로에 맞닿은 작고 좁은 한옥 집들이다. 네모난 마당을 중앙에 두고 ㄱ자 혹은 ㅡ자 형의 본채와 담과 이어지는 문간채가 마주 보는 아담한 한옥집은 일제강점기 이후에도 서울의 곳곳을 채웠고 대구와 전주 등 지방 도시로도 이어졌다.

도시의 도로 조직과 도시인의 생활에 적합하게 지어졌다 하여 '도시형 한옥'이라 부르는 미니 한옥은 1930년대부터 성행하여 1960년대 양옥이 보급되면서 주춤하였으나 1970년대에도 여전히 평범한 사람들의 평범한 집으로 널리 퍼졌다. 한옥촌은 도시의 변화에 따라 공단이나 아파트 단지가 들어오면서 절멸의 길을 걸었고, 상업화의 물결이 밀어닥친 지역에선 과연 한옥이라고 계속 불러도 될까 싶은 혼란한 모습으로 부활했다. 지금도 어느 길모퉁이에는 과거와 다른 듯 닮은 작은 한옥이 새롭게 지어지며 사라지는 숫자를 천천히 다시 채우고 있다.

작은 한옥의 발명가 중 대표 주자는 '건양사'라는 주택개발회사를 운영한 정세권이다. 완전히 나른 집근법으로 주거의 실험을 시도할 수 있었던 건, 그가 건축가도 아니고 사상가도 논객도 아닌 자수성가한 사업가이기에 가능했다. 다수의 건축가들이 편리성과 합리성을 강조하며 실내에 각종 공간을 집어넣으며 집의 몸집을 계속 불려갈 때 그는 넓은 대지를 사들여 알맞은 위치에 도로를 내고 그 양쪽에 집들이 면하도록 적절히 필지를 나누는 일부터 시작했다. 도로에

가회동, 계동, 삼청동 등 북촌 일대를 채운 도시형 한옥. 1954년에 임인식 촬영. (사진 자료: 서울역사박물관)

따라 15평에서 20평, 혹은 20평에서 50평까지 한동네 안에서도 다양한 평수의 필지를 만들었고 그에 어울리는 집들을 지었다.

정세권은 솜씨 좋고 노임이 상대적으로 싼 전통 기술자들과 협력했고 건축 자재를 표준화해서 집을 짓는 시간과 노력을 줄였다. 익선동 166번지와 가회동 31번지가 그의 손에서 눈부신 한옥촌으로 변화했다. 경성의 건축왕으로 불리기까지 했던 정세권의 업적을 두고, 점차 조선인 마을을 침범하던 일본인 중심의 문화주택촌의 확대를 저지하고 한국인의 삶터를 지켜냈다고 평가하기도 한다.

춘원 이광수도 세검정에 집을 지을 때 정세권의 도움을 받았다. 조선의 천재 세 사람 중 하나로 꼽히던 이광수●도 청부업자에게 속아 돈을 떼이고 애써 마련한 집 자리에서 바위가 나와 망연자실했으니 집 짓는 일은 어느 시대나 만만치 않았다. 어찌나 말 안 하고는 못 넘어갈 경험이던지 이광수는 집 짓는 이야기를 「성조기」라는 글 속에 풀어두었다.

정세권은 실의에 빠진 이광수를 도우러 왔고, 이광수는 납작 엎드렸다. "바싹 깎은 머리에 어두운 누루마기를 입은 조선 위인." 이광수는 정세권을 이렇게 표현했다. 이미 이광수 가족은 '건양주택'●●에 전세를 얻어 여러 달 살아본 경험이 있었기에 정세권에 대한 믿음이 있

● 육당 최남선, 벽초 홍명희, 춘원 이광수를 조선의 3대 천재라 칭했다.
●● 건양사에서 지어 판매하거나 임대한 주택 브랜드. 1920년대부터 주택개발업자들이 지어서 분양한 집에는 주택 브랜드가 따라붙었다.

1　가회동, 익선동 등지에 한옥 단지를 형성한 건양사의 주택 광고.

2　건양사의 정세권은 조선어학회에 회관을 제공하고 물산장려운동을 펼치는 등 민족운동가로도 활동했다. 앞
　줄 맨 왼쪽 첫 번째 흰 한복을 입은 이가 정세권이다.

었다. 보통 집장사 집이라고 하면 겉으로는 번드르르 해도 눈에 안 띄는 곳은 날림인 게 다반사인데, 재목과 기와, 도배, 장판까지 제집처럼 꼼꼼하게 해놓았던 것을 기억해냈던 것이다. "완전을 기하야 의표가 다 진실하다"는 이광수의 평가는 정세권에 대한 다른 이들의 평가와 다르지 않다.

나중에 알고 보매 그는 조선을 사랑하는 미음이 극히 깊어서 조선물산장려를 몸소 실행할뿐더러 장산사라는 조선 물산을 판매하는 상점을 탑골 공원 뒤에 두고 조선산의 의복차, 양복차를 장려하고 『실생활』이라는 잡지를 발행하야 조선물산장려를 선전하는 이인 줄을 알았다. 또 그는 보통 집장사로 청부업을 하는 것이 아니라 조선식 가옥의 개량을 위하야 항상 연구하야 이익보다도 이 점에 더 힘을 쓰는 희한한 사람인 줄도 알았다.

정씨에게 오는 장색(장인이나 기술자)들의 풍기도 많이 개량이 되어서 일하는 동안 술 먹으러 다니는 것이라든지 주인더러 술값을 달라 상급을 달라 하는 것이라든지 비록 일공으로 할 경우에라도 도급 때보다 해태(게으름)한다든지 하는 폐풍이 거의 없었다. 다 믿음성이 있었다. 조선 민족의 모든 부문에 있어서 다 이만큼만 개량되면 민족적 능률이 무섭게 증진되리라고 여러 번 나는 느꼈다.
　　　　　　　　　　　　—이광수, 「성조기」, 『삼천리』, 1936년 1월호

정세권은 고려발명학회의 회원이자 조선물산장려회에 회관을 기탁할 정도로 민족의 삶을 지키고 발전시키는 데 큰 의지를 갖고 있었지만, 한옥을 전통의 것을 지키는 용도로 활용한 것은 아니었다. 그러므로 그의 한옥은 달라질 수 있었다. 위생과 실용이라는 시대적 요구를 담아낼 최적의 방법을 한옥에서 찾은 것이다.

건양사는 직접 지은 주택들을 보유하고 세를 주는 주택임대업도 하면서 자산을 비축했다. 이미 포화 상태에 이른 경성 시내는 더 이상 집을 지을 곳이 없었으니, 경성을 벗어난 교외 또한 주택지로서 매력을 갖고 있었다. 정세권은 다음의 호기를 회기리, 왕십리, 신당리로 예견했다. 신당리에는 1932년부터 사쿠라가오카櫻丘(앵구)라는 일본인 중심의 신흥 주택 단지가 형성되고 있었는데, 정세권도 만여 평의 토지를 구입하여 한옥촌을 구상하던 중이었다. 조선어학회에 회관을 제공하고 관여한 일이 사업에 불리하게 작용하리라는 걸 그는 아직 알지 못했다. 집이 그렇게 많았던 건축왕의 파산이 일제에 의해 집요하고 계획적으로 이루어진다는 것도 아직은 모를 때였다.

뉴모던 한옥의
관능과 예술

나는 하늘이 매우 맑은 날을 골라 카메라를 들고 가회동 31번지로 갔다. 조금씩 경사로가 급격해지면서 휘어지는 골목이 등장하고 이내 쭉 뻗은 경사로를 사이에 두고 마주 보는 한옥의 벽돌 담이 등장한다. 종로의 초고층 건축물들을 통과해 멀리 남산까지 시야가 펼쳐져 공간의 층이 매우 넓고 깊다. 도심 안에 빼곡하게 자리한 한옥촌을 보는 건 서울에 터를 잡고 사는 사람에게도 새롭고 감미로운 풍경이다. 어째서 민속촌의 잘 지어진 한옥보다 도시에서 보는 작은 한옥이 더 아름답게 다가오는 걸까? 생활의 습속이 묻어 있어서일까? 대조적인 풍경 속에서 더욱 빛나기 때문일까?

팬데믹 상황이 아니었다면 붐비는 관광객들로 카메라를 꺼내 들 엄두조차 내지 못했을 터였다. 관람객이 전혀 없는 것은 아니었지만 시야를 확보할 정도로 한산해졌다. 나는 오랜만에, 아니 처음으로 가회동 31번지를 둘러싼 몇 개의 골목길을 천천히 걸으며 주변 집들의 현황과 변화를 살펴볼 수 있었다.

일반적으로 가회동 31번지라고 부르지만, 31번지에서 34번지까지 지번이 나뉜다. 필지의 가장자리를 따라 환형으로 생겨난 도로와 경사를 따라 남북으로 놓인 도로를 중심으로 한옥 128채가 꾸며져 있다. 정세권은 『삼천리』(1935년 11월호)에 가회동 한옥의 주인은 지방 토호들이거나 유지들이라고 썼다. 자녀들의 교육과 사업을 위해서 경성에 집을 구하러 온 중상류 계층은 적절히 큰 집을 원했을 테고, 이들에게 필지를 먼저 판 뒤 집주인의 성향에 맞춰 집을 설계해나갔다.[5] 대부분은 ㄷ자형의 중정식이지만 겹집 구조도 있고 중당식이라

하여 필지 중앙에 공간을 집약해 배치하고 주변부로 다양한 외부 공간을 둔 집도 지어졌다. 그러나 현재는 손을 보았거나 새로 지은 한옥이 대부분이라 건양사에서 지은 한옥을 찾기는 어려운 일이 되었다.

소위 현대적 삶을 재해석한 한옥들이 곳곳에서 역할을 다하고 있지만, 가회동길을 눈부시게 하는 건 최초 기획자의 획기적인 아이디어임을 간과할 수 없다. 2000년을 전후하여 가회동 한옥의 주인이 상당수 바뀌었고 집들도 개보수에 들어갔다. 마치 한 집처럼 보이는 꽃담도 자세히 보면 재료와 연대가 제각기 다르고 담 너머로 보이는 집의 세부들도 달라졌다.

골목 중간에 위치한 심심헌尋心軒은 대문이 굳게 닫혀 있었다. 십여 년 전쯤 초대를 받아 이 집을 구경한 적이 있다. 바깥에서 보면 다른 집들처럼 층층이 꾸민 문간채가 이어졌기에, 문을 열고 들어갔을 때는 깜짝 놀랐다. 고옥의 운치를 기대하고 들어간 그 집에는 완벽하게 신축한 한옥이 기다리고 있었다. ㄱ자형의 본채와 一자형 문간채가 연결되어 ㄷ자형을 이루며 네모난 마당을 품고 있는 건 기존 한옥과 비슷하지만, 내가 놀랐던 건 집이 매우 컸기 때문이다. 나란한 두 집을 구입한 주인은 분명 조그마했을 옛 한옥을 철거하고 기단을 높이 올려 한옥을 새로 지었다.

도시형 한옥도 규모를 확대한다면 이런 느낌을 줄 수 있을까? 전혀 그렇지 않을 것이다. 심심헌은 다른 삶의 형태를 가진 공간이었다. 층층이 기단을 올려 수고롭게 오르내려야 하는 안채, 누마루를 가진

가회동 31번지 한옥 마을. 옛 건물을 개조하기도 하고 아예 신축 한옥을 짓는 등 다양한 변화가 있었으나 서울을
대표하는 한옥 마을의 풍경을 여전히 유지하고 있다.

큰 사랑채, 불발기창을 단 안방과 작은 규모의 현대식 주방, 초록 잔디가 깔린 마당, 마당 끝의 소실점에 심어둔 키가 낮은 소나무 한 그루. 작은 필지 안에 맞춰 축소하긴 했으나 그 자체로 완벽한 고급 한옥이었다. 문간채를 포함해 가로와 맞닿은 부분이 옛 기준을 잘 따르고 있었기 때문에 바깥에서는 이질성을 감지하지 못했던 것이다. 문화재 대목의 솜씨로 지어졌다는 것은 나중에 알게 되었다.

나는 ㄷ자형 구조가 모던하고 미학적인 구조임을 알게 되었다. 구조 안에 기능적으로 필요한 공간을 모두 담으면서 네모난 마당을 아늑하게 감싼다. 이 집이 높이 들어 올려진 것은 전망을 좋게 하기 위한 것이기도 했지만, 다른 이유도 있었다. 집의 기초를 높여야만 지하에 넓은 내실을 구성할 수 있기 때문이다. 반전에 반전을 거듭한 집이었다. 부드럽게 매만진 회벽과 에스닉한 색채의 소품으로 꾸민 주인의 취미실을 지나자 커다란 소파와 대형 스크린이 있는 거실, 와인바 등 보통의 한옥이 품기 어려운 시설을 갖춘 커다란 내실이 등장했다. 한옥의 지하 공간은 획기적인 아이디어여서 이 집을 시작으로 가회동 한옥들이 일제히 지하 공사에 돌입했다는 소문이 돌 정도였다.

20세기의 끝자락에서 21세기로 건너오는 동안 한옥은 재발견되고 재탄생되었다. 한옥의 아름다움을 되살리자는 문화적 움직임이 생겨났다. 그때 많은 한옥들이 구출되었고, 개보수되거나 완전히 새로운 한옥으로 바뀌었다. 당시만 해도 19세기의 전통 민가 한옥을 그 원형으로 삼았고, 재목의 늠름함과 팔작지붕의 날아갈 듯한 처마선이 한옥의 미美라고 여겼다. 한옥은 흙과 나무를 주재료로 하므로 자연과 가장 가까운 건축이라는 프레임도 생겨났다. 이 시기에 새롭게 등장한 한옥은 오히려 전통 한옥의 언어를 충실히 사용했다.

전통 한옥에서 비켜나 있다면 한옥이라 할 수 없다는 엄격한 원칙주의도 있었다. 그 흐름에서 정세권의 도시형 한옥은 '집장사 집'으로 치부되었다. 집장사 집은 싼값에 대량으로 공급할 목적으로 대충 설계한 집을 낮추어 부르는 말이다. 그런 집에 삶의 철학이나 예술적 가치, 건축적 의미를 논하는 일은 무의미하다고 말이다. 도시형 한옥이 한옥의 역사에서 담당한 변곡점을 무시했던 것이다.

그러나 오늘날 한옥의 실험은 도시형 한옥에서 탄생한다. 도시에서 개개인에게 허용된 공간이 작아졌고 과거와 정반대로 한옥의 건축 비용이 너무나 높아진 까닭이다. 경제적인 이유로 탄생한 도시형 한옥이 다시 경제적인 이유로 남겨지고 재해석되는 것이다. 좁고 낮은 구조와 독특한 공간을 그대로 살려서 지금에 어울리는 공간을 만들어내고, 실용성과 경제성을 이유로 목재와 기와와 같은 옛 한옥의 주재료를 버리면서도 한옥의 미감을 찾아내는 데 이르렀다.

이제 대청이나 툇마루를 없애거나 콘크리트로 구조를 보강하더라도 한옥의 헤리티지는 살아 있을 수 있음을 알게 되었다. 물론 대청과 툇마루가 주는 정서적인 아름다움도 한옥의 좋은 요소이기는 하지만, 그것이 있다고 한옥이고 없다고 한옥이 아닌 것은 아니다. 오히려 도시형 한옥이 가진 ㄷ자형 구조, 마당을 품으며 아늑하게 둘러싼 집의 구조에서 누구나 공감할 수 있는 한옥다움이 발현된다. 도시형 한옥은 가회동이나 익선동에 있기 때문에 아름다운 게 아니라, 그 구조가 지금까지도 유효한 미학을 전해준다고 보아야 한다. 그러니 도시와 길 모두에 해당되는 풍경을 내재한 견고한 형태소로서 계속 유지되고 실험되어야 할 이유가 충분하다.

　서울시는 한옥의 풍경을 유지하고 공공에게 알릴 목적으로 현재 스물아홉 채의 공공 한옥을 보유하고 박물관, 공방, 책방, 연구소, 동네 사랑방 등으로 활용하고 있다. 공공 한옥의 하나인 북촌한옥역사관은 정세권의 일대기와 북촌 한옥의 의미를 소개하는 작은 박물관이다. 열다섯 평의 초소형 도시형 한옥은 박물관으로 변용되면서 내외부가 놀랄 만큼 달라졌다. 전시장의 기능을 갖추고 관람객들에게 새로운 감각을 전해주기 위해서 과거의 것을 많이 털어내고 현대적인 재료와 방식들로 채운 것이다. 그렇다 해도 이 집을 한옥이 아니라고 하기는 어렵다. 한옥의 헤리티지는 개별적인 건축 요소가 아니라 총체적 미감과 감수성에 존재한다.

　계동에 자리한 배렴 가옥도 공공 한옥에 속한다. 한옥의 맛이 무엇인지 보여주는 대표적인 도시형 한옥이다. 안채와 사랑채, 문간채가 겹쳐서 만드는 네모난 마당의 시원함, 마당 중간에서 살짝 비켜난 곳에 심은 향나무 한 그루의 아름다움, 그 향나무에서 대청을 향해 섰을 때 안방의 열린 문 안으로 보이는 벽의 고고함, 그 벽의 열린 창문 밖으로 살짝 보이는 뒷담의 정서. 우리의 시선은 마당-대청-문-창-담이라는 공간의 레이어를 통과하며 공간의 깊이를 포착한다. 시선이 마지막으로 닿는 곳은 살포시 드러난 뒷담의, 기와를 겹쳐 쌓은 무늬다. 이런 풍경은 의도적으로 만들어진 것이 아니라 시선의 발견에 가깝다. 이런 겹침과 통과의 시선, 차경借景을 통한 마음의 풍경이 한옥의 관능과 예술이 아닐까?

그러니 얼마 전 원서동길에 들어선 한옥 한 채를 보고서 퇴행이라는 단어를 떠올릴 수밖에 없었다. 새하얀 벽체와 목재가 두드러진 한옥은 민속촌의 민가를 옮겨놓은 듯했다. 이 집이 도시와 어울리지 않는 이유는 도시형 한옥이라는 역사적 단계를 무시했기 때문이다. 이미 백 년 전에 도시에 알맞은 형태를 실험했고 이 결과로 도시형 한옥이라는 차곡차곡 겹친 도시 구조를 탄생시켰는데, 도시의 결을 무시한 전통 한옥의 무뚝뚝한 등장은 퇴행이라고밖에 느껴지지 않았던 것이다.

이제는 흙과 나무를 쓰기 때문에 한옥이 자연친화적이고 아름답다는 말도 무의미해졌다. 콘크리트와 유리, 철골을 쓰더라도 한옥일 수 있고, 툇마루와 기와지붕이 사라져도 한옥일 수 있다. 물론 재료를 바꾸더라도 자연친화적일 수 있다. 아직도 한옥의 정의를 '목구조와 기와, 온돌을 갖춘 집'으로 보는 태도는 변화되고 확대되는 한옥의 현상을 충분히 설명해낼 수 없다.

김환기는 남들에게는 편리한 양옥을 권하면서도 살고 싶고 갖고 싶은 집은 한옥이라고 했다. 김환기가 사랑하는 한옥은 이렇다.

- 솟을대문이건 납작한 대문이건 삐걱 소리가 나는 대문·중문 안에 들어서면 댓돌이 보이고, 대청이 보이고, 대들보가 보이고, 서까래가 보이는 우리네 집. 문간에 들어와서도 신발을 벗었다 신었다 해야만 하는 가옥 양식, 꼭 감기 들게 마련인 집.

- 쇠가죽 같은 장판방에 뜨끈히 등을 대고 누워 있는 맛.

- 들어앉으면 눕고만 싶고 졸리기만 하는 한 칸 방, 두 칸 방.[6]

여기 어디에도 목재와 기와의 이야기는 없다. 한옥을 꿈꾸는 이유는 직접 살이 닿는 관능성과 시각적 확장을 불러일으키는 공간의 마법에 있다. 그 공간의 아름다움이 집의 기능적인 측면과 상충되더라도 말이다. 김환기는 또 이렇게 말했다.

나는 이런 비합리적이고 비편리한 조건이 대단히 맘에 든다.[7]

분위기와 정취와 삶이라는 그 어떤 요소에도 부합되지 않는 레트로 무드가 한옥을 침범할 때 우리가 잃게 되는 건 한옥이라는 공간만이 아니다. 오랫동안 이어져온 기억과 감수성도 놓치고 만다. 계동에서, 익선동에서, 누하동에서, 인스타그램에서 현대 가구와 취향껏 사들인 사물로 가득 채워 피로감에 시달리는 한옥, 벽이고 천장이고 너무 털어내어 위태로운 한옥을 자주 본다.

익선동은 가장 극심한 변화를 겪고 있는 동네다. 정세권은 익선동 166번지의 일부를 사들여 필지를 작게 나눠 집을 지었다. 166번지의 70여 채의 집 중 정세권이 소유하거나 집을 지어 매도한 곳은 40여 채에 이른다. 이 집들은 가회동 31번지보다는 작은 규모인 10~30평 형대로 좀 더 실용적인 차원에서 집이 필요한 사람들에게 제공되었던 역사가 숨어 있다.

지금은 너른 평지에 계획된 한옥 밀집 지구의 오밀조밀함과 아늑하게 좁은 골목은 여전하지만 살림집으로 남아 있는 한옥이 거의 없다는 사실은 놀랍기만 하다. 나는 예전의 담벼락, 꽃이 소담하게 핀 화분들이 조롱조롱 놓이고 제각각 길상문이 그려진 꽃담 앞에서 이 집에 사는 사람들은 어떤 삶을 살까, 궁금해하던 시절을 기억한다. 지금은 길을 잃을 정도로 수많은 카페와 레스토랑이 들어차 늘 시끄러운 소음이 자자한 골목길이건만 그 좁은 골목에도 희미하게 살림집 시절의 분위기가 남아 있다. 그러나 그것만으로 익선동이 아름답다고 말하기는 어렵다.

익선동에서 어린 시절을 보냈다는 나의 지인이 들려준 이야기는 과거가 어떻게 우리를 이끌어나가는지 생각해보게 했다. 오랫동안 외국에서 생활하고 돌아온 그녀는 무작정 익선동으로 갔다고 했다. 변해버린 풍경 속을 걷다 보니 대규모 개발 계획에서 제외되었을 뿐 이곳 역시 삶보다 자본이 앞서버린 걸 알았다. 그러다가 익숙한 기분을 불러일으키는 골목에 접어들었고, 길 끝에서 그녀가 살았던 그 집이 카페도 상점도 아닌 이전과 똑같은 누군가의 집으로서 여전히 존재하고 있는 것을 발견했다. 그러자 과거의 기억이 온전히 되살아났다.

골목과 면한 쪽에 작은 창문이 달린 그 방을 그녀는 기억해냈다. 그때 그녀는 동네의 세상만사를 바깥에서 들려오는 소리로 간파했다. 거긴 다른 동네와는 시계가 달랐다. 근처 골목에 '오진암'이라는 유명한 요정이 있어서, 밤이 되면 꽃같이 단장한 여성들과 검정색 양복을 차려입은 사람들이 시간차를 두고 길을 채웠다. 어느 날엔 큰손님이 오셨는지 밤늦도록 음악이 멈추지 않았다. 집은 세상과 만나는 곳이었다. 그녀의 세상에는 그런 희미한 얼룩이 있었고, 그로 인해 세상은 조금씩 가까워졌다.

그녀는 집이 남아 있어서 기뻤다고 말했다. 그 옛집을 그냥 지나치지 말고 들어가보지 그랬느냐는 나의 물음에 "아, 다음에요"라고 말을 흐리며 웃었다. 나는 그녀가 조금 부러웠다. 한옥에서 유년을 보내서가 아니라, 그 유년의 집이 남아 있어서였다. 그렇게 집은 예전 그대로 남을 수 있는 존재였다. 내가 살던 동네들은 대부분 절멸이라는 단어가 어울릴 정도로 길도 이름도 남기지 않고 사라져버렸다.

떠올려보면 이사한 후에도 나는 한참 동안 옛집으로 나도 모르게 발걸음을 하는 일이 종종 있었다. 확인할 것이라도 남아 있는 것처럼 그 골목, 그 집 앞에 도착하곤 했다. 집이 있는 것만으로, 그 동네가 이전과 다르지 않다는 사실만으로도 다행스러운 마음이 들었다. 나의 시간, 나의 과거, 나의 일부가 그 집에 남겨졌기 때문이었다. 그 집 앞에 서면 내가 마음을 주었던 동네 사람들과 평범하기 이를 데 없는 풍경들, 널려 있는 사물들, 강아지, 내가 매만지던 등나무 꽃송이들이 실제로 존재했었음을, 나의 지나간 시간이 텅 빈 껍데기가 아니라는 것을 그제야 믿게 되었다. 떠오르는 기억들을 가만히 더듬으며 그 시절이 지나갔음을, 그리고 그다음의 시절로 건너왔음을 알았다. 그렇게 삶이 앞으로 나아갔다.

가회동 31번지 한옥 마을. 남쪽을 내려다보며 점차 높아지는 경사지에 앉은 한옥 마을은 서로 연결된 담과 지붕선
이 물결치듯 아름답고 생동감에 넘친다.

불발기창은 어두운 실내를 밝히는 광창으로, 두 짝 이상으로 구성된 분합문에 사용된다. 대청과 방 사이에 달린
문의 중앙에 무늬가 있는 문살을 넣고 한 면만 창호지를 발라 양면으로 창호지를 바른 분합문보다 밝은 빛이 들어
온다. 흰 종이로 거른 빛이 방 안을 은은하게 밝힌다.

가회동 한옥은 이웃 한옥들과 어울려 고유의 풍경을 완성한다. 저 혼자 아름다운 것이 아니라 이웃 모두의 아름다움을 조금씩 빌려 오는 셈이다. 앞집의 기와, 옆집의 뒷담과 뒤뜰, 멀리 보이는 완만한 산자락. 집은 저 혼자 완성되지 않는다.

마당을 감싼 ㄷ자형의 도시형 한옥. 꽃나무가 자라는 마당이 서로 마주 보는 두 방을 너무 가깝지도 너무 멀지도 않게 만든다.

현재 조선에 있어서 누가 제일 갑부이냐고 하면 제1 민영휘, 제2 김성수, 제3 최창학을 세 손가락에 꼽을 것이다. 그러나 그들의 환경과 치부의 경로는 다 각기 다른 바가 있으니 제1 민영휘 씨는 지나간 시대의 유물인 양반계급에 태어난 덕택으로 세도 바람에 치부를 한 권세가이요, 제2 김성수 씨는 조선의 보고인 전라도의 출생으로 비록 세도는 하지 못했을망정 이치와 경리에 눈이 밝은 부농의 후예로 태어난 까닭에 여백만의 재산을 세습한 행운아요, 제3 최창학 씨는 자타가 다 같이 불행하다고 생각하는 적빈여세한 가정에 태어나서 갖은 고초와 행운을 고루고루 맛보다가 뜻밖에 호박이 굴러 들어와서 하루아침에 졸부가 된 말하자면 제3계급에 속하는 극히 미천한 불운아였던 것이 그것이다.

— 김을한, 『삼천리』, 1931년 2월호

불란서 양관이라는 유령

4

집 짓다 쫄딱 망한 조선 귀족

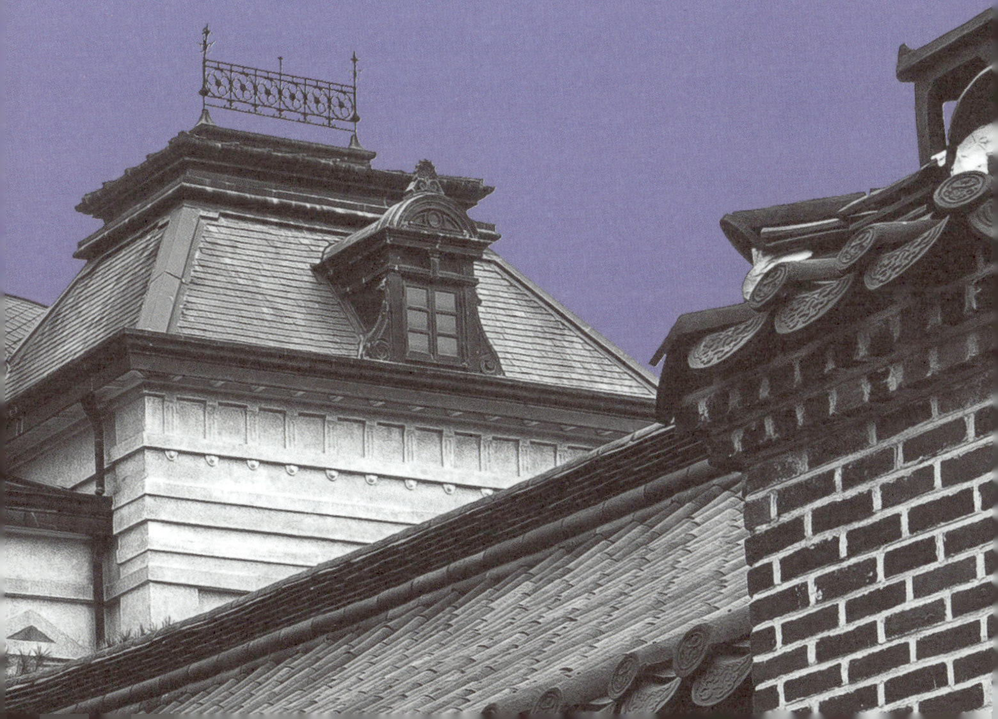

집 짓다 쫄딱 망한
부자들

북촌의 한옥 마을이 조선 전통의 양반 마을이 아니라 1930년대에 생겨난 집들이라고 하면 깜짝 놀라는 사람들이 많다. '한옥 마을'로 각광받는 곳이라면 응당 유서 깊은 역사적 장소라고 믿었던 모양이다. "채 백 년도 되지 않은 한옥이었다니!"라며 맥빠진 얼굴이 되기도 한다.

하지만 나로서는 조금 다른 의문이 생긴다. 한옥촌이 생길 무렵인 1930년대 이전에는 누가 이 땅을 소유하고 있었고, 어떤 집들이 이 자리에 있었을까?

가회동 31번지를 떠올려보자. 서울을 내려다보는 탁 트인 전망도 훌륭하거니와 서울의 중심이라는 상징성으로 인해 재벌가의 세컨드 하우스가 곳곳에 들어와 있다. 궁궐과 인접하면서 아늑한 산세를 느낄 수 있으니 과거에도 이곳은 좋은 땅, 좋은 입지였을 것이며 분명 세력가들의 소유욕을 자극하는 곳이었겠다.

종로의 중심에 자리한 익선동 166번지는 또 어떤가? 이곳은 종묘와 가까운 곳에 위치한 2천5백 평의 넓은 평지다. 필시 왕실과 매우 긴밀한 지역이었을 것이다. 분명 북촌 양반으로 불리던 특권 계층이 이곳을 소유했을 게 틀림없는데, 북촌에 살았다는 그 양반가들은 과연 누구였으며, 어떤 이유로 땅을 내놓았던 걸까? 단순히 살림이 궁

190

핍해져서일까? 혹시 주택 개발이 성행하게 된 것과 큰 땅이 매각되는 과정 사이에 뭔가 흥미로운 연결 고리가 있었던 건 아닐까?

익선동의 역사는 누동궁과 같이한다. 익선동은 원래 경행방으로 불렸으며, 조선 철종의 생부인 전계대원군 이광이 살았던 궁가가 있었다. 철종은 정조의 이복 아우인 은언군의 후손이다. 그 일가는 역모와 천주교 사건으로 오랫동안 강화도에 유배되어 왕족다운 지위를 누리지 못하고 살아왔다. 경행방 사저는 이광의 유배령이 잠시 풀렸을 때 머물던 곳으로 철종은 여기서 태어났다.

철종은 왕위에 오른 뒤 이복형인 영평군에게 이 사저를 주어 머물게 했고, 안동별궁에 있던 전계대원군의 사당도 이곳으로 옮겨 왔다. 이곳이 누동궁이다. 집의 규모가 점점 늘어나고 익랑(대문 양편에 지은 행랑)이 많아지자 익랑골이라고 부르게 됐는데, 이것이 익선동이라는 지명으로 이어졌다.

누동궁은 1대 사손인 영평군 이경응에서 양자인 청안군 이재순으로 이어지고, 그의 양자인 풍선군 이한용으로, 다시 그의 양자인 이해승이 이어받았다. 고종과 매우 가까운 인척인 이해승은 어린 나이에도 대한제국에서 다양한 직책에 봉직했고, 1910년에는 21세의 나이로 일본 정부로부터 후작의 작위를 받았다. 이해승은 직계 자손이 있었으나 누동궁을 상속할 일이 없게 되었다. 그는 40만 원의 큰 부채를 지게 되었고, 이는 누동궁의 명의가 이해승으로부터 다른 곳으로 흘러들어 가는 계기가 되었다.

1920년에 누동궁 자리인 익선동 166번지는 철종의 부마인 박영효, 황후의 백부인 윤덕영, 친일 인사 송병준 등 세 사람에게 명의가 옮겨졌고 1929년에 창덕궁으로 소유자 명의가 옮겨진다. 유력 인사들, 그리고 왕실 살림을 맡고 있던 이왕직이 지속적으로 보증을 서서 동양척식주식회사에 담보로 제공해 채무 변제에 나선 것이다. 소유권이 옮겨지면서 발생한 차액이 채무 변제에 유효하게 쓰였다. 1930년대 초에는 누동궁 자리에 반듯하게 도로가 구획되는데, 도로 필지가 경성부에 넘어가면서 적지 않은 차액이 발생했다. 이것 또한 채무 변제에 매우 유용했을 것이다.

어쩌면 이때부터 궁가는 다시는 궁가의 모습으로 돌아오지 못하는 강을 건넌 것이 아닐까? 같은 시기에 박영효가 소유한 120평의 부지를 제외한 나머지는 작은 필지로 쪼개져 개인(조선인)에게 소유권이 이전되었다. 그중에 건양사를 운영하던 정세권이 있었다. 그는 익선동 166번지의 약 1/3에 해당하는 780여 평의 땅을 소유하고 주도적으로 주택을 지었으며, 다른 소유주의 필지에도 건양 주택을 짓는 등 모두 34채의 집을 지어 분양했다.[1]

이해승이 쫄딱 망하게 된 이 채무 사건은 당시 사회를 떠들썩하게 만든 채무왕 윤택영 사건의 일부였다. 윤택영은 황후의 아버지, 즉 순종의 장인이었다. 순종이 황태자 시절인 1904년에 황태자비 민씨가 사망하자 윤택영은 자신의 딸이 황태자비로 간택되도록 온갖 로비

를 벌였다. 뇌물 상납으로 끌어 쓴 빚과 호화 생활을 누리면서 쓴 빚
이 감당 못할 지경에 이르자 조선 왕실에 채무 변제를 요구하다 못해
일본에게도 요구했던 상상 초월의 인물이었다.

그 채무 때문에 한일 병합을 추진했다는 이야기도 나돌았다. 병합
의 공로만 인정되면 귀족 작위를 받고 은사금을 두둑하게 챙길 수 있
었기 때문이다. 황후가 치마 속에 숨긴 옥쇄를, 아무도 감히 황후의
몸에 손을 대지 못하자 숙부가 나서서 빼앗아 아비가 주도한 협정서
에 찍었다는 건 비밀도 아니었다. 최고액인 은사금 50만 원을 받아 챙
긴 윤택영은 채무를 갚기는커녕 회복 불능의 향락으로 빠져들었다.

윤택영, 윤덕영 형제의 못 말리는 행각들을 일일이 쓰는 것은 매우
불편한 일이 되겠다. 마지막 양반이 될 기회라고 광고하며 고종의 분
참봉(능참봉, 왕릉의 사무를 맡아보는 관직) 첩지를 남발하는 희대의 사
기를 작당했고, 해동은행 대주주로 참여하고서도 주식만 배당받고
주식금은 넣지 않은 채 북경으로 달아났으며 윤택영의 아들 윤홍섭
은 미두米豆 투기(현물 없이 약속으로만 미곡을 거래하는 투기 행위)에 손
을 대서 남은 가산마저 날렸다. 돈을 벌어 집안을 일으키려 할수록 사
기, 횡령, 투기의 구렁텅이에서 빠져나오지 못하고 허우적댔다. 이해
승은 일본인에게 돈을 꾸려는 윤택영의 보증을 서면서 5백만 원대의
거대한 사기 사건의 막차를 타고 말았다.

후작 윤택영 씨가 돌연히 북경으로 간 후 경성에서는 여러 가지

풍설이 많고 (중략) 윤씨의 죄상을 조사한 결과 사기, 횡령 등으로 그 범죄 금액은 실로 이백십사만육천 원에 달한다는데 그 내용은 이해승에게서 사십사만칠천 원, 김병석에게서 오십육만구천 원, 고중권 십사만육천 원, 해동은행 외 칠은행에서 십칠만천 원, 조선인 칠십사 명에게서도 구십일만팔천칠백 원, 재등구태랑 외 십 명에게서 오십팔만육천 원 등인데……

—『동아일보』, 1921년 5월 26일

조선에서 소위 귀족이란 명칭을 가진 분네가 모두 육십 명이나 된다는데 그중 몇몇 사람을 제한 외에는 모두가 그날그날의 밥도 얻어먹지 못하는 참극에 있음으로 재등(사이토 마코토) 총독 부임 이래로 이렇게 곤궁한 양민들의 기근을 구제하여 달라는 뜻으로 자작 조민희, 남작 박기양, 김종한 등은 기회 있을 때마다 이것을 진정하였다. 총독부에서도 굶어 죽게 된 귀족들을 그냥 버려둘 수는 없음으로 평남 안주군에 있는 로전 삼백 정보의 로초 대급 수입으로써 그중에서도 가장 빈궁한 후작 이해승, 백작 이지용, 자삭 이기용, 이완용李完鎔(이완용李完用과 다른 인물), 조민희, 남작 김종한, 김영수, 조동희, 박기양 등 열네 사람을 구제할 예정이라더라.

—『동아일보』, 1925년 9월 11일

당시 조선에는 귀족이라는 계층이 있었고, 굶어 죽을 정도로 가난한 귀족들도 많았다는데, 그런 인물로 이해승이 거론되고 있다. 듣기에도 부르기에도 민망한 조선 귀족에 대해 조금 알고 넘어가자.

일제는 한국과 일본의 강제 병합에 기여한 '공로'가 있는 인사들과 구황실의 혈족들, 왕족들에게 차등적으로 작위와 은사공채를 내렸다. 이왕가로 전락한 조선 왕실은 일본 황족의 예우를 받는 독자적인 '왕공족'의 지위를 갖게 되었고, 병합의 공로자는 일본 화족과 마찬가지로 작위를 주어 조선 귀족의 대우를 받게 되었다. 왕실의 방계 생존자들과 혼인으로 맺어진 인척들도 추려서 작위를 수여했다. 공족이 있으므로 공작을 제외한 후작, 백작, 자작, 남작의 작위가 모두 76명에게 수여되었다.[2] 그중 8명만이 작위 수여에 분명한 거부 의사를 밝혔고, 12명은 이유를 들어 작위수여식에 불참했다.●

작위를 받은 자들을 살펴보면 대부분이 전주 이씨 혈족들이었으며, 대원군 가족과 4대에 걸쳐 혼인으로 맺어진 여흥 민씨, 황후의 집안인 해평 윤씨, 철종의 부마 박영효 집안인 반남 박씨, 그리고 오랫동안 세도를 부렸으나 여흥 민씨에 밀려 수적으로 열세였던 안동 김씨와 풍양 조씨 등으로 거의 대다수가 왕실 친인척에 해당한다.

서울에 살면서 오랫동안 세도를 부린 집안을 특별히 '경화세족京華世族'이라 부르는데, 조선은 새로운 물갈이를 할 틈도 없이 왕실 친인

● 작위 수여를 거부한 8명은 김석진, 조정구, 민영달, 유길준, 윤용구, 조경호, 한규설, 홍순형이다. 1947년 입법 과정에서 작위를 받은 자뿐만 아니라 작위를 승계한 자, 왕족의 지위를 승계한 자들을 모두 민족반역자의 범주에 넣고자 했으나 이루어지지 못했다.

척들이 틀어쥔 권력으로 모든 정세가 돌아갔던 것이다. 이에 따라 이해승과 윤택영, 박영효는 후작, 윤덕영은 자작에 봉해졌고 공로에 따라 은사공채액이 달라졌다.● 을사오적에 들어 백작의 작위와 15만원의 은사공채를 받은 이완용李完用은 정미칠적에 포함되어 자작과 10만 원의 은사공채를 받은 송병준과 더불어 친일로 자수성가한 특이한 케이스에 속한다.

은사금까지 두둑이 챙긴 귀족들이 어쩌다 찢어지게 가난한 꼴을 면치 못하게 됐을까? 조선 귀족은 조선 최상위 계층으로 작위를 받기 전에도 가계 재정이 매우 풍족한 인사들이었다. 그런데 1910년 말부터 귀족의 부채 이야기가 심심찮게 등장하더니, 1920년대에는 빈곤한 귀족들이 급격히 늘어났다. 귀족 지위가 영원불멸할 것이라 믿고 돈을 펑펑 쓴 대가였다.[3]

백작 이지용은 도박(짓고땡으로 다 날렸다)과 아편에 빠져 정신을 못 차렸고, 후작 이해창은 고리대금업자에게 돈을 빌려 주색으로 탕진했으며, 그의 아들 이홍주는 토지를 판 대금을 몽땅 사기당한 뒤 음독자살했다. 아편에 빠져 있다가 집행 유예를 받고 작위를 잃은 백작 민영린, 화류계에 빠져 순식간에 돈을 날려버리자 아내가 준금치산 선고를 받게 하려고 일일이 일족들에게 서명을 요청하러 다녔던 자작 민병삼, 부친의 유산을 몽땅 날린 남작 이인용과 그에 못지않게

● 은사공채는 윤택영 504,000원, 박영효 280,000원, 이해승 168,000원이다. 윤택영이 한일 병합에 얼마나 큰 역할을 했는지 알 수 있다. 일제는 박영효를 고종의 측근으로 보고 회유적 입장을 취했다.

불륜, 사치, 도박으로 이름을 날린 그의 아내 조중인, 파산한 것도 모자라 아들 여섯 형제가 모두 강도, 절도를 저질러 망신살이 뻗친 남작 민형식, 삼형제가 모두 작위를 받아 귀족貴族이 아니라 귀족鬼族이라 지탄을 받더니 나머지 두 형제까지 포함하여 오형제들이 30여 명을 축첩하느라 정신줄을 놓은 이근호, 이근택, 이근상 형제 등……

과도한 품위 유지와 도박과 사기, 주색과 축첩 등으로 빚더미에 허우적대던 인사들의 숫자는 시간이 흐를수록 불어나기만 하고 줄어들지를 않았다. 유교 중심의 구사회 출신, 게다가 사업 감각이라곤 손끝만큼도 없던 인사들이 근대 산업의 각종 분야에 투자자와 경영자로 뛰어들었다가 가산을 털어먹는 일도 생겨났다. 은사공채는 허점이 있었는데, 말 그대로 국채 증권이었으므로 양도와 저당에는 정부의 인가가 필요했고, 5년 거치 50년 상환 등의 조건으로 목돈이 일시에 지급되지 않아 이미 규모가 커져버린 귀족들의 가계 경제를 되살리는 데는 큰 도움이 되지 않았다.[4]

무엇보다 개화 문물이 밀려들어 오면서 등장한 새로운 소비문화가 귀족들에게는 거부할 수 없을 만큼 매혹적이었다. 이들을 가장 매혹한 것은 거대한 양관이었다. 양관을 짓고 그 내부를 화려하게 채우며, 집사와 하녀에게 서양 복식을 입히고 양관에 어울리는 일체의 관습을 행하는 것이었다. 그들은 건축에 매혹되었다. 양관 한 채를 갖겠다는 소망이 집 짓다 폭망하는 결과를 불러오더라도 말이다.

운현궁에서 사동궁으로,
조선 귀족의 집

　운현궁의 승계자이자 공족인 이준용의 낭비벽은 상상을 초월했다지만, 그가 지은 양관은 특별한 광채를 머금고 오랫동안 이어져왔다. 검은 기와지붕이 줄줄이 이어진 너머로 불쑥 솟은 환하고 매끈한 몸체와 완만한 곡선의 검녹색 지붕을 지고 있는 양관은 운현궁과 한 몸이라고 하기에 무리가 없을 만큼 고풍스럽고 귀족적인 분위기를 풍긴다.

　명성황후가 가례 전에 머물렀고 대원군의 가족 행사가 치러지던 운현궁의 중심 공간은 노락당이었다. 양관은 언덕 위에서 이 노락당을 내려다보는 위치에 자리하고 있다. 처음 지어질 무렵에는 양관과 노락당을 이어주는 외부 통로가 있었다고 하는데 지금은 담벼락으로 나뉘어 서로 다른 집처럼 존재한다. 운현궁은 서울시가 관리와 연구를 해오고 있으나 양관은 1948년에 일찍이 덕성여대에 매각되었기 때문이다.

　흥선대원군은 아들 내외인 고종과 명성황후와 대립할 때마다 새로운 자식들을 왕으로 옹립하겠다는 의지를 표명했다. 고종이 흥선대원군의 서장자이자 이복형인 이재선을 반역죄로 귀양 보내 죽이기까지 했으나 대원군의 의지는 변함이 없었고, 적장자인 이재면의 아들 이준용을 그다음 타자로 선발했다. 대원군의 속셈은 손자를 앞세

이준용의 양자로 들어가 운현궁의 상속자가 된 이우. 말을 타고 있는 어린 이우의 뒤로 운현궁 양관이 보인다.
(사진 자료: 『동아일보』, 1921년 5월 1일자)

운 뒤 자신이 섭정의 자리에 오르는 것이었다. 영특하고 영리하여 총애를 얻은 대가로 어린 나이부터 모반의 역사에 기록된 이준용. 묵묵히 처세해오던 그도 어느덧 스스로 설득하기에 이르렀다. 나라고 왜 못 하겠는가?

그 대가는 시시때때로 찾아드는 암살의 위협과 끝을 알 수 없는 망명 생활이었다. 죽을 고비를 넘기면서도 고종 폐위의 꿈을 버리지 않고 지속적으로 물밑 작업을 했던 이준용에게 을사늑약, 순종의 즉위, 한일 병합에 이르는 과정은 처절한 좌절의 시간이었다. 왕의 꿈은 사라졌다. 죽임을 당할 일이 없어지자 인생이 평범해졌다. 삶이 무기력해졌다.

이준용은 고종이 왕좌에서 물러난 뒤에야 운현궁으로 돌아올 수 있었다. 귀환한 뒤 가장 먼저 한 일은 자신의 사랑채인 송정 사랑을 허물고 양관을 세우는 것이었다. 아버지 완흥군 이재면이 사치스럽다며 양관을 결사반대하고 숙부인 고종이 불편한 심기를 비추자 어쩔 수 없이 건축 공사를 중단했지만, 결코 포기한 것은 아니었다. 왕의 권위가 유명무실해지고 작위와 은사공채를 받고 나서는 본격적으로 양관 건축에 착수했고 1912년에 완공을 보았다. 이재면은 한일 병합 후 공족이 되어 '희'라는 이름을 받아 이희공으로 불렸고 아들인 이준용도 공족을 이어받으며 '준'이라는 이름을 받아 이준공이 된다. 그래서 운현궁 양관을 '이준공저'라고 부르는 것이다.

양관의 설계는 가타야마 도쿠마가 맡았다. 그는 메이지 시대의 독특한 바로크 건축으로 일본에 제국의 이미지를 구축한 영국 건축가 조사이어 콘더Josiah Conder의 제자였다. 도쿄의 아카사카 별궁(영빈관)을 설계했고, 유럽의 궁전을 방불케 하는 용산의 조선총독관저(1912년)를 완성한 인물이다. 근처 관훈동에 자리한 의친왕 이강의 사저인 사동궁에도 그가 설계한 양관이 1907년에 들어섰는데, 운현궁 양관과 쌍둥이처럼 닮았다.

운현궁 양관은 완벽한 대칭형 파사드를 가진 웅장한 저택이다. 고전적인 풍모를 띠는 포치를 중심으로 양측으로 발코니가 있고 근엄한 청동 지붕을 얹었다. 화려한 벽기둥과 쐐기돌이 건물 전체에 생동감을 준다. 실내는 홀을 중심으로 객실과 응접실 등이 사방으로 이어진다. 1층과 2층의 많은 방들은 이제 그 사용처를 정확하게 알 수 없다. 다만 1층 뒤편의 가장 큰 공간이 응접실로 추정되고 응접실에서 서쪽으로 연결된 작은 방은 준비실이었을 것으로 짐작된다. 2층의 중앙 발코니와 연결된 큰 방은 이준용의 서재로 알려져 있다.

그 어떤 권력도 갖지 못하고 스스로 스러져간 이준용은 줄곧 서재에서 머물렀다. 발코니에서는 넓게 조성된 정원이 내려다보이고, 그 너머로 북촌의 상징인 검은 기와지붕들이 한껏 펼쳐졌을 것이다. 그러나 검은 지붕은 고즈넉한 정취를 보여주기보다 조선 귀족들의 욕망과 좌절과 불안을 감추는 장막에 불과했다.

운현궁 양관은 어떤 식으로 꾸며졌을까? 운현궁에는 생활 기물

1

2

3

4

5

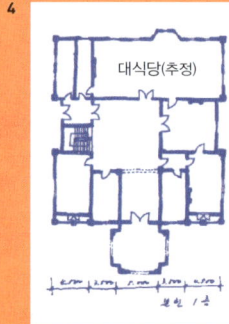

대식당(추정)

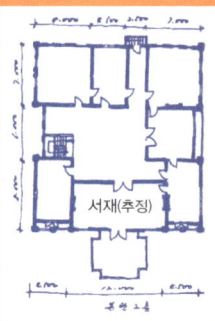

서재(추정)

1 운현궁 양관 정면. 남쪽인 좌측면에는 행각 역할을 하는 건물이 노락당과 이어져 있었던 것으로 파악된다.

2·3 운현궁 양관 정면도와 좌측면도.

4·5 1층과 2층 평면도. 내부 공간의 구성은 정확히 알려지지 않았다. 1층 뒤편에 자리한 넓은 공간이 연회 장소의
      역할을 한 응접실 혹은 대식당, 2층 앞쪽의 넓은 공간이 이준공이 머물던 서재로 추정한다.

6

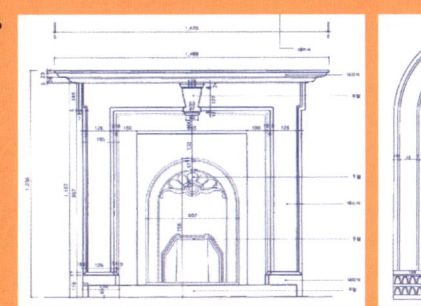

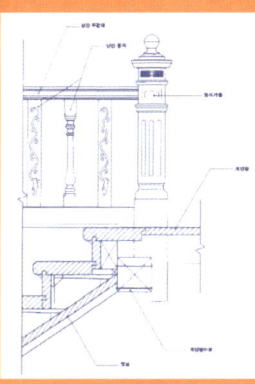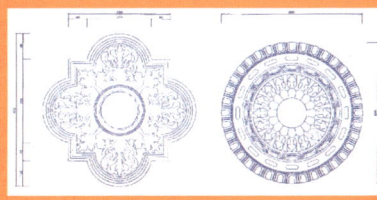

6 양관 내부의 세부도는 이 건물의 품격과 화려함을 알려준다.
위에서부터 순서대로 벽난로 상세도, 계단 상세도, 천장 조명 상세도, 천장 장식 상세도.

(도면 자료: 『운현궁 양관 실측 조사 보고서』, 문화재청, 1997년)

운현궁을 설계한 가타야마 도쿠마는 이강공 저택인 사동궁에도 양관(위)을 지었으며, 용산의 조선총독관저(아래)를 설계하기도 했다. 사동궁의 양관은 운현궁 양관과 쌍둥이처럼 닮았다.

과 왕실 유물을 포함해서 근대기의 가구, 운현궁의 인물들이 드나들었던 청나라, 일본, 미국에서 들여온 많은 가구와 기물들이 전해져온다. 서울역사박물관에서는 운현궁에서 사용하던 가구와 그릇, 석물, 사진, 문서, 인장, 서책 등 방대한 유물을 정리하여 열 권에 이르는 『운현궁 생활유물』시리즈를 펴냈다. 특히 근대기 가구들과 해외에서 수입된 가구들이 원형 그대로 남아 있어 양관의 분위기를 살피는 데 도움을 준다.

이들 가구는 다양한 종류의 식기를 보관하던 식기장과 장식장, 여러 가지 의자류와 푹신한 장의자 등으로 연회와 사교, 휴식을 위한 가구들이 대부분이다. 먼저 키 큰 장을 살펴보면 상부는 아르데코풍의 간결한 장식을 한 문갑을, 하부는 서랍이나 여닫이문갑을 달아 양식적인 특성과 기능성을 갖추었다. 하부 여닫이문에 국화 무늬를 상감한 장식장과 코스모스 무늬를 장식한 식기장은 무늬는 다르지만 세트로 맞춰서 응접실에 놓기 알맞다. 양식기를 보관하던 수납장에 잠금장치가 있는 것도 흥미롭다.

홀이나 방의 모서리에 놓여 수납과 장식을 겸했을 삼각탁자장도 두 점 남아 있고, 남성 손님들이 들고 온 단장을 보관해두던 단장걸이는 지금은 볼 수 없는 흥미로운 기물이다. 다구를 넣는 일본풍의 찻장은 이준공 사후에 운현궁을 이어받은 이우공과 박찬주 부부가 일본에 머물던 시절에 사용했던 물건이라고 한다.

의자는 19세기 말에 제작된 것으로 보이는 치펀데일 스타일●의 장

운현궁의 가구들

1   일본식 다기장은 이우공 부부가 일본에서 사용하던 기물로 추정된다.

2   삼각탁자장. 모던하게 처리한 상부와 기능성을 살린 하부장으로 구성되어 있다.

3   두 벽 사이 모서리에 놓였을 삼각장. 둥글게 처리한 문에 코스모스가 상감되어 있다.

4   상부는 유리여닫이문으로, 하부는 목재미닫이문로 제작한 그릇장.

5   단장(서양식 지팡이)은 모던 신사의 패션을 상징했다. 손님들의 단장을 걸어두던 단장걸이.

6   미국대학교 도서관에서 널리 사용하던 형태의 의자로 도서관 의자라 불린다. 이강공이 미국 유학 시절 사용한 것으로 추정된다.

7   다양한 오픈 형식의 찬장. 문을 열면 선반과 서랍이 꼼꼼하게 구성되어 있다.

8   미국 로즈밸리 사에서 제작한 의자들.

9   지금 사용해도 손색이 없는 모던한 미감을 보여주는 경대.

10   굽은 다리와 당초문이 새겨진 등받이 등 루이 15세 시절 장식을 차용한 치펀데일 스타일의 장의자.

     (사진 자료: 『운현궁 생활유물 I』, 서울역사박물관)

의자와 팔걸이의자 세트, 그리고 20세기 미국 로즈밸리 사^{Rose Valley}●●
에서 제작한 식탁 의자 세트가 있다. 미국 도서관 의자라는 별칭을
가진 등받이 있는 목재 의자도 있는데 이강공이 의친왕 시절 미국에
유학한 경험과 관련이 있는 물건으로 본다.

운현궁 양관에는 부엌과 화장실이 없다. 그러므로 양관의 연회는
바로 인접해 있던 노락당에서 준비한 음식들을 공수하여 차렸다. 양
관은 노락당 뒤편에 2미터 정도 높은 곳에 위치하므로 과거에는 노락
당과 이어지는 통로로 사용된 건물이 그 사이에 존재했다. 이곳을 통
해 음식이나 필요한 물품들을 옮겨 왔고, 각종 식사와 다과는 양관
내 준비실에서 잘 정돈한 후에 식당이나 응접실 등에 차려졌다.

궁궐답게 운현궁에서는 '雲(운)'자 혹은 '雲峴(운현)'이 새겨진 도
자기를 썼다. 왕족 시절에는 은기도 썼지만 한국전쟁을 겪으며 다수
유실된 뒤로는 다시 은기로 돌아갈 수 없었다. 유기와 양은, 스테인리
스 스틸 그릇에는 문장과 상표가 남아 있어서 기물의 탄생 배경이라
든가 운현궁에서 사용한 정황에 대해 추적이 가능하다.

도자기는 품목이 매우 나양해서 왕실 생활 지기의 변천사를 산필
수 있을 정도다. 백자금채이화문 식기, 백자청화초문 다기 외에도 일
본의 도자기 회사 노리다케에서 제작한 오얏꽃 무늬가 새겨진 서양

● 18세기 후반 영국의 가구 디자이너 토머스 치펜데일이 창안한 가구 스타일. 로코코 스타일을 바탕으로
   여러 시대와 지역의 양식을 대담하게 도입한 스타일. 운현궁의 의자는 굽은 다리와 당초문 등 루이 15세
   양식이 가미된 19세기 말엽의 제작품이다.
●● 윌리엄 프라이스가 1901년 펜실베이니아에 설립한 가구회사. 장식을 절제한 모던한 스타일을 추구했다.

운현궁의 은기들

1 이화문라이터

2 '미美'명주전자

3 은제주전자

4 은제운현궁문합과 은제이화문합

5 은제주발

6 은제신선로

7 '한미漢美'명이화형잔받침과 은제이화문잔

　(사진 자료: 『운현궁 생활유물 X』, 서울역사박물관)

운현궁의 도자기들

1   백자채화모란문 '창덕궁' 명호

2   백자금채이화문유개발

3   백자금채이화문접시(노리다케 제작)

4   백자청화화문접시

5   백자청화초화문접시

6   백자청화초문접시

7   백자청화보상당초문접시

(사진 자료: 『운현궁 생활유물Ⅲ』, 서울역사박물관)

식 자기 세트도 발견된다.[5] 한성미술품제작소를 비롯한 관립 제작소에서 왕실용으로 제작한 다양한 기물들도 '韓美(한미)'라는 단어를 뒷굽에 달고 온전하게 남아 있다. 식기들의 사용처는 구분되어 있지 않지만 서양 식기들이 양관에서 사용되었음은 충분히 짐작할 수 있다.

이준용은 일본에서 망명 생활을 하던 중에 1897년부터 2년간 유럽을 유람하고 돌아왔고, 그때부터 서양식 문물에 푹 빠지게 되었다고 한다. 서화와 고서를 모으는 취미도 있었고 새로운 것을 좋아해 닥치는 대로 사들이기도 했으나 그 무엇도 그의 허기와 무기력을 채울 수 없었다. 후사가 없던 이준용은 병마와 싸우며 말년을 보내다가 눈을 감기 바로 전해, 이강공의 둘째 아들인 이우를 양자로 삼았다.

운현궁을 이어받은 이우는 박영효의 손녀인 박찬주와 결혼하여 후사를 이었다. 그의 아들 이청은 종친들의 궁가와 집들이 헐리고 팔리는 것을 목도하면서 운현궁을 지켜내고자 했다. 그리하여 1993년 운현궁을 서울시에 매각했고, 흥선대원군묘와 남연군묘는 경기도와 충청남도 예산군에 기증했다. 흥선대원군 초상 등 운현궁에서 관리해온 왕실 유물들도 서울시로 이관되었고, 이런 이유로 운현궁에서 사용했던 수많은 생활유물들이 살아남을 수 있었다.

이제 북촌 방향으로 가보자. 황현은 『매천야록』에서 "서울의 대로인 종각 이북을 북촌이라고 하는데 이곳은 노론들이 살았다"고 쓰고 있다.[6] 조선 귀족들은 인사동, 관훈동, 경운동, 낙원동, 견지동 일

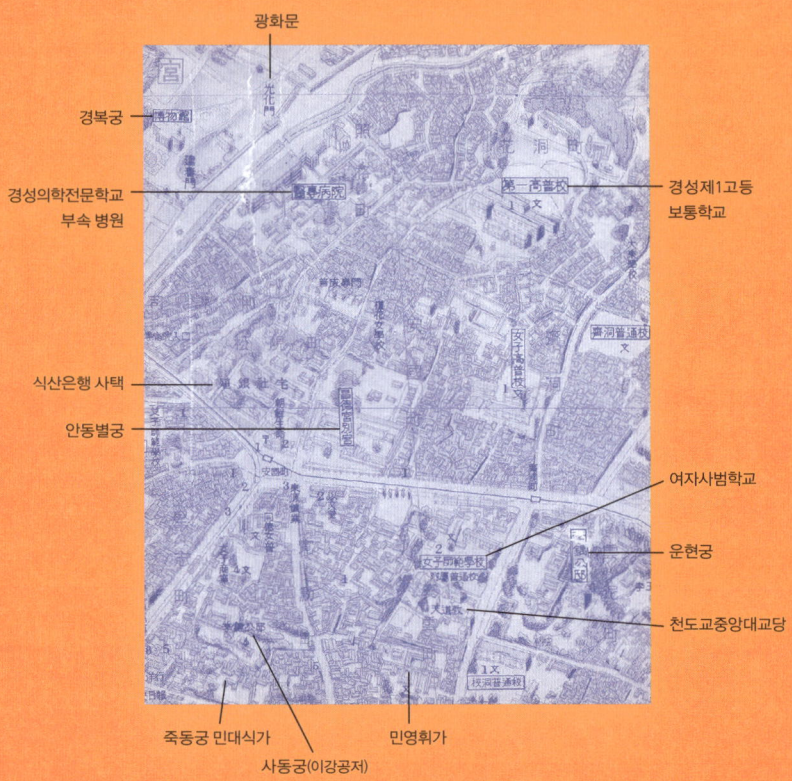

광화문

경복궁

경성의학전문학교
부속 병원

식산은행 사택

안동별궁

죽동궁 민대식가

사동궁(이강공저)

민영휘가

경성제1고등
보통학교

여자사범학교

운현궁

천도교중앙대교당

〈대경성부대관〉에 표시된 북촌 일대의 풍경.
사동궁과 운현궁 주변으로 조선 귀족의 저택들이 즐비하게 펼쳐졌다.

대에 살았는데, 조선 말 경화세족들이 살던 북촌의 초입은 여기서부
터 시작된다. 인사동은 궁궐과 시전을 가까이에 둔 지리적 이점 때문
에 관료들이 생활하기에 무척 좋았다. 근대로 시기가 이동했다고 해
서 고위 관료층의 주거지가 바뀌지는 않았다.

왕실 인사의 사저들도 이곳에 있었다. 관훈동 194번지 넓은 터에
의친왕 이강의 사저인 사동궁이 자리했다. 양관 한 채와 한옥 수십 채
가 늘어선 만여 평의 사동궁은 해방 이후 왕족이 빈곤해진 틈을 타서
이리저리 찢겨 나갔고 지금은 회화나무 한 그루와 사동궁터를 알리
는 표지석만 남아 있다. 작은 한옥 한 채만이 옮겨져 인사동 안내소
가 되었다.

바로 지척에 순조의 딸 명온 공주의 사저인 죽동궁이 있었는데,
19세기 말에 명성황후의 오라비인 민승호의 소유가 되고, 양자 민영
익이 이어받았다. 민영익은 갑신정변 때 우정국 연회에 참석했다가
자상을 크게 입었으나 미국인 외교관이자 의료선교사인 호러스 뉴
턴 알렌Horace Newton Allen의 치료를 받고 목숨을 구했던 바로 그 인물이
다. 근처에는 충정공 민영환이 살았다. 을사늑약에 저항하며 자결한
뒤로 민영환의 집과 재산들은 송병준, 이완용 등에게 흘러들어가고
그의 후손들은 이왕직에서 마련해준 원서동 사택에서 근근이 살아
가게 된다.

운현궁의 맞은편에는 철종의 부마인 금릉위 박영효가 살았다. 그
가 젊었을 때 교류했던 서광범, 서재필, 홍영식, 김옥균 등 개화파들

의 집도 인근에 자리했다. 젊은 날의 꿈이 바람처럼 흘러가고 꿈을 나누던 친구들이 뿔뿔이 흩어져 홀연히 사라지자, 박영효의 집도 필지가 나뉘며 소유자가 달라졌다. 경운동 88번지에는 천도교중앙대교당이, 89번지는 여자사범학교가 들어왔고, 66번지는 민영휘 일가의 소유가 되었다. 망명에서 돌아온 뒤에 안국동 8번지에 있던 민씨소유의 저택(현재 윤보선가)에서도 살았는데, 바로 뒷집이 문중 어른인 연암 박지원의 저택이라는 점은 그의 마음에 큰 위안을 주었을 것이다. 이미 작고했으나 연암의 손자인 개화사상가 박규수는 박영효에게 큰 영향을 끼친 인물이었다.

박영효는 열두 살에 철종의 딸 영혜 옹주와 혼인하여 금릉위에 올랐으나 석 달 만에 옹주가 사망하고 혼자가 되었다. 미소년이라 칭송이 자자했던 그의 얼굴에 미색이 채 가시기도 전의 일이었다. 부마는 재혼과 축첩이 불가한 왕실의 법도에 따라 가문을 세울 수는 없으나● 왕실 일원으로 정치에 나설 수는 있었다. 박영효는 왕과 대립하기를 불사하지 않던 개화파의 기수로서 일본과 미국 등지로 망명과 순방을 거듭하면서도 의지를 꺾지 않았다. 그런 이유로 고종과 대립하면서도 고종의 측근이라는 지위를 얻었던 듯하다. 한일 병합 이후에는 나날이 구차해지던 망한 귀족들을 구제하고 실물 경제를 움직이는 다양한 단체의 요직을 맡으며, 차분하고 고요하게 재력을 불려

● 후에 고종과 명성황후가 이를 안타깝게 여겨 공주를 모시던 상궁 몇몇을 첩으로 삼게 했다. 박영효의 후손들이 반남 박씨로 남은 이유다.

가는 쪽에 서 있었다. 이 글에서도 그는 의외의 장소에서 다시 등장할
예정이다.

　박영효의 집과 남쪽으로 맞닿은 경운동 64번지에는 조선 제일의
갑부로 불렸던 민영휘의 집이 있었다. 몰락한 집안의 후손이었으나
부친 민치소가 관직에 나오면서 권력에 가까워졌다. 민치소는 '민갈
쿠리'라는 별명이 붙을 정도로 돈을 끌어모으는 데 혈안이었다. 아
들 민영휘는 평안 감사와 선혜청 당상(선혜청은 세금으로 거둔 쌀, 미포,
돈 등의 출납을 관장하던 기관)이라는 요직 중의 요직을 두루 맡으며 땅
과 돈과 현물의 축재에 몰두했다. 그가 관직에서 물러나자마자 재산
반환을 요구하는 소송이 광풍처럼 휘몰아쳤는데, 민영휘의 가렴주
구로 인해 동학 농민 운동이 일어났다는 소문도 공공연했다.

　민영휘는 말 그대로 땅을 사랑하는 사람이었다. 끊임없이 부동산
을 불렸다. 서울에만 해도 총 1천6백 평의 사저와 종로 일대의 토지와
건물, 5천 평에 달하는 가회동의 별장 등이 있었고, 전라도 등지의 곡
창지대에 연간 8만 석을 수확하는 농토와 많은 주식을 보유하고 있
었다. 관훈동과 경운동에는 민영휘와 그의 수많은 식솔들이 사는 대
저택들이 큰 세력을 형성했다. 민영휘에게는 남들에게 없는 것이 있
었으니 돈을 불려주는 아들이었다. 서자인 민대식과 민규식 형제는
전문적인 경제 교육과 사업 마인드를 장착하고 거대한 자산을 효율
적으로 운용하여 그렇잖아도 대단한 자산을 더 높이 쌓았다.

　본가인 경운동 64번지는 민영휘의 본처, 그리고 양자인 장남 민형

식과 그의 일가가 살았고, 첩 안유풍(해주마마라 불렸다)과 서자인 민대식은 대각선 방향에 있는 관훈동 30번지에 살다가 죽동궁을 매입하여 관훈동 198번지로 터를 옮겼다. 죽동궁은 사동궁(이강공저)과 바로 닿아 있었다. 민대식의 장남 민병수는 관훈동 30번지에 들어왔고, 차남 민병도는 요절한 삼촌(민영휘의 넷째 아들) 민천식의 양자로 들어가 경운동 68번지와 91번지에 살았다. 민대식의 서자인 민병옥과 민병완은 경운동 66번지에 나란히 집 두 채를 지었다.

이 필지들을 1936년에 발행한 서울 지도인 〈대경성정도大京城精圖〉●에 표시해보면(212쪽 참조) 민영휘 일가는 궁가와 매우 가까운 곳에 살았고 죽동궁, 금릉위궁에는 집을 짓기도 했다. 후에 안동별궁까지 사들였으니 궁궐에 대한 욕구가 남달랐음을 알 수 있다. 그는 과연 권력과 명예를 좇은 것일까? 아니면 궁궐 터의 경제적인 매력에 이끌렸을까? 민영휘라면 두 마리 토끼를 모두 잡으려 했음이 틀림없다.

민병옥의 집은 민가다헌이라는 레스토랑으로 운영된 적이 있다. 이 집은 집주인의 이력보다는 스타 건축가 박길룡이 주택 개량의 이상을 야심 차게 표현한 집으로 더욱 유명하다. 한옥의 불편한 동선을 개선하기 위해 펼쳐져 있던 한옥의 여러 공간들을 집약해서 모으고, 대청의 역할과 규모를 줄여 별도의 응접실을 두는 등 이전과 다른 공간을 가진 개량식 가옥이면서도 단아한 한옥의 품격을 갖추고 있다.

● 1936년에 발행된 경성지도. 당시 경성부에 새로 포함된 영등포 지역까지 상세하게 다뤘다. 필지와 지번이 정확하게 표시되어 있다.

나란히 서 있던 쌍둥이 가옥의 한 집은 매각된 뒤 이전되어 현재는 예안 이씨의 재실(각심재)로 쓴다. 관훈동 30번지에 있던 민대식 가옥은 남산골 한옥 마을로 옮겨졌으니 화려했던 일가의 생활상을 살피는 데 큰 어려움은 없을 듯하다.

민영휘의 셋째 아들인 민규식은 이들과는 좀 떨어진 삼청동에 거처가 있었는데, 이들 일가가 궁가와 밀착된 지점은 민규식에게도 해당된다. 그의 주소지 삼청동 145번지는 태화궁이 있던 곳이다. 이들 일가는 여러 차례 태화궁 터를 불하받기 위해 민원을 넣기도 하고 매입을 추진하기도 했는데, 간절히 바라면 이루어진다는 말처럼 어느덧 태화궁은 그들의 소유가 되었다. 그리고 화재로 궁가는 사라지고 말았다.

『매일신보』에 실린 화재 기사는 이 집이 어떻게 이루어져 있고 얼마나 큰 규모인지를 대략이나마 알려준다. 조선 귀족의 집 규모는 평소에는 일반에게 잘 알려지지 않다가 주로 큰 화재가 나야 신문 지면에 공개되곤 했는데, 그 부분은 매우 아쉬운 일이다.

태화궁 전소 지금 주인은 부호 민씨

(1927년 4월) 25일 오후 7시 30분경에 부내 삼청동 145번지 한일 은행 상무 취체 민규식(자작 민영휘 씨의 셋째 아들) 씨의 집 온돌방 부엌으로부터 불이 나서 석벽돌 양관 한 채를 제한 외에 조선식 건물 세 채 50여 간과 일본식 건물 25평이 전소되어 손해가 4만여 원에

달하고 같은 밤 9시경에 겨우 진화하였는데, 그 집은 총독부 신청
사의 바로 뒤에 있는 삼청동 산록 전부를 점령한 광활한 주택으로
민씨의 호화를 자랑하던 곳이라……

―『매일신보』, 1927년 4월 27일

가회동 푸른 숲이 사라지니
올망졸망 집들이 들어오고

조선 고위 관료층이 살던 북촌은 종로의 변화와 함께 주택가의 풍
경을 잃은 지 오래다. 그러나 경복궁과 창덕궁 사이에 고즈넉이 자리
한 푸르른 신록의 공간 가회동은 여전히 한옥 마을의 향기를 품고 있
다. 이곳에는 어떤 인사들이 살고 있었을까?

1911년 발행된 〈경성부시가도〉와 1922년의 〈경성도〉에는 가회
동에 적힌 조선 귀족의 이름을 분명히 확인할 수 있다. 가회동 11번지
는 남작 한창수가, 30번지는 후작 이재완이, 31번지는 자삭 민영휘가,
95번지는 남작 한상룡이 소유자로 이름을 올렸다. 가회동의 큰 필지
들이 조선 귀족들의 소유가 된 배경에는 토지조사사업이 있었다.[7] 조
선 귀족들은 총독부에서 실시한 토지, 임야 등 수많은 조사사업에 기
꺼이 동참하여 토지 소유의 기회를 누구보다도 빠르고 확실하게 붙
잡았다. 토지 전쟁에서 성취한 땅은 지도에 당당하게 이름으로 표시

되었다.●

　북촌 한옥 마을의 대표적인 얼굴이라 할 가회동 31번지는 경성에서 최고 갑부로 이름을 날린 민영휘의 별장이 있었다. 민영휘는 영지라는 말이 어울릴 만큼 녹음이 우거진 5천 평의 땅에 붉은 벽돌조의 르네상스풍 이층 양관 한 채와 대규모 연회 공간을 연상케 하는 한옥 한 채를 지었다. 두 건물은 길고 복잡한 행각으로 연결되어 실내로 이동할 수 있었다. 위치로 보나 분위기로 보나 가히 경성 최고 갑부의 별장이라 할 만했다.

　당시 경제통으로 불리던 한상룡은 95번지 일대를 넓게 확장하던 1907년에 지금은 백인제 가옥으로 불리는 상류층 한옥을 지은 원주인이다. 대규모 안채와 서양식 마루를 가진 사랑채, 누정髏亭(누각과 정자)이 딸린 별채와 꽃나무가 가득 핀 드넓은 정원 외에도 은밀한 곳에 일본식 가옥까지 지으며 권세를 누렸다. 그는 자신이 몸담은 한성은행이 경제적 피해를 입게 되자 이 집을 넘겼다. 부지가 축소되고 일본식 별채가 사라지는 변화를 겪었으나 근대기 상류층 한옥의 화려함을 제대로 보여주는 사례로 남아 있다.

　1920년대에 들어서면서 이 토지들이 아들들에게 상속되는 분기점을 맞는다. 이로써 가회동은 변화의 기로에 서게 된다. 아들들은

●　통감부가 설치된 1906년에 시작되어 1918년에 종료된 토지조사사업은 지번, 지가, 지주 등을 기록하고, 행정구역의 경계와 명칭을 정리하여 자본주의적 토지제도로 전환하는 작업이었다. 이로써 일제는 식민 통치의 기반을 확보하고 수탈 경제를 공고히 할 수 있었다. 『친일반민족행위진상규명보고서』에는 조선귀족회가 토지조사사업에 적극적으로 협력하여 무상으로 불하받는 등 자산을 축적한 과정이 서술되어 있다.

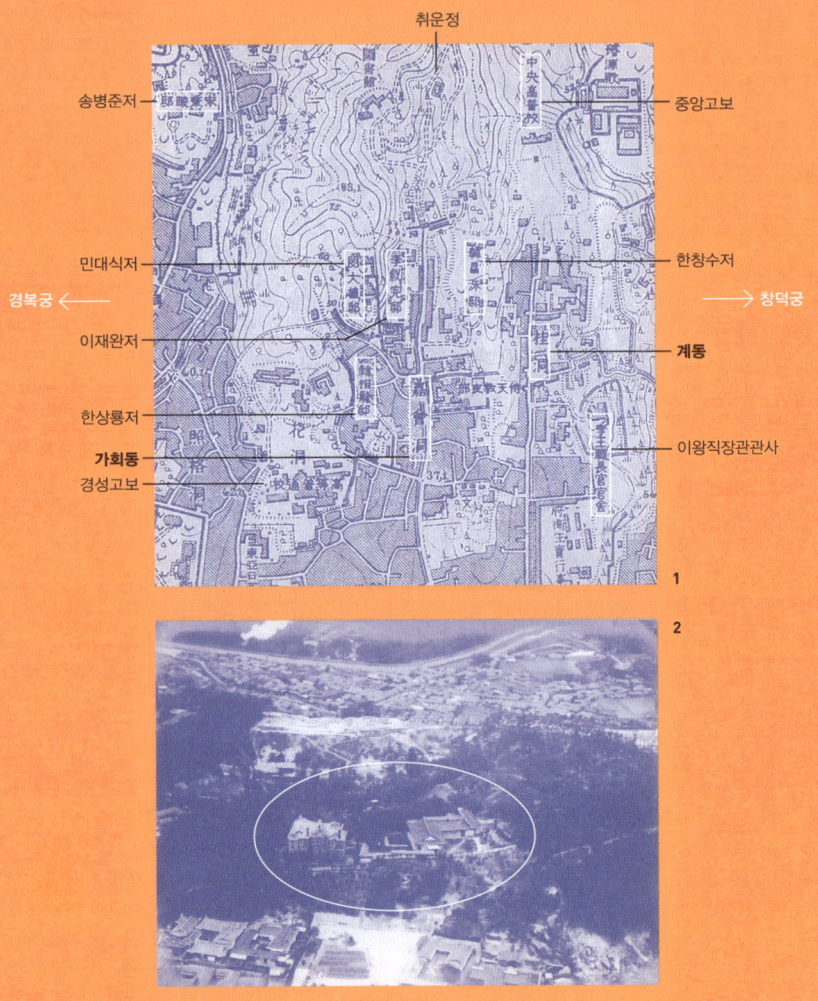

취운정

송병준저 ——

민대식저 ——

이재완저 ——

한상룡저 ——

가회동

경성고보

←—— 경복궁

—— 중앙고보

—— 한창수저

창덕궁 ——→

계동

—— 이왕직장관관사

1

2

1   1922년 제작된 〈경성도〉에는 가회동 일대에 민대식저, 한상룡저, 이재완저, 한창수저 등이 표시되어 있다.

2   가회동 31번지의 넓은 숲에 자리한 민영휘의 별장. 이때만 해도 가회동이 한옥 마을로 변화할 조짐은 보이지
       않았다. (사진 자료: 서울역사박물관)

지도에 이름이 표시되는 영예보다는 개발 차익으로 자산을 불리는 데 관심이 더 많았다. 몰려든 인구로 경성은 폭발하기 직전이었고, 낡은 구시대의 집을 개량해 새집으로 바꾸려는 시대적인 요구까지 겹쳐 경성의 부동산은 날마다 호경기를 경신했다. 한창수가 소유했던 가회동 11번지를 상속받은 아들 한상억은 개발업자 이재현과 의기투합하여 바로 이웃한 계동 45번지까지 합쳐 주택지 개발에 나섰다. 그들은 도로를 만들고 필지를 쪼개는 일에 매진했고, 그 결과로 중앙고등학교(당시 중앙고등보통학교)에서 아래로 내려가는 도로 좌우의 풍경이 촘촘한 한옥촌의 모습을 띠게 되었다.

그리고 가회동 31번지. 이 별장지는 민영휘의 아들 민대식이 이어받아 유지해오다가 1935년 9월 대창산업에 매각된다. 대창산업은 광산왕 최창학●이 운영하던 자산관리 회사다. 민대식과 최창학은 경성에서 조선인 중에 세금을 가장 많이 내기로 1, 2위를 다투던 갑부 중의 갑부였다. 이들이 자산을 불리는 과정에서도 서로의 투자와 합작이 큰 힘을 발휘했다(가회동에 이어 안동별궁을 매입할 때도 두 사람은 함께했다). 개발 호기를 놓치지 않던 이들은 필지를 나누고 도로를 닦아 토지의 가치를 높였다. 그리고 인접한 33번지와 34번지를 일본인 소유자로부터 구입한 건양사의 정세권이 32번지를 포함해 31번지까지

● 최창학은 경교장의 원주인이기도 하다. 금맥이 터져 일약 조선의 제일가는 갑부 대열에 올랐다. 그가 그동안 저질러온 친일 행각을 무마하려고 광복 후에 임시정부 요인들에게 제공한 집이 경교장이었다. 김구 선생이 흉탄에 쓰러진 역사적 사건을 목격한 경교장은 사적 제465호로 지정되어 있다.

매입함으로써 7천6백 평에 달하는 부지를 한꺼번에 개발할 절호의 기회를 가져갔다.

그런데 민영휘 시절부터 존재했던 양관과 한옥은 과연 사라지고 말았을까? 나는 31번지의 필지 한두 개 정도는 민대식이 그대로 소유했으리라 가정하고 31번지 필지 중에 유난히 크게 구획된 두 필지에 주목했다. 1910년대와 1950년대에 촬영된 항공 사진들과 지금의 위성 지도를 비교해보았더니, 예상했던 대로 높은 벽돌 담 안쪽에 당시의 한옥이 여전히 남아 있는 게 보였다. 양관의 위치에도 과거의 건물과 유사한 건물이 있었다. 두 개의 필지는 현재 6개의 주소지로 나뉘어 있지만 알고 보면 한 집안이 소유하고 있을 수도 있다. 비밀스런 옛집이 여태껏 존재하고 있다는 사실로부터 과거의 이야기가 끝나지 않고 지금껏 이어지고 있음을 감지할 수 있었다.

민영휘의 셋째 아들 민규식은 캠브리지 대학에 유학해서 경영학을 공부했고 민대식도 미국으로 외유를 나선 적이 있었으니, 이들은 외국 문물을 받아들이는 데 누구보다 빨랐으며 무엇보다 나설 때와 멈출 때를 알았다. 이들 형제에게는 조선 최대 갑부라는 수식어가 늘 따라다녔지만, 그들은 투자와 부동산에 집중해 일가가 소유한 자산을 잘 관리하고 불리는 데 매진했을 뿐, 기업가로서의 목표와 성취는 그리 중요하지 않았다. 형제는 서로의 방향에 맞게 각각 가족 경영 회사를 차렸다. 당시 총독부에서 부자들에게 큰 세금을 부과하려고 하자 눈치 빠르게 자산을 법인화한 것이다.

민규식이 누이 민윤식 가족과 함께 창립한 영보합명주식회사와 민대식이 설립한 계성은 이름과 방식은 다르나 목표는 한가지였다. 조선 기업에 투자하여 확신할 수 없는 이득으로 노심초사하느니 농장을 확장해 소작을 늘리든가 빈 땅에 중소형 주택촌을 지어 임대 수입을 얻는 쪽이 안전하고 손쉬웠다. 주식과 투자는 군수 산업과 재벌 기업에 집중했다. 민대식, 민규식 형제를 포함한 조선 최고층의 자산가 그룹은 동양척식주식회사의 VIP 고객으로 모셔져 각종 혜택을 누리며 큰 대출을 받았고, 이 돈으로 더 많은 땅을 사고 투자하여 더 큰 돈을 벌어들였다.[8]

김동환: 지금 세상에는 조선에 세 계통의 대재벌적 컨체른이 결성되어가고 있다고 보는 터인데, 첫째는 김성수 씨계, 둘째는 민규식 씨계, 셋째는 박흥식 씨계라고 해요. 민 선생 사업은 어떠세요?

민규식: 그저 영보합명이 주되지요. 영보합명은 종래 개인으로 가지고 있던 여러 곳 농장과 산림과 그 밖에 여러 잡다한 사업을 한데 모아서 뭉쳐서 법인을 만든 것인데, 자본금 250만 원, 그러고는 동대문 밖에 있는 조선제사를 인계한 조선생사의 30만 원 회사와 그러고는 동양직산이 있는데 이것은 50만 원 자본에 20만 원 불입입니다. 이 밖에 얼음 만드는 제빙회사가 하나 있지요.

김동환: 요즘 서울 거리에 민 선생의 빌딩이 많이 나타나는데 빌딩은 몇 개나 됩니까?

민규식: 종로2정목에 영보빌딩이 토지 값은 내어놓고 건물만 약 30만 원 들었고 박흥식 씨의 화신백화점 빌딩 짓는다고 땅값은 따로 건축비만 약 20만 원, 동일은행 건너편에 있는 것도 6, 7만 원.

김동환: 빌딩 투자만 100여만 원은 되겠군요. 동일은행에 투자액이 얼마나 되지요?

민규식: 글쎄요 우리 집안에서 가진 것이 반수 이상은 될걸요. 은행 공채기본금이 200만 원이니까.

—「재계 거두가 돈과 사업을 말함」, 『삼천리』, 1937년 5월호

영보와 계성은 1940년 대전시 체제에서도 지속적으로 수익을 높여갔다. 박흥식의 화신무역, 김성수의 경성방직, 김사연의 중앙주조, 한상룡의 조선생명보험 등 신흥 재력가들과 조선 귀족은 서로를 담보하고 투자하며 만주로 진출했다. 이 회사들은 군수품을 생산, 조달했고 만주와 조선을 오가며 무역업을 했으며 전쟁 보험을 팔았다. 이런 식으로 조선의 대기업들도 일본의 기업처럼 전쟁으로 인한 호황으로 큰 혜택을 누렸다.[9] 1935년 즈음 민대식 형제의 활동을 살펴보면 만주로 시선을 돌리며 사업의 방향을 바꾸는 흐름을 보이는데, 공교롭게도 이 시기에 가회동 31번지가 매각되었다. 이 두 사건이 무관하다고 볼 수 있을까?

가회동 30번지는 31번지보다 이른 시기인 1920년대 후반부터 한

옥촌이 형성되었다. 완순군 이재완이 1875년부터 이곳에 터를 잡아 북촌의 주요 인사로 활동했다.[10] 가회동과 삼청동을 아우르는 높은 언덕을 맹현孟峴(삼청동과 가회동을 나누는 산줄기)이라 했는데 청백리 재상인 맹사성과 그 후손이 살았던 데서 유래했다. 이재완 가는 맹현 댁이라는 택호를 즐겨 사용했다. 이재완은 흥선대원군의 양조카이 며 운현궁과 매우 가까운 사이여서 1908년에 운현궁의 목재를 다량 실어다가 대대적으로 수리해 맹현댁의 위용을 높이기도 했다.

맹현댁도 1920년대에 들어 입지가 점차 줄어들었다. 1922년에 아들 이달용에게 상속되고 또 많은 자손들이 분가하면서 집의 규모는 점차 축소되었다. 어떤 일이 맹현댁의 입지를 휘청이게 했는지는 정확히 알 수 없으나 맹현댁의 실제 살림집을 제외한 나머지 부지들을 1925년경 박영효가 사장으로 있던 경성흥산주식회사에 한동안 담보로 잡힌 기록이 있다. 그 후 30번지 일대는 한옥 마을로 바뀌었다.

박영효는 귀족구제회인 창복회의 회장으로 망한 귀족들의 자산 처리에 깊이 관여하고 있었다. 그런데 박영효가 도시와 건축에 매우 관심이 높았다는 점은 잘 알려지지 않은 사실이다. 한창 개화가로서 활동한 19세기 말엽 그는 한성 판윤으로 재직하면서 종로대로를 정 비하고 길가로 나온 무허가 가옥들을 정리하는 도시 계획을 시도하 기도 했다. 일본에 망명한 시기인 1888년에도 상소를 올려 민생의 개 선에 필요한 건축적 논의를 펼쳤는데, 그 내용을 살펴보면 집의 기초 를 세우기 전에 도로를 정리할 것, 도로를 일정한 폭으로 넓힐 것, 가

맹현댁 며느리 신계원과 운현궁의 안주인 박찬주(앉은 이). 박찬주는 박영효의 손녀다. (사진 자료: 『북촌 열두 집의 기억』, 서울역사박물관)

옥의 천장을 높여 환기를 좋게 하고 가로수를 심을 것, 수도를 사용하여 물을 저장할 것 등을 주장했다.[11] 당시의 활동은 미완에 그쳤으나 1920년대부터 경성도시계획연구소와 주택구제회를 통해 일본인 세력가나 경성부 관료들과 친분을 형성하며 도시 연구에 적극적으로 참여한 정황이 포착된다. 예나 지금이나 토건 사업은 돈세탁과 비자금 조성의 통로이기에 숨겨진 진실을 모두 알 수는 없으나, 이 시기에 눈에 띄는 활동이 있다. 바로 주택구제회가 보급한 간편주택이다.

주택구제회는 극심한 주택난에 시달리는 경성의 가난한 조선인들을 구제하기 위해 조선인들의 기부로 설립된 사회단체로, 생활정착형 간편주택을 제공하는 것이 주된 활동이었다. 조선농업주식회사가 소유한 관유지 중 1천여 평을 불하받아 1922년 교북동에 모두 75가구를 위한 한옥촌을 보급했는데 이는 국내 최초로 설립된 서민들의 한옥 마을로 기록되어 있다.[12] 이 주택은 방 1칸, 부엌 1칸으로 공급되었으나 애초에 주택구제회에서 계획한 간편주택의 기본 모델은 '방 2칸, 부엌 1칸, 마루 1칸'이었다. 이 구조가 향후 등장하는 대부분 한옥촌의 기본형이 되었다는 점은 기억해둘 만하다.

박영효는 조선건축회의 명예회원이기도 해서, 『조선과 건축』 창간호는 박영효 후작 가를 방문하고 건축 대담을 실었다. 박영효의 집은 동대문 인근의 한 미션 스쿨이 있는 언덕 안쪽에 자리하고 있었는데, 아름다운 정원을 품은 전통 한옥이었다. 바위 사이로 흘러내리는 물이 연못을 이루고 그 한가운데 정자가 들어앉아 정원 풍경이 매우 아름다웠다. 박영효는 정원뿐 아니라 집도 직접 지었다. 그는 잘 지어진 전통 한옥이 채광과 환기, 위생에 충분히 훌륭했음을 설파하며 당시 개량 건축의 형식을 서양식 건축에서 찾고 있던 건축가들과는 근본적으로 다른 행보를 보였다. 그리고 좋은 집을 넘어서 좋은 건축으로 모범촌을 만들고자 하는 야심을 갖고 있었다. 이 계획은 1922년 당시까지는 아직 좋은 결과를 얻지 못한 터였다.

어딘가 적당한 토지를 선택해서 조선에 모범촌을 만들어보려는 생각이 문득 떠올라 여기저기 장소를 선정하는 시도를 했는데, 결국 오산의 평야가 들어맞아서 거기로 결정했습니다. 일전에도 그 용건으로 한 마을 모처에 갔습니다. 정류장에서 마을까지 직진으로 넓은 길을 만들어야겠기에 여러 가지로 땅 주인을 설득해보았습니다만, 그중에는 다분히 욕심 많은 무리들이 있어서 생각대로 되지 않았지요. 어쩔 도리가 없이 내쫓겨 오게 되었습니다. 장래에는 어떻게 해서든 여러 건축 전문가들의 조력을 구해보아야겠습니다.[13]

이해승의 익선동 166번지, 이달용의 가회동 30번지가 박영효를 거쳐 한옥촌이 된 것은 그 이후의 일이다. 박영효는 취운정이 있던 가회동 1번지를 조선귀족회와 공동으로 소유한 적도 있었다. 이 지역은 소유주가 여러 차례 바뀌기는 했으나 1940년대가 되면 건남사에서 개발한 한옥촌이 들어온다. 우연한 상황처럼 보이는 이 장면에는 또 다른 보이지 않는 손이 작용한 것은 아닐까?

불란서 양관이라는 유령, 벽수산장

종친들과 외척 세력자들, 그리고 경화세족들의 후손들이 지지 기반을 확고하게 다진 북촌. 그러니 변변한 세력을 확보하지 못한 신흥 외척인 해평 윤씨는 북촌 커뮤니티에 입성하기가 쉽지 않았을 것이다. 윤덕영은 고종이 하사한 간동(벽동이라고도 한다. 현재의 사간동 일대)의 집에서 입지를 다지기 시작한다. 순종의 장인이자 윤덕영의 아우 윤택영이 바로 이웃한 송현동에 자리 잡고 있었다. 안동별궁과 나란한 부지였으니 가례를 준비하고 거행한 외척에게 적절한 지위를 준 것이다. 나중에 이 송현동 땅은 채무왕 윤택영이 엄청난 부채를 남기고 북경으로 도주한 뒤 조선식산은행으로 넘어갔고 식산은행은 그 자리에 사택촌을 지었다. 이후에 미대사관의 직원 숙소 부지로 전용되다가 한진에서 호텔을 짓겠다고 매입했던 바로 그곳이다.●

윤덕영이 간동에 지은 집은 송현동 윤택영의 집만큼 넓지는 않았

●　현재 서울시가 소유하고 있으며, 건립 계획 중인 이건희박물관 부지로 논의 중이다.

안중식이 그린 〈벽수거사정도〉 초본. 벽동에 있던 윤덕영의 집을 살필 수 있는 자료이다.

으나 집주인은 집을 꾸미는 데 늘 과도하게 진심을 쏟았다. 안중식이 그린 〈벽수거사정도〉에서 간동 윤덕영 가의 분위기를 짐작할 수 있다. 커다랗고 잘생긴 나무들로 둘러싼 크고 화려한 별당은 서울에서 멀리 떨어진 명승지에 자리 잡고 있는 것만 같다. 높은 지붕을 훌쩍 뛰어넘는 큰 키를 자랑하는 노송과 은행나무, 오동나무들이 집에 고풍스러운 기운을 불어넣고, 잎이 너울거리는 버드나무와 벚나무들도 아기자기하게 서 있다. 언덕을 쌓아 육각형 지붕의 정자를 하나 마련했는데, 이 또한 자연을 새로이 즐기는 방식이었다. 자연을 끌어들여 집을 꾸미는 그의 취미는 순종으로부터 '벽수거사정'이라는 당호를 받는 데까지 이어졌다. 벽동의 나무에 둘러싸여 사는 사람이라는 뜻의 '벽수거사碧樹居士'가 마음에 들었던지 윤덕영은 인왕산 자락에 마련한 새로운 영지에 '벽수산장'이라는 이름을 붙이기까지 했다.[14]

수송동 계곡에 흐르는 맑은 물줄기, 계곡을 감싼 풍부한 수목, 은빛으로 빛나는 큰 바위, 산허리에 걸리는 푸른 안개. 인왕산의 우아한 자태는 수백 년 전부터 시문의 소재가 되었고, 겸재 정선의 손끝에서 활기차고 신비로운 진경산수로 탄생했다. 인왕산 아랫마을인 옥인동은 장동 김씨의 별장이 세워지면서 청풍계 혹은 옥류동으로 불렸다. 옥류동의 아름다움을 세간에 알린 김상헌도 약수터를 찾아다니다가 이 계곡을 발견했다고 하니, 숲의 비경에서 물이 뚝뚝 떨어지는 소리가 들리는 듯하다. 물이 어찌나 맑은지 아픈 눈을 치료하고 가슴병을 낫게 한다는 전설이 떠돌기도 했다. 숲의 신비로움은 사람들을 불러들였고 그들은 이곳을 송석원이라 불렀다.

19세기 말 민태호, 민규호 형제는 수백 년간 이어온 장동 김씨 일가를 몰아내고 맑은 물이 흐르는 산기슭을 차지했다. 그들은 순종의 첫 세자비 민씨(순명효 황후)의 부친과 백부였고, 이어서 오라비와 아우인 민영익, 민영린이 이 땅의 주인이 된다. 그러나 세자비가 사망하고 민영린이 아편에 푹 빠져 귀족에서 축출된 뒤 낙향하자 무주공산이 된 송석원을 윤덕영이 눈독을 들인 것은 당연한 수순이었다. 그 자신도 조카딸을 왕비로 책봉시키지 않았던가? 윤덕영은 민영휘 집안으로 넘어가려던 송석원을 사들였다. 거기에서 그치지 않고 송석원의 부지를 점점 넓혀갔다.

1927년에는 옥인동의 절반이 넘는 1만 9천6백여 평이 송석원에 포함되었다. 옥인동 중에서도 경관이 가장 좋은 곳, 누구나 우러러보는 곳이었다. 땅을 소유하는 과정에서 온갖 불미스러운 소문이 뒤따랐다. 아우인 윤택영과 모의한 분참봉 첩지 사기 사건 외에도, 순종의 일본 방문을 성사시키며 일본 정부로부터 큰돈을 받은 일이며, 왕실 경비를 횡령하고 덕수궁 땅을 몰래 매각했다는 의심스러운 정황 등 지위를 이용한 집요하고 치밀한 축재가 이를 가능하게 했다.

사기, 횡령, 역적 행위로 꿰찬 귀족 작위와 부동산은 오래가지 못했다. 윤덕영은 집 짓다 망한 조선 귀족의 대표 주자였다. 황후의 숙부는 종친의 궁궐을 차지하려는 욕망을 넘어 스스로 궁궐을 지으려 했다. 그것도 조선 땅에서는 한 번도 본 적 없고 지어진 적도 없는 프랑스식 궁전이었으니 그 욕망의 크기는 감히 남들이 따라올 수준을 넘어서 있었다. 주불 대사였던 민영찬이 일사늑약 이후 귀국하면서 가져 온 프랑스 귀족의 성 도면을 본 윤덕영은 이것이야말로 좋은 땅에 지어야 하는 귀한 건물, 즉 자신의 집이라고 확신했다. 윤덕영은 도면만 가지면 집이 완성되리라는 큰 착각에 빠졌다. 모름지기 건축이란 기나긴 기술의 축적 없이는 불가능한 일인데도 말이다.

민영찬이 가져온 도면에는 어떤 건물이 그려져 있었을까? 서울역사박물관에는 이 자료에 대해 특별한 설명을 달아놓았다. 정면도, 배면도, 두 개의 측면도 등 입면도 넉 장과 청사진 넉 장, 지하층에서 지상 3층(지붕층)까지 평면도 넉 장 등 모두 열두 장의 도면인데, 도면마다 1903년 1월 23일 파리에서 제작되었다는 건축가의 서명이 있었다. 평면도는 공개하지 않았으나, 지하에는 6개의 지하 저장고를 비롯해서 주방과 식료품실 등이 있고, 1층은 살롱과 식당, 흡연실 겸 당구장, 정원을 향해 타원형으로 돌출된 선룸이 자리하며, 2층은 방과 욕실 등 개인 공간, 3층은 화장실과 방으로 채워졌다고 설명한다.[15]

청사진으로 제시된 동측 정면도를 살펴보면, 벽돌로 몸체를 쌓고 모서리에는 돌로 장식한 전형적인 프랑스 르네상스 스타일 건물이다. 종탑처럼 높이 솟은 부분이 유난히 돋보이며 창문 주변의 장식이 매우 고전적이고 화려하다. 16세기 프랑스 르네상스의 특징과 19세기 후반 유럽에서 유행한 신고딕 스타일이 겹쳐진다. 민영찬이 프랑스에 머물던 20세기 전환기의 프랑스 선진 건축은 철골과 유리를 적극적으로 활용한 모던 건축이었음에도 대사의 손에 들려 온 도면은 과거의 스타일을 그대로 담고 있었다.

윤덕영은 중국인 청부업자들에게 공사를 발주했다. 이들은 실제 공사를 위한 설계도를 다시 그리면서 건물의 내외부를 약간씩 수정했다. 1914년에 제작된 이 도면은 '옥동 백미원'이라고 표시되어 있다. 그러나 오만 원에 짓겠다던 청부업자가 포기하고 팔만 원에 짓겠다던 업자 역시 도망치고야 말았다.● 돈은 돈대로 날리고 시간은 시간대로 보낸 윤덕영은 그럼에도 양관의 완공을 끝내 보고 싶었던지 부분 부분 나누어 공사를 맡겼다. 이는 지금까지와는 비교할 수 없는 큰돈을 써야 한다는 뜻이었다.

> 역사가 시작한 지가 십 년이 넘었고 비용을 들인 것이 삼십만 원 이상이나 아직도 준공이 되지 못하였는데 벽돌 한 개가 범연한 것이 없고 유리 한 장도 보통의 물품을 쓰지 아니하여 보통 건축으로 알고 도급을 맡았다가 밀져서 패가한 건축업자도 한두 사람이 아니오 재판도 몇 차례씩 한 일을 보아도 이 집이 얼마나 교묘한 것임을 알겠다.
>
> —『동아일보』, 1921년 7월 27일

● 시기상 차이는 있으나 최창학 저택(현 경교장, 1938년 완공)과 비교해보자. 지하 1층 지상 2층 연면적 294평인 대저택은 철근 콘크리트조로 지었으며 건축 비용이 12만 원이라고 알려져 있다. 최창학은 이 집을 지으면서 일본 굴지의 건설사인 오바야시구미 건설大林組建設에 의뢰했다. 이로써 연면적이 그보다 2.5배에 달하는 벽수산장의 기본 건축비가 어느 정도일지 대략 짐작할 수 있다.

집 한 채를 14, 15년이나 두고 건축하고도 오히려 필역치 못하였다 하면 누구나 경이의 눈을 뜰 것이다. 그러나 그 건물은 삼십여 만의 경성 시민이 날마다 치어다보는 한양의 서편 인왕산 아래에 있는 다갈색 연화제의 삼층 양관이 그것이니……

—『조선일보』, 1926년 5월 31일

조선 제일의 사치한 집, 한양 아방궁, 일명 뾰족탑. 경성 시민들이 모두 쳐다보는 인왕산 언덕에 세워지는 붉은 양관은 시간이 흘러도 도무지 완성되지 않았다. 겉으로는 화려해 보였으나 내부는 사람이 살 수 있는 곳이 아니라는 게 중론이었다. 신문이며 잡지에서는 이 집을 괴담이나 조롱거리로 활용했다. 윤덕영은 결국 1935년에 이 집을 중국의 신흥 종교 단체인 홍만자회 조선 지부로 넘겼다. 이제 붉은 양관에는 붉은 만卐자가 그려진 커다란 깃발이 휘날리게 됐으니 그 엉뚱함이야말로 오싹한 장면이 아닐 수 없었다.

윤덕영이 이 집을 홍만자회 조선 지부에 넘긴 건 그럴 만한 명백한 사정이 있다. 바로 그 자신이 이 단체의 회장이었기 때문이다. 그는 세도를 부리며 돈을 긁어모으는 데 혈안이 되었다가 양관을 짓느라 그 많던 재산을 홀랑 날린 뒤로는 크게 상심했는지 일본과 중국의 종교란 종교는 죄다 기웃거리는 행태를 보였다. 계룡산 계곡이며 여기저기 바위마다 기이한 글자와 문장을 새겨 넣으며 그는 여전히 뭔가를 찾아 헤매었다. 1940년에 비루한 생명이 끝나자, 요절한 아들 윤정섭

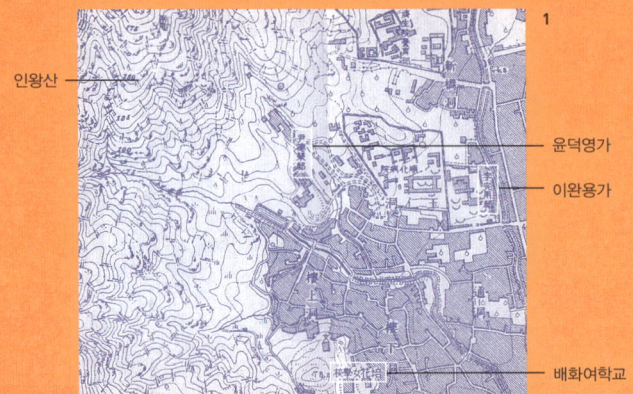

인왕산

윤덕영가

이완용가

배화여학교

1

2

3

1 〈경성도〉에는 옥인동의 넓은 부지에 윤덕영가가 표시되어 있다. 그 부지 앞으로 이완용가가 있다.

2 프랑스 궁전의 도면을 바탕으로 수십 년의 시간을 들여 완성한 벽수산장.

3 커다란 양관 뒤 넓은 부지에 윤덕영의 사저가 구성되었다. 다수의 한옥과 연못, 정자가 있었으며 사랑채인 일양정에서는 귀족들이 모였다. 데라우치 총독을 비롯해 고위 관계자들과 일양정에서 기념 촬영한 사진이 1913년 6월 17일자 『매일신보』에 실렸다.

의 대를 잇기 위해 양손으로 들인 윤강로가 벽수산장을 미쓰이 물산에 매각하고 십만 원을 받았다.

　벽돌이며 철재며 모든 재료를 외국에서 수입한 것으로 썼고, 보일러 시설을 갖추고 있었던 집, 그리고 응접실 천장에 두꺼운 유리로 대형 수족관을 만들어서 금붕어가 떠다녔다는 집.[16] 벽수산장이라고도 불리고 옥동 백미원이라고도 불렸던 그 집은 도대체 어떤 공간들로 채워졌을까?

　나는 한 경매 사이트에서 옥동 백미원의 잃어버린 도면이라고 주장하는 여덟 장의 평면도를 발견했다. 서울역사박물관에서 제시한 1914년에 제작한 입면도와 비교해보니 서체와 그림 스타일이 일치하는 평면도가 넉 장 있고, 1935년 조선 홍만자회관의 도면 넉 장도 있었다. 누런 얼룩이 생기고 가장자리가 나달나달해진 도면은 희미한 안개를 헤치며 환상의 세계를 떠도는 듯 모호한 공간으로 안내했다. 도면은 실현의 도구다. 입면도와 평면도가 함께 있다면 아무리 허황된 건축이라 해도 실현 가능성이 높아진다. 그러나 국내에 현존하는 어떤 건물과도 닮지 않은 이 도면을 현실로 떠올려보려면 만만치 않은 상상력이 필요하다.

　도면의 힘을 빌려 이 건물을 상상해보자. 연면적 792평, 운현궁 양관의 세 배에 달한다. 건물의 정면은 남측을 향하고 있다. 우측에 높이 솟아 있는 탑신이 먼저 눈길을 사로잡는다. 무용한 공간이 넓고 화려할수록 럭셔리한 집이라는 속설을 보여주기라도 하듯이, 단순한 계단실에 불과한데도 벽돌로 과하리만치 잘 쌓았다. 탑신의 좌측에는 커다란 창이 돌출된 온실이 균형을 맞춘다.

응장한 기둥이 받치고 있는 캐노피는 이층 발코니를 머리에 이고 있어 위용이 대단하다. 포치의 계단을 따라가면 건물 내부로 이어진다. 계단은 건물 중심을 횡단하는 길고 넓은 복도형 홀로 연결된다. 넓은 복도는 문을 열고 닫으며 계속 이어진다. 이런 벽은 손님들에게 주인의 취향을 보여주기에 적당하다. 유럽의 고성에서는 복도 벽에 대대로 전해지는 초상화나 수집품을 전시하면서 갤러리의 역사를 탄생시키기도 했다. 벽수산장에는 어떤 그림이 걸렸을까? 윤덕영 집안이 소유했던 미술품들이 경매에 나온 적이 있다면 그 자료들로 상상의 벽수산장을 채울 수 있을 텐데 말이다.

공들여 꾸민 공간은 많겠지만 온실의 풍경이 가장 궁금하다. 온실로 가려면 대응접실을 통과해야 한다. 온실로 표시된 공간 중앙에 귀퉁이가 각진 크고 갸름한 구조물이 놓여 있다. 저곳이 금붕어가 노닐던 유리 어항일까? 아니면 그저 화단을 표시한 것일까? 상세도가 그려지지 않은 도면은 정확한 해답을 주지 못한다. 이제 어디로 가야 할까? 대응접실 서측으로는 연회용 식당이 이어진다. 식당은 서측 편으로 넓은 창을 가진 테라스를 품고 있다. 활짝 열린 문으로 숲의 맑은 바람이 불어왔을 그곳. 여기선 인왕산이 통째로 보였겠다. 산이 눈앞에 가까이 있다.

식당은 서측 테라스와 북측 당구실로 연결된다. 이곳은 남성 손님들의 사교실 겸 휴게실이다. 운현궁 양관에는 화장실이 없었다는데, 벽수산장에는 층마다 변소가 있다. 손님들은 탑신의 계단실을 이용하겠지만 도면은 조그맣고 비밀스런 계단이 있음을 보여준다. 이층으로 올라가면 북측을 향한 작은 방들이 나란히 있다. 부인 손님들의 휴게실이다. 북측으로 아기자기한 창이 나 있는 이유는 윤 자작의 드넓은 영지를 바라보게 하기 위함이다. 색색 가지 꽃나무와 연못, 커다란 한옥이 인왕산의 한 자락을 배경으로 펼쳐진다. 한옥은 일가가 생활하는 공간이며, 그중에서도 기단을 높이 올려 지은 별당채가 윤덕영의 사랑채인 일양정이다.

양관은 드넓은 윤 자작 영지에 진입하는 첫 관문일 뿐 전부가 아니었다. 양관의 공사가 난항을 거듭할 동안 윤덕영은 사랑채인 일양정과 송석원 일대를 꾸몄고, 송석원 일대의 이야기와 풍경을 담은 글 16편을 추려 『벽수산장일람』이라는 문집을 남겼다.[17] 문집에는 윤덕영이 쓴 「일양정십팔영(일양정에서 즐길 18가지의 아름다운 풍경)」을 비롯해서, 윤용구, 김학진, 민병석 등이 쓴 벽수산장 예찬이 실렸는데, 대부분의 내용이 일양정과 정원에 치중하고 있어서 역설적으로 양관 공사가 얼마나 길고 혼란스럽게 지속되었는지 알게 한다.

1935년에 제작된 홍만자회관 도면은 양관이 조선 지부 회관으로 사용되면서 크고 작은 수선을 하느라 그려진 것 같았다. 내부 평면도는 1914년의 것과 거의 동일하지만 공간 표시는 하지 않았고, 지붕층만 독특한 공간 표시가 있다. 붙박이 가구인지 종교적으로 필요한 공간인지는 알 수 없다.

> 이 조선 주회 창설에 제하여는 주석회장 윤 자작의 희생적 노력과 공헌이 많아서, 회관은 물론이며 이에 대한 모든 경비도 씨의 사재를 기울이고 있어 벌써 만여 원의 거액을 던졌다고 한다. 나는 복령감副令監 되는 윤상섭 씨에게서 이상의 여러 가지 말을 들은 다음 '도원'(홍만자회를 이끄는 중심 세력)의 안내를 받아 구경할 기회를 얻었다. 조심성 있는 발자국을 살금살금 옮겨놓으면서 2층으로 올라갔다. 웅장하고 미려하게 꾸며진 실내는 너무나 으리으리하여 처음으로 보는 나의 마음을 저절로 경건하게 한다. 마치 희랍의 궁전과도 같은 이 넓고 크고, 웅장한 방 안에는 다만 고요히 향기로운 향불만이 성전 앞에서 곡선을 그리며 기어오르고 그 앞자리에는 하얀 칠십 노인 한 분이 선심수도의 천국을 머릿속에 그리며 염주를 비비적거릴 뿐이다.
>
> ─「윤덕영 별장에 날리는 홍만자기」, 『삼천리』, 1935년 12월호

벽수산장은 오랫동안 사람들의 기억 속에 존재했다. 영화에 무심히 등장하기도 하고 동네 사람들이 옥상에서 혹은 인왕산을 오르다가 찍은 사진에도 조그맣게 담겼다. 1965년부터 3년간 국제연합한국통일부흥위원회 언커크UNCURK가 사용하면서는 언커크 건물로 통

벽수산장은 국제연합한국통일부흥위원회인 언커크가 사무실로 사용하던 중 1966년 4월 5일 식목일에 발생한 화
재로 3층과 지붕이 무너지는 대형 참사를 겪었다. 흉물로 방치되다가 1973년 6월에 완전히 철거되었다.
(사진 자료: 국가기록원)

칭되었다. 주변의 길도 언커크길이라 불렸다. 언커크는 세간에 불리기로 엉커크가 되었다가 엉컹크도 되었다가, 부르는 이름도 가지각색이었다. 이렇게 부르면서 떠올리는 인상과 감각도 제각각이었다. 공교롭게도 1966년 4월 5일 식목일에 발생한 화재로 언커크는 지붕 층이 순식간에 불타버렸다. 건물은 거대한 농담처럼 무너져 내렸다.

윤덕영 사후 차곡차곡 해체된 영지는 그가 경멸했던 보통 사람들의 일상 공간이 되었다. 드넓은 정원과 한옥은 양관보다 먼저 총총히 사라졌다. 그곳에는 등고선을 따라 휘돌아가는 골목이 층층이 닦였고 평평하게 고른 땅 위에 담담하게 선이 그어지고 집들이 들어왔다. 윤덕영의 소실인 이성녀가 살던 한옥만이 낡은 채로 시간의 무게를 겨우 지탱하고 있다.

양관은 지어지면서부터 도시 괴담이었고 사라진 뒤에는 또 다른 전설이 되었다. 박노수 화백이 오랫동안 살다가 종로구에서 매입하여 미술관으로 사용하는 이층 가옥도 윤덕영 가와 연결된 이야기가 존재하지만 모든 이야기는 흐릿하다. 윤덕영이 금지옥엽으로 귀하게 키운 딸 윤성섭과 사위 김덕현을 위해 지어준 집이라고도 하고, 김덕현의 소유이긴 하지만 윤덕영이 비밀스럽게 초대한 인사들에게 제공해온 집이라고도 한다.

옥인동을 걷다 보면 불쑥 튀어나온 기이한 돌기둥이 군데군데 서 있는데 이것이 자동차로 한참 들어가야 하는 양관의 면 정문이 있던 흔적이었다는 것도, 교체되며 버려진 교각이나 철거하면서 나온 화강석 기단석이 동네 이웃들이 집을 짓는 데 섞여 들어갔다는 정황도, 이 거대한 농담이 결코 끝나지 않을 거라는 전조처럼 보인다. 도대체 우리의 발아래는 무엇으로 이루어져 있는 걸까? 우리는 과거의 부스러기들이 아슬아슬하게 지탱하는 세계에 서 있는 것은 아닐까?

부재하는 전설이 뿜어내는 환영 속에서 우리는 살아간다. 환영은 일그러진 채로 흐린 빛을 뿌리며 그들과 우리를, 거기와 여기를 잇는다. 그들은 거기에 있고 우리는 여기에 있는데, 거기와 여기는 하나의 세상이다.

운현궁과 양관.
양관은 운현궁과 별개의 존재인 듯 서 있다. 나란히 서 있으면서도 서로 무관한 사이인 것처럼. 양관은 고고하고 고독하게 서서 옛 시대와 결별하려는 혹은 옛 시대를 제압하려는 제스처를 취하며 운현궁에 하얀 그림자를 드리운다. 그러나 그 시도는 번번이 실패한다.

운현궁은 많은 생활유물을 보유하고 있다. 그 유물들이 운현궁을 채웠을 당시를 상상할 수 있을 만큼. 현재 원래의 유물은 서울역사박물관이 관리하고 있으며 이 공간에 놓인 것, 유물 전시관의 전시품은 모두 복제품이다. 공간에 한두 점 놓인 복제품은 그런대로 운치가 있다. 추사의 글씨가 걸린 노안당은 흥선대원군의 사랑채다.

백인제 가옥.
처음 가회동 지도에 이름을 올린 사람들 중 한상룡만이 그의 옛집이 남아 있다. 안채와 사랑채가 연결되며 서양식
으로 꾸민 사랑대청과 이층방 등 색다른 공간을 가진 상류층 한옥이다. 후원을 지나 집의 가장 높은 곳에 자리한
별당(앞쪽)은 집주인이 특별히 아끼던 공간이다. 몇몇의 소유주를 거친 뒤 외과의사 백인제가 1939년부터 주인이
되어 그의 일가가 살았다.
안채의 접합부에 이층방을 올려 색다른 구조의 아름다움을 보여준다. 그 아래에는 안채와 사랑채가 작은 방(오른
쪽 위)을 통해서 은밀하게 만난다. 서양식으로 꾸민 사랑대청(오른쪽 아래)은 넓은 후원을 향해 열려 있다.

집 안으로 들어가자 식당과 응접실을 겸한 방이 제일 먼저 나왔다. 천장은 하얀 석회를 발랐고 서까래들이 걸으로 드러나 있었다. 또 벽돌을 따라 일정한 간격으로 늘어선 기둥들은 지붕을 지탱하는 거대한 대들보들을 떠받치고 있었다. 방 한쪽 끝에는 화려한 열 폭 병풍이 놓여 있었는데 외풍을 거뜬히 막아낼 만큼 높았다. 브루스는 커다란 돈 궤짝을 책상으로 쓰고 있었다.

"돈 궤짝이라고요?" 내가 놀라서 소리쳤다. "저렇게 큰 게요?"

"그래요. 저렇게 큰 걸 쓴다오. 조선에는 일본인들이 들어오기 전까지 지폐가 없었고, 그래서 양반들은 돈 궤짝을 주문해서 만들어 그 안에다 줄로 꿴 엽전 꾸러미를 보관했다오. 그 엽전의 가치는 미국 돈으로 환산하면 25센트 정도일까. 대부분의 돈 궤짝에는 비밀 서랍도 달려 있고 놋쇠로 된 장식 등 제각각 모양이 달라요."

—메리 린리 테일러, 『호박 목걸이』

조선단스를 들일까, 모던 캐비닛을 들일까

5

모던 가구가 집에 들어올 때

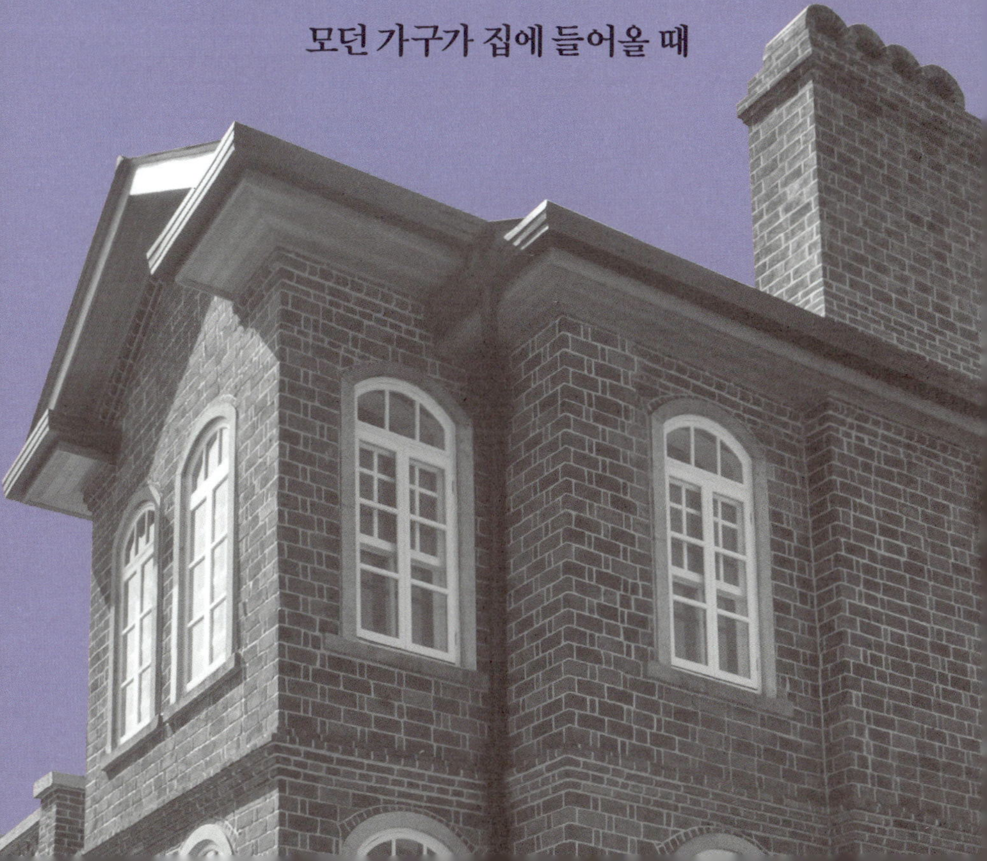

미국 공사도 앉고
조선 귀족도 앉던 등나무 의자

　응접실과 거실은 같지 않다. 응접실은 손님을 접객하는 곳이며, 거실(생활실)은 가족이 따로 또 같이 생활에 필요한 활동을 하는 곳이다. 거실은 실내의 사적인 영역에 넓게 형성되고 응접실은 현관과 가까운 곳에 아담하게 구성된다.

　그러므로 내가 보고 있는 사진은 응접실이 틀림없다. 현관문과 가까운 모퉁이 공간이다. 두 개의 마주 보는 큰 창으로 바깥 공기가 자유롭게 흐른다. 세 개의 등나무 의자와 짝을 이룬 작은 원형 테이블은 만남의 기대와 속삭임의 시간을 상상하게 한다. 창밖으로 보이는 담 너머 울창하게 우거진 숲의 풍경이 장식을 거의 하지 않은 매끈한 공간에 한층 깊은 질감을 부여한다. 목재 장식을 한 천장에 걸린 팬던트 조명에서 간결하면서도 확고한 취향이 엿보인다.

　이 사진은 건축 전문지 『조선과 건축』에 실린 주택의 내부를 찍은 것이다. 1920년대 경성에 지어진 서양식 주택, 그러니까 문화주택이다. 사진에는 기사에 딸린 도면이나 외부 전경 사진이 말해주지 않는 몇 가지 매혹적인 요소가 있다. 내부에 흘러들어온 빛과 그림자가 공간에 어떤 분위기를 드리우는지, 실제로 이 공간이 어떻게 장식되고 사용되는지. 그리고 의외의 아이템인 등나무 의자.

　이케아 카탈로그에서 본 것과 비슷한 라탄 의자가 어째서 백 년 가

1920년대 문화주택의 응접실에 놓인 등나무 의자. 지금 사용하는 라탄 의자와 그리 다르지 않다. 이 의자는 이대로 완결된 디자인일까?

까운 과거의 응접실에 놓여 있을까? 다리의 구조를 튼튼하게 잡은 것과 팔걸이에 장식을 더한 것, 그것만 다를 뿐 형태도 만듦새도 닮았다. 무수히 나타났다가 사라지는 의자들 중에서 라탄 의자만큼은 이대로 완성형이고 완결된 형태라는 뜻일까?

라탄은 동남아시아 쪽 무더운 곳에서 자라는 야자과의 나무로 우리가 등나무라 부르는 덩굴 식물이다. 질기고 밀도가 좋아서 그 지역에서는 오래전부터 물건을 만드는 데 사용되었다고 한다. 등나무를 켜서 실처럼 만든 것을 케인이라고 한다. 등나무 가구도 케인을 활용하여 엮고 짜서 만든다.

그런데 내가 기억하는 등나무 의자는 훨씬 더 볼륨이 크고 글래머러스하다. 케인을 뭉텅이로 잡아서 구부린 것처럼 육중하고, 등받이와 팔걸이가 몸을 충분히 기댈 수 있을 만큼 크고 넓었다. 등받이 부분의 장식은 부풀어 오른 덩굴이 거대한 꽃잎을 활짝 연 것처럼 보였고, 좌석을 지지하는 하단부도 둥글게 감은 굵은 원형 기둥의 형태였다.

1990년이 시작되면서 우리 집에 갑자기 등나무 소파가 등장했다. 하부 지지대에 곡목 무늬를 다양하게 짜 넣어 의외로 단단하고 육중했다. 등받이 부분에 나무의 휨을 활용해 여러 겹의 동그라미 무늬를 넣었는데, 덩굴이 뻗어 나간 것을 표현한 것 같았다. 색깔은 피부 빛깔과 닮아 노르스름했다. 소파 위에는 길고 푹신한 매트가 깔렸다.

우리 집 등나무 소파는 매트를 일찌감치 갈아치운 뒤로 적당한 매트를 얹지 못했다. 식구들은 딱딱한 소파를 불편해하면서도 거실 중앙에 놓인 그 물건을 계속 사용할 수밖에 없었다. 그럴 때는 온 식구가 침묵하는 짐승의 척추에 올라탄 양 불편하게 앉아서 매우 겸손한 자세로 텔레비전을 시청했다. 죽어가는 식물도 살려내는 어머니가 아끼던 키 큰 화분이 소파의 좌측에 놓여 있고, 소파 뒷벽에는 가로로 기다란 먹글씨 액자—정확히 기억나지 않지만 공수래공수거 정도의 삶을 관조하는 내용이었던 것 같다—가 걸려 있었다. 우리 집 분위기와 조화롭지는 않더라도 이국적인 풍모를 상기시켜줄 정도는 되었던 등나무 소파는 창백한 형광등 불빛 아래에서는 그 밝은 기운마저도 잃어버렸다. 나는 이 사물을 아무래도 좋아할 수가 없었다. 그럼에도 노르스름하게 빛나던 등가구는 가족사진의 배경으로 종종 등장했고 아이러니하게도 내 기억에 오랫동안 남게 되었다.

자개 장롱과 응접 세트는 어머니가 오랫동안 원했던 가구였다. 자개 장롱은 이불장과 옷장 등 세 짝이 한 세트다. 흔히 검은 칠을 한 장롱의 문에 오팔 빛 자개로 백학도나 공작도, 혹은 산수화가 그려져 있다. 자개농은 수십 년간 가정 경영을 잘해온 안주인에 대한 포상의 개념이 포함되어 있었다. 어머니는 아직은 자개농을 살 때가 아니라고 판단했던지 낡은 원목 장롱을 결국 교체하지 못했다. 거실이 좁아 응접 세트에서 소파만 가져와야 했을 때 타협안으로 선택한 것이 등나무 소파였다. 어머니의 희망과 욕망에는 절반도 미치지 못하지만 이집에 작은 광채라도 담아두려는 생각이었을 것이다.

뉴스 라이브러리에서 검색해보니 등가구는 꽤 오래전부터 등장했다. 우리에게도 '버들고리'라고 불리는, 버드나무 줄기를 정련하여 엮고 짜서 만든 생활용품이 존재했고 그래서 등가구의 유입이 어색하지 않았던 것 같다. 개화기에 들어온 외국인 인사들의 집에도 등나무 의자는 없어서는 안 되는 물품이었는데 주로 정원이나 테라스에 놓여 자연의 기분을 느끼게 해주었다. 궁궐에서도 왕실 가족들이 등나무 의자에 앉아 있는 사진이 종종 있다.

1960년대에는 여름철 가구의 대표 주자로 등가구가 자주 소개되었다. 주로 싱가포르나 인도네시아 등지에서 수입해 오는 품목이었다. 그러다가 1980년대가 되면 신문에 등가구 수입 제작회사의 광고가 번번하게 등장할 정도로 수요가 늘었다. 현지 공장에서 반제품을 들여와 국내에서 완성하여 보급하는 방식이었는데, 그러다 보니 국내 소비자의 취향을 직접 반영할 수 있었다. 이왕 들여놓을 가구라면 크고 화려하게 말이다. 마호가니나 티크 원목처럼 짙고 고풍스런 색을 칠하기도 했다. 등가구는 고급 가구로 취급되어 고전 가구, 한식 가구로 불리던 묵직한 목가구와 경쟁 구도에 놓이게 된다.

대단지 아파트가 보급되던 1980년대를 통과하면서 응접 세트는 폭발적인 수요를 기록한다. 신축 아파트에 입주할 때 응접 세트는 필수 품목이었다. 입주자들은 돈 좀 썼다는 기분이 들게 하는 가구를 원했다. 화려한 공예품을 방불케 하는 등가구가 어쩌다 우리 집까지 들어오게 되었나 했더니, 이런 역사가 존재했다. 요즘 유행하는 자연스러운 라탄 가구와는 사뭇 달랐던 기묘한 등가구의 시대였다.

한편 등나무 의자는 이런 이미지도 갖고 있다. 꼬인 섬유의 부드러움, 몸의 움직임에 따라 부드러운 굴곡을 만드는 탄성, 나무와 나무를 직조하면서 생긴 틈이 만들어낸 무늬, 햇볕 아래 놓여 있을 땐 그 틈으로 빛이 통과하고, 비 오는 날엔 빗물이 통과하는 결.

프랑스령 베트남을 배경으로 하는 마르그리트 뒤라스의 소설에서 두 주인공이 격렬한 정사를 끝낸 뒤에 서로 무심해진 채로 더위를 식히며 앉아 있을 법한 의자, 휴일 대낮에 반쯤 기대고 반쯤은 누워 휴식하는 의자, 다리를 꼰 채 담배를 태우는 휴양지 호텔의 의자, 모던하고 도시적인 삶과 동떨어진 나른하고 관능적인 의자.

개화기에 도입된 등나무 의자는 그 환상에 부합하는 사물이 틀림없었다. 독일 공사 묄렌도르프 Paul Georg von Möllendorff, 미국 공사 푸트 Lucius H. Foote, 선교사이자 의사인 호러스 알렌 같은 사람들이 커다란 한옥을 개조한 집에 살면서 이국적인 공간에 어울리는 가구들을 입수해야 했을 때, 테니스 코트나 정원에 놓거나 사무용으로 쓰려고 사들인 의자가 바로 등나무 의자였다. 등가구를 주로 생산하던 곳은 싱가포르와 인도네시아 등 유럽의 지배를 받고 있던 아시아 지역이었기에 유럽인들에게는 동아시아 식민지를 경험하는 이국적인 토산품의 성격이 강했다.

중국에서는 선베드 형의 등나무 의자가 한창 유행이었다. 목구조에 라탄을 엮어 만든, 기대어 눕는 이 가구는 화교를 중심으로 점차 생산지의 영역이 넓어졌다. 홍콩은 등나무 의자의 제작과 수출을 담

오언 니커슨 데니Owen N. Denny는 1886년부터 1890년까지 고종의 고문관이자 외교 고문으로 서울에 머물렀다. '데니 문서'는 오리건 대학교 도서관에 기증된 오언 데니의 서한철 중 아시아와 한국 정세에 관해 서술한 편지들을 모은 것으로 19세기 말엽 서울에 머물 당시의 사진들이 수록되어 있다.
(사진 자료: '데니 문서', 『한국사료총서』 제28집, 국사편찬위원회)

1   오언 데니 부부와 관계자들은 한옥을 자신들이 사용하기 편리하도록 고쳐 썼다. 건물의 뒤쪽 전체에 유리문을 달아 방한에 대비하고 활용도를 높였다.

2   집 밖으로 유리를 내어 달아 온실 테라스로 활용했다. 툇마루와 테라스에 놓인 등나무 의자는 집의 분위기와 잘 어울린다.

당하는 항구였다. 음료를 놓을 수 있는 팔걸이가 추가되자 등나무 의자는 기선의 갑판이나 호텔, 리조트, 남성들의 사교 장소인 흡연실 등에 놓여 사치스럽고 이국적인 감성을 자아냈다.[1]

등나무 의자의 공예적인 만듦새는 매혹적인 예술의 하나가 되었다. 비교적 가벼워서 야외에도 둘 수 있도록 옮기기 쉽고 실용성마저 겸비한 등나무 의자는 해외 물품을 수입하는 무역상을 통해 수입되어 외국인들이 개조한 한옥에 놓였다. 그리고 부임지를 떠나는 사람의 손에서 새로 부임한 사람의 손으로 이 집 저 집으로 옮겨 다녔다. 야외에서 단체 기념사진을 찍을 때도, 커다란 목재 세공의 책상에서 사무를 볼 때도 등나무 의자에 앉았다.

서양 가구가 보급되던 1910년의 일본에서도 등나무 의자는 주력 상품이었다. 식민지로 삼았던 대만에서 제작된 등나무 의자가 대량 유입되었다. 등나무 의자는 목재 의자보다 가벼워서 다다미 바닥이 상하지 않았고 재질도 다다미와 조화를 이루었다. 물론 저렴한 비용으로 한 세트를 장만할 수 있다는 장점도 있었다. 관동 대지진 이후 준공된 도준카이同潤会 아파트에 미쓰코시 백화점 가구부에서 제작한 등나무 가구가 놓인 응접실의 풍경은 생활 개선을 성공적으로 달성한 모던한 삶을 상징하는 장면이었다.[2]

이 장면은 경성에도 그대로 유입되어 일본인들이 주로 선택한 문화주택 응접실에 그대로 복사-붙이기 과정을 이어 갔다. 개화기의 외국인들이 상류층 한옥에 어울리면서도 이국적인 정취를 풍기는 예

기념사진을 찍을 때도 등나무 의자에 앉았다. 흰색 슈트를 입은 이재완가, 민영환가의 청년들. (사진 자료: 『북촌 열한 집의 기억』, 서울역사박물관)

술적인 공예품으로 들여온 등나무 의자는 일제강점기에는 마루와 다다미에 친화적인 문화적인 산물로서 집의 공간을 장식했다.

어둠이 짙게 내리는 저녁이면 등나무 의자에 모여 앉아 축음기에서 흘러나오는 클래식 음악을 들으면서 외가인 함경북도 경성에서 보내온 사과로 어머니께서 손수 만든 애플소스를 먹으며 단란한 시간을 보내기도 했다. 당시 집에는 클래식 음악을 좋아하셨던 부모님께서 수집하셨던 레코드가 많았는데 아버지께서는 특히 글씨가 금박으로 새겨져 있는 모차르트 앨범 중 바이올린 소나타를 즐겨 들으셨고 기분이 좋으시면 집에서 어머니가 만든 포도주를 큰 유리잔에 조금 붓고는 향기를 음미하면서 마시곤 하셨다.[3]

이효석의 등나무 의자. 그것은 내가 경험한 기이한 혼종의 사물도 아니고 이국적인 공예품도 아닌, 벽돌집과 클래식 음악, 애플소스와 포도주로 이어지는 모던 문화의 산물이었다.

돈궤에서 책상으로
변모한 반닫이

미국 공사관에 둘 새로운 가구가 필요할 때 호러스 알렌은 어떻게 했을까? 가구 카탈로그에서 목록을 작성하여 미국의 통신판매회사인 몽고메리워드 사에 주문을 넣거나 한국에 개점한 무역회사로부터 입수했을 것이다. 그러나 재력과 기회를 갖지 못한 많은 서양인들, 예컨대 선교사들은 고국에서 가구를 실어 오거나 부족한 가구들을 현지에서 조달해야 하는 상황이었다. 배에 실려 몇 달에 걸쳐 바다를 건너와 한반도의 이 도시 저 도시를 거쳐 온 서양 가구들은 새로운 물건에 유난히 호기심이 많은 한국인들의 마음을 빼앗았다. '물 건너온 것'의 시작이었다.

의자는 높으신 분들이 엄한 명령을 내릴 때 착석하는 것이었으니 양반가에서도 갖지 못한 물건이고, 스프링이 달린 침대나 다리가 긴 테이블은 '대체 어디에 쓰는 물건인고' 싶었을 것이다. 가장 신기한 것은 피아노와 뮤직박스 같은 음악을 들려주는 사치품들이었다. 이 먼 곳까지 가져온 것들이라면 기능이나 사용 빈도와 무관하게 서양인의 삶에 반드시 필요한 것들이겠다.

아무나 갖기 어려운 서양 물건, 그중에서도 가구는 돈 좀 있다는 조선 귀족이라면 놓칠 수 없었다. 서울에는 이들에 서양 물건을 조달해줄 무역 상점들―스튜어드 상회, 타운젠트 상회, 세창양행, 이화양행 등―이 포진해 있었다. 마찬가지로 한국에 살게 된 외국인들에게도 전통 반닫이와 삼층장은 꽤 매력적으로 다가왔다. 일단 가격이 놀라울 정도로 쌌고, 전통 장인들의 솜씨는 아무리 난장에 나왔기로서니 예사롭지 않았다. 이렇듯 서양식 가구는 한국인에게, 전통 가구는 서양인들에게 호기심과 미적 목적, 과시용 목적에 부합되어 서로의 집을 채우며 서로 다른 문화끼리의 충돌과 화합을 선명하게 보여주었다.

장전(장을 파는 시장)은 외국인들이 자주 다니는 곳에 열렸다. 각국 공사관들이 즐비한 정동은 '캐비닛 스트리트'라고 불렸는데, 이는 중의적인 표현으로 '정치의 거리'라는 의미도 있었지만 말 그대로 장롱을 파는 거리라는 뜻도 있었다. 이 시기 장전은 장인이 상품의 제작과 판매를 도맡아 하던 종래의 방식에서 벗어나 있었다. 시장 상인들은 가구 공장을 세워 특수 분야의 장인을 흡수했고 필요한 물건을 신속하게 제작할 수 있었는데, 이렇게 해서 외국인 소비자의 취향과 필요에 맞춘 가구를 내놓을 수 있었다.

영국 공관 쪽에 펼쳐졌던 캐비닛 스트리트는 경운궁(덕수궁)이 대한제국의 정궁이 되고 정동이 정치의 중심지가 되면서 하나둘 사라졌다가 종로에서 새로운 활로를 찾았다. 1920년대 이후로는 수납장이 필요하면 물어볼 필요도 없이 인사동으로 가면 됐다. 지금도 인사동 하면 전통 상점 거리로 인식하는 것처럼 말이다.

딜쿠샤의 주인으로 잘 알려진 앨버트 테일러는 광산업자이자 무역상이었다. 그는 정동에서 멀지 않은 곳에 동생 윌리엄과 공동으로 운영하는 테일러 상회를 개점했다. 태평로점은 외국 수입품을, 소공동 쪽에 있던 지점은 조선 전통 공예품을 판매 품목으로 다루었다. 테일러 상회가 수입한 물품 목록을 살펴보면, 언더우드 타자기, 에번스

만년필, 에버 샤프펜슬, 화이트앤위코프White & Wyckoff 사의 문구류, 크라운앤애드레이크Crown and Adlake 자전거, 빅트롤라 축음기, 라이온앤힐리 피아노, 에스티 오르간, 싱어 재봉틀 등이 있었는데, 실용적인 물품이나 생활 밀착형 필수품이 판매 목록에 길게 적혔다.

테일러 상회는 통신판매회사인 몽고메리워드 사의 구매 대행을 담당했으며 자동차 딜러로도 활동하여 포드 자동차와 GM의 시보레 자동차도 들여왔고, 퍼시픽 메일 증기선의 선편 예약과 보험 업무 등도 취급했다.[4] 그러니 한국에 온 구미인들이 일상생활을 영위하려면 반드시 거쳐야 할 곳이기도 했다. 고국에서 온 물품으로 고국과 닮은 생활을 이어 가던 외국인들 말고도 진기한 보물로 채워진 분더카머를 사랑하는 조선의 모던 인사들을 떠올리는 일도 그리 어렵지 않다. 정교한 기계 미학을 장착한 일상 예술품을 정기적으로 시찰하고 구매했을 그들.

테일러 형제가 조선 특산물을 판매하는 "테일러의 옛 골동품 상점Tayler's Ye Olde Curio Shop'을 운영한 것은 매우 흥미로운 지점이다. 한국을 방문한 여행객이나 외국인 거주자들 을 주고객으로 전통 고가구를 판매했다. 당시 널리 보급된 전통 수납 가구로는 삼층장, 의걸이장, 반닫이가 대표적이다. 삼층장은 옷장, 반닫이는 수납장으로 두 가지 모두 안방에 놓이던 가장 클래식한 가구 품목이다. 장은 옆판이 하나의 큰 판으로 된 의류 수납함이며 정면의 여닫이문으로 물건을 넣는다. 단층장에서 오층장까지 있고, 방이 크고 천장이 높아야 높은 층의 장을 들일 수 있다는 점에서 집 안의 규모를 간파하게 해준다.

우리는 장롱이라고 부르지만 장과 농은 엄밀히 다르다. 농은 층이 분리되는 수납함으로 두 단으로 포개어 놓는다. 계절별로 옷을 구분해 넣어두면 계절이 바뀔 때마다 위짝 아래짝을 바꿔 사용할 수 있었다. 가구가 개조되고 변화되면서 장과 농이 합쳐졌고 이름도 아예 장롱으로 붙어버린 것이다.

또 다른 흥미로운 가구는 의걸이장이다. 관복과 같은 긴 옷을 접지 않고 걸 수 있도록 장 속에 횃대를 넣은 것이며, 지금의 옷장과 매우 닮았다. 상부와 하부가 나뉘어 다양한 옷을 수납할 수 있었다. 이 디자인은 내부가 나뉘고 문 안이나 밖에 긴 거울을 부착한 모던 의류장의 등장을 예고하고 있었다.

반닫이는 앞면의 위쪽을 문짝처럼 만들어 쉽게 여닫을 수 있는 다용도 수납함이다. 반닫이 상부는 김유방이 지적한 것처럼 오색 비단이불을 올려놓으며 부유함을 과시할 수도 있었고, 항아리나 작은 장식품을 놓아두며 취향을 보여주기에도 좋았다. 엽전을 넣어두었다고 해서 '돈궤'라 불리기도 했는데, 이는 반닫이에 가득 채울 만큼 돈이 많기를 욕망하면서 붙인 별명이 아니었을까? 테일러 상회는 돈궤에 착안하여 반닫이를 '캐시 박스'라고 부르며 서양인들의 호기심을 자극했다.

테일러 상회는 전통 가구를 그대로 들여와 파는 것이 아니라, 서구인들의 생활에 맞게 제작한 제품들을 판매했다. 이 과정에서 흥미로운 형태들이 도출되었다. 이층장 형식의 반닫이의 앞문을 90도로 열어 고정해 책상으로 쓸 수 있도록 한 서양식 책상, 즉 뷔로 스타일로 재구성한 모던 캐비닛을 만든 것이다. 프랑스 가정에서 종종 뷔로를 볼 때마다 매우 짜임새 있는 매력적인 가구라고 생각했는데, 반닫이를 뷔로로 변용하는 기발함이 놀랍기만 하다. 위에서 아래로 내리는 문의 구조에서 발전한 창의적인 아이디어는 서로 다른 기능의 가구를 하나로 혼합했다. 그리하여 내부에도 쓰임새 있게 서랍장을 설치해 한 치의 자투리도 없이 모든 공간을 쓸모 있게 만들겠다는 모던의 기능주의를 표현해냈다.

반닫이 뷔로는 테일러 상회의 인기 상품이었으니, 어쩌면 해외로 배송된 반닫이 뷔로가 낯선 도시의 작은 박물관에서 조촐한 조명을 받으며 전시대에 놓여 있을지도 모르겠다. 테일러 상회에서 소개한 또 다른 모던 반닫이는 '포퓰러 캐비닛'이라 불렀는데, 정면에 달린 문을 양쪽으로 열면 약장처럼 서랍이 잔뜩 달린 수납장이 나오는 형태다. 금고와 닮아서 귀중품을 보관하기에 적격이었다.[5]

반닫이는 우리 생활에서 가장 중요한 생활 가구이며 가장 널리 활용되어온 만큼 시대에 따라 흥미로운 변화상을 보여주었다. 1950년대에는 한 단짜리 반닫이를 활용해 상부는 경첩이 달린 뚜껑처럼 만들거나 중앙에 여닫이문을 달아 이동이 간편한 수납함으로 바꾸었다. 한국에 주둔한 미군들의 트렁크에 착안해서 이런 형태가 등장했다고 하니, 진정 모던 캐비닛답게 재빠른 적용력을 보여주는 아이템

이었다.[6]

메리 린리 테일러가 한국 생활을 회고하며 쓴 『호박 목걸이』에도 테일러 상점과 테일러 가구를 상세히 설명하고 있다. 테일러 형제 중 형인 앨버트는 해외를 돌며 좋은 물건을 고르는 일을 했고, 서울의 두 상점을 수완 좋게 운영한 것은 동생 윌리엄이었다. 소공동 쪽 지점은 한국인 김주사가 매니저 역할을 했다. 투철한 역사의식과 고완품에 대한 해박한 지식을 가진 그는 테일러 상회에 온 손님들에게 맞춤한 물건을 추천하고 판매하는 일에 적역이었다. 그는 두 이질적인 문화를 중재하는 인물이기도 했다.

메리가 한국에 와서 남편 앨버트와 함께 신혼살림을 시작했을 때는 모든 것이 예상치 못한 것들의 연속이었다. 메리는 평범하게 살아온 유럽 여인이 아니었다. 영국인인 그녀는 어렸을 적부터 인도에 근무하는 친척들에게 동방에 대한 이야기를 들으며 먼 곳으로 가는 꿈을 꾸었고, 연극배우로 활동할 때는 대양을 넘나들며 모험심을 키웠다. 인도의 딜쿠샤 유적은 메리의 마음에 실로 경이로운 인상을 남겼다. '기쁜 마음의 궁전'이라는 뜻을 가진 딜쿠샤는 허물어져 폐허가 된 역사적 장소였다. 메리는 돌 더미가 되어버린 딜쿠샤를 하나의 완결된 세계로 가슴속에 간직할 줄 알았다. 일본의 가마쿠라에 세워진 거대한 석불의 신성함과 후지산의 고요한 아름다움에 감탄할 줄도 알았다. 그러나 동경하고 좋아하는 것과 일생생활의 터전으로 하루, 일 년, 평생을 살아간다는 것은 다른 문제였다.

행촌동 언덕에 붉은 벽돌집 딜쿠샤를 짓기 전까지 테일러 부부는 서대문 근처의 한옥에서 살았다. '리틀 그레이 홈'이라고 불렸던 그 집은 한국 생활이 무엇인지 여실히 알려주었다. 집은 어수선하고 다채로웠다. 내부의 벽을 철거하여 크게 넓힌 거실 천장에는 검은 서까래가 갈비뼈처럼 드러났고, 미국에서 수입한 1890년대 철제 침대와 놋쇠 장식이 가득한 조선의 골동품 가구가 뒤섞여 있었다. 그리고 집은 놀랍도록 비이성적이었다. 나무 상자가 뒤집혀 놓여 있는 화장실이나 천막으로 위를 가려놓은 욕실에는 기겁할 수밖에 없었고 모두 '김씨'라 불리는 하인들을 어떻게 구분해야 할지도 난감했다.

메리가 고국에서 사용하던 물건들로 집을 채워 삶의 모양새를 유지하려고 애쓸 때, 앨버트는 그녀를 자신의 골동품 상점으로 안내했다. 그곳에서 메리는 김주사를 처음 만났다. "그의 조언은 우리 서양인들이 한국 생활을 하는 데 큰 도움이 된다오." 앨버트의 설명은 과장이 아니었다. 앨버트에 따르면, 김주사(본명은 김상언이다)는 진지한 학자이며, 열렬한 애국자이고, 서구 사상에도 해박한 인물이었다. 메리는 김주사가 호박 단추로 앞을 여민 마고자와 통 넓은 한복 바지를 입었고 손목에 커다란 시계를 찬 독특한 인사였다고 기억했다.

그날 메리는 김주사로부터 많은 이야기를 전해 들었다. 골동품 상점의 벽에 걸린 수많은 초상화에 대해서, 그 인물들이 깔고 앉은 호랑이 가죽에 대해서, 먼먼 시절 호랑이와 곰이 동굴에 갇혀 쑥과 마늘을 먹던 사연에 대해서, 사절단의 일행으로 다녀온 그의 미국 경험에 대해서, 그리고 개화의 바람이 사그라들고 일제의 압박을 받는 지금의 조선에 대해서…….

　처음에는 서구 사상에 자극을 받은 듯했던 임금과 신하와 백성들은 다시 옛날 방식으로 후퇴했고, 우리가 할 수 있는 일은 아무것도 없었습니다. 그래서 우리는 때만 기다리다가 이렇게 나이가 들어버렸지요.[7]

　그런 이야기를 듣고 난 후 메리의 생각은 이전과 같지 않았다. 그때부터 이 장소와 시간에 대한 이해가 달라지기 시작했다.

　한국에서 살아가는 서양인은 한 세계와 다른 세계의 중간자로 서 있을 수밖에 없었다. 김주사 역시 서로 다른 세계를 이어주는 중간자로서 그들에게 새로운 시각을 일깨워주었다. 이쪽과 저쪽의 사이에 놓여 이쪽과 저쪽을 모두 바라볼 줄 아는 시선을 가진 자, 그것은 매혹적인 자리다. 미국으로 돌아간 메리는 한국 생활에 대한 책을 쓰고 다른 세상의 사람들에게 한국에 대해, 그들의 집과 삶인 딜쿠샤에 대해 이야기하기 시작했다. 이런 방식으로 스스로 또 다른 중간자의 위치에 섰던 것이다.

　행촌동 은행나무 앞 붉은 벽돌집 딜쿠샤는 한 이방인 가족의 서울살이를 보여주는 집으로 재탄생했다. 딜쿠샤는 오랫동안 많은 사람들이 거쳐 가면서 크게 훼손되었고 오랜 논의와 복원 과정을 통해

테일러 가족의 집은 다양한 나라에서 온 다채로운 가구들로 채워졌다. 한국 전통 가구는 중요하게 놓여 이방인의 집과 삶을 이어주었다. 반닫이와 장은 서양식 구조로 변주해 사용하기도 했다. (사진 자료: 『딜쿠샤와 호박 목걸이』, 서울역사박물관)

작은 하우스 뮤지엄으로 꾸며질 수 있었다. 앨버트 테일러의 많은 활동들—3·1운동과 고종 임금의 국장 장례를 해외에 널리 알린 일도 포함해서—과 메리 테일러가 그림으로 재현한 한국인의 모습과 풍경들이 그곳에 있다.

딜쿠샤가 하우스 뮤지엄이 될 수 있었던 것은 메리 린리 테일러가 어려운 상황에서도 간직했던 수많은 사진들 덕분이었다. 다양한 가구로 채워진 집의 곳곳을 사진으로 남겨두었고 어떤 가구들이 어디에 놓였는지를 꼼꼼히 기록했다. 비록 그들이 사용했던 실제 가구는 남아 있지 않으나 사진으로 남긴 가구들과 같은 회사의 비슷한 시기에 선보인 가구, 형태적으로 닮은 가구로 꾸며 이방인의 서울살이에 최대한 근접한 분위기를 연출했다. 당시의 가구 브랜드 카탈로그를 샅샅이 살펴 가장 비슷한 것을 찾아냈고 한국 전통 가구는 장인의 솜씨로 재현해내기도 했다. 자수 장인이 곱게 수놓은 병풍과 주칠 장인의 손으로 재현한 원형 소반, 단아한 삼층장은 상류층의 한옥을 떠올리게 하는 귀족적인 풍모를 갖고 있었다.

그러나 두 세계의 중간자 역할을 자처했던 이 가족이 창조하고 사용했던 혼종의 가구인 모던 캐비닛을 들여놓지는 못했다. 책상과 수납을 동시에 담아낸 반닫이 뷔로와 귀중품 서랍장이 층층이 달린 포퓰러 캐비닛, 나는 이 두 가구가 딜쿠샤의 내밀한 풍경을 서술하는 강력한 매개체라고 생각한다. 그리고 이 두 가구로부터 딜쿠샤의 이야기는 새로 적힐 가능성이 생긴다.

욕망과 우아함,
그 사이의 조선단스

초대한 집에 닿아서는 문에 서 있는 아이 보고 안주인이 있는가 없는가를 물어서는 안 된다. 아무 말 없이 쑥 문 안으로 들어설 것이다. 남자와 여자가 동행했을 때에는 홀에서 남자는 외투와 목도리며 벗을 것을 다 벗고는 여자가 외투와 목도리 같은 것을 벗어 걸을 때까지 기다리고 서 있어야 한다. 그리고 응접실로 들어갈 때에는 여자를 앞세워야 한다. (중략)

주인 부부에게 인사가 끝난 손님들은 방으로 인도를 받는다. 방에서는 여자가 의자에 앉을 때까지 남자는 서 있어야 한다. 이렇게 기다리는 동안에는 먼저 인사를 청할 것 없이 옆에 서 있거나 앉아 있는 사람과 서로 이야기해도 좋다. 그리고 응접실에서 식사 시간을 기다리는 동안에 흔히 '칵테일'이나 '쉐리'를 내어오는 것이 습관인데 이런 것을 받은 때에는 이것을 무슨 약이나 들이마시듯이 단번에 쭉 들여마셔서는 안 된다. 그것은 그 사람의 신경질이나 무지를 폭로하는 것밖에 더 못 된다.

　　　　—청의아생●, 「현대 신사숙녀로서 알아둘 모던 생활 강좌: 초대 예법」, 『조광』, 1936년 1월호

● 청의아생青衣野生은 시인 백석의 필명이다. 백석은 푸른색 옷을 즐겨 입는 당대 최고의 모던 보이였다.

삶이 바뀌면 집이 바뀌고, 새로운 공간은 새로운 가구를 불러들였다. 근대의 집은 새로운 에티켓, 새로운 질서로 물들어갔다. 안방에 놓던 삼층장과 사랑방에 놓던 의걸이장이 장롱 형태로 합쳐져 안방으로 들어온 것과 사랑방이 사라지고 부부가 한방에 동거하게 된 것은 어느 쪽이 먼저였을까? 사라진 사랑방의 역할을 대청마루가 대신하게 된 것은 언제부터였을까? 툇마루에 선베드처럼 등나무 의자가 놓여 그곳에 앉아 해바라기하게 된 것은? 집과 생활 기물의 변화는 그 어느 것이 먼저랄 것 없이 동시다발적으로 발생했다. 그리고 조선 가옥에는 '조선단스^{朝鮮簞笥, 朝鮮だんす}'가 들어와 자리를 차지했다.

단스는 수납 가구를 말하는 일본어다. 일제강점기에 일본 가구회사들이 진출하면서—혹은 일본어가 널리 쓰이면서—수납 가구 전체를 대신하는 용어로 쓰였다. 조선단스라고 해도 일본식 가구의 특성이 반영된 것은 아니었고, 쓰임새 있게 개량된 장롱류를 포괄하는 항목으로 쓰였다. '가구'라는 말도 우리가 예부터 쓰던 용어는 아니었다. 일본의 쇼와 시대에 탄생한 신조어가 우리에게로 건너와 정착된 것이다.[8]

내가 단스란 말을 처음 들었던 것은 시어머니를 통해서였다. 유리문이 달리고 찻잔 등을 넣어두는 장식장을 가리키며 '차단스'라 하셨다. 시댁에서는 오래전부터 통용되던 사물 용어가 내게 와서 의미 불통이 되었다. "아니, 단스를 모른단 말이야? 단스!" 그제야 차단스는 차와 단스가 합쳐진 말이란 걸 알았다.

일본 가구의 또 하나인 다나┃ 棚. たな는 사방탁자처럼 목재 뼈대를 조립한 장식장이다. 전람회에 종종 등장하던 이 가구는 국내에서는 잘 발견되지 않는데, 쉽게 훼손되었을 거란 추측과 함께 널리 보급되지 않았으리라고 본다. 가구 전면에 서랍과 유리 여닫이문을 다양하게 배치해 전통과 모던 양쪽을 오가는 '가케스즈리┃ 掛硯(각게수리, 가께수리 등으로 표기, 일종의 귀중품 금고)'도 수납이라는 기능과 미적 취향을 골고루 만족시킬 아이템이었다.

양가구로는 양복장과 책장, 식기장 등이 조금씩 확산되었다. 책의 형태가 매듭에서 양장으로 바뀌면서 그간 차곡차곡 포개어 책함에 넣어두던 풍습이 사라지고 책을 세워 꽂아놓을 책장이 집으로 들어왔다. 양복장은 상단은 긴 옷을 넣어두고 하단은 서랍으로 구성되어 다양한 옷을 챙겨 넣을 수 있었다. 선반과 각종 식기장들이 들어온 것은 부엌의 개량이 일어난 다음이었다.

한복을 입느냐 양장을 하느냐는 단순히 옷에 국한된 이야기가 아니다. 여기에는 얼마나 개화했는지를 따지는 문제보다 훨씬 복잡한 문제들이 포함되어 있다. 한복을 입는 건 옷감을 사서 옷을 지어 입는다는 뜻이고, 양장을 한다는 건 양복점에서 맞춤옷을 사 입는다는 의미다. 한복에는 어머니, 주부, 침모 등 여성의 노동력이 필요했고, 양장은 전혀 새로운 의류장이 필요했다. 양가구의 하나인 양복장은 전통의 수납장들보다 크고 높아서 한옥에 들어올 수 없었다. 양장을 하더라도 한복과 겸용으로 하게 되면 두 가지 옷을 보관할 장이 있어야

1

2

근대기 안방은 전통 삼층장과 의걸이장에서 기능과 장식이 융합되고 발전된 형태의 조선단스가 채웠다. 일본식 옷장을 부르는 단스가 널리 사용되기는 했으나 일본식 가구와는 무관하다. 화려한 광채를 뿜는 안방 가구의 등장은 자개농으로 이어진다.

1   가야금을 연주하는 어린 기생 뒤로 화려한 조선단스가 가득 들어차 있다.

2   안방에 놓인 조선단스. 다양한 수납 형태를 장착한 장롱에는 거울을 붙였다.

1

2

3

근대기 양가구는 실내 풍경에 새로운 기능과 감수성을 디해주었다.

1 창덕궁에 놓인 서양식 가구.

2 공간에 어울리는 응접 세트를 놓은 문화주택의 거실. 벽을 활용한 선반과 책장 등 붙박이 장식장도 등장했다.

3 다다미가 깔린 방에 자리한 책상과 등나무 의자.

4 책장과 책상으로 꾸민 서재.

5 응접실에 자리한 피아노.

6 경성에 사는 어느 한국인의 집이다. 독특한 등가구가 놓인 서양식 응접실과 도코노마가 설치된 일본식 응접
   실이 나란히 구성되었다.

7 청목양가구점 외관. 조선단스를 만들던 가구 공장들도 양가구의 생산 비율을 점차 늘려갔다. 양가구점은 주
   로 을지로에 자리하고 있었다. 을지로 가구 거리의 역사를 읽게 되는 지점이다.

4

6

5

7

한다. 가구에 다양한 크기의 서랍이 달리게 된 것은 소유물의 품목이 많아졌고 그것을 구분해 보관할 필요가 있었음을 알려준다. 집의 변화는 더디게 이루어졌지만, 전통장은 눈치 빠르게 변화했다. 위는 횟대를 넣고 아래는 여닫이문이나 서랍을 달았으며, 걸이장의 문짝에는 거울을 달아 효율적인 쓰임새를 고안해낸 장인들의 발 빠른 재간을 보라.

어디 옷뿐이겠는가? 물건에 대한 욕망은 더 큰 공간, 더 많은 가구를 필요로 했다. 도시에 지어진 한옥은 점차 규모가 줄어들어 광도 사랑채도 사라질 처지에 있었고, 오로지 천장이 높은 대청만이 의자를 놓거나 수납의 기능을 이어 갈 수 있었다. 도시 한옥에 수납 공간을 대신하여 각종 장들이 안방의 벽을 가득 채운 것은 일상적인 모습이었다. 이태준이 바라 마지않던 고요하고 담담한 벽은 점점 사라지고 있었다.

일상과 자잘한 가사 노동을 가장 큰 공간인 안방에서 처리하고, 대청이 사랑채와 응접실의 역할을 대신하게 된 것은 자연스러운 변화였다. 화가 정찬영이 아이를 돌보며 그림을 그리려고 종이를 펼쳐둔 곳도, 신형숙이 문을 만들어 달고 접객용 가구를 둔 곳도 대청이었다. 김유방의 분개와 달리 대청은 사라지지 않았다. 응접실과 거실의 역할을 동시에 하며 21세기의 지금까지도 집의 중심 공간으로 명맥을 이어오고 있다.

1919년에 한국에 와서 다양한 풍속을 목판화로 남긴 영국의 판화

작가 엘리자베스 키스가 묘사한 〈한국의 집〉에는 살림살이로 가득 찬 한옥이 등장한다. 어수선함과 생동감이 공존하는 한옥을 그린 이 그림은 그 시대 집의 변화를 정밀하게 보여준다. 화가는 관찰자로서 매우 좋은 위치를 점했다. ㄱ자형 한옥집의 마당 중앙에 서서 안방을 바라보면 대청과 안방을 꽉 채운 가구들을 볼 수 있다.

우선 안방의 크기가 커졌다. 전통 한옥에선 안방이 안쪽에 숨어 있어 채광이 부족하다고 지적되었는데, 안방이 커지면서 창을 하나 더 낼 수 있게 되었다. 안방은 숙식의 공간인 동시에 육아의 공간이다 (그림을 보면 아이가 안방에서 놀고 있다). 여성들의 가사 노동은 대부분 안방에서 이루어질 터였다. 부부 공동의 공간이라지만, 안방의 꾸밈 은 여전히 여성에게 달려 있었다.

성인 남성이 대청에서 식사하고 있다는 건 사랑방이 사라졌다는 뜻이다. 분명 오른편에 방 하나가 더 있을 테지만 어떤 용도인지는 보 여주지 않는다. 광과 창고가 없는 까닭에 생활의 기물들은 대청의 벽 에 걸리고 반닫이 위에 차곡차곡 놓였다. 부엌은 아직 개량의 흔적이 없다. 부엌문 상부에 단을 놓아 소반이며 물동이들을 올려두었다. 엘 리자베스 키스는 쌀 뒤주에 꽂힌 놋쇠 숟가락과 대청 귀퉁이에 놓인 놋쇠 요강까지 놓치지 않고 정밀하게 그려냈다.

그것 말고도 수많은 장식 글자와 그림들. 기둥에 써 붙인 주련, 부 엌 출입문에 적힌 글자, 안방 창문과 상단부에 그려진 그림들의 존재 가 공간에 색채를 부여한다. 창문 안으로 병풍이 보이는데, 다른 공

영국 화가 엘리자베스 키스가 그린 〈한국의 집〉에서 변화를 맞은 전통 한옥과 가구의 변화를 읽어볼 수 있다. 넓어진 안방, 사라진 사랑채, 안방을 가득 채운 화려한 가구들, 주련과 그림으로 빼곡한 실내, 변화가 느린 부엌, 그리고 육아를 담당한 애보개의 흔적까지.

간에는 없는 아름다운 장식물이 안방에 집중되어 있음을 알려준다.

아이와 놀고 있는 소녀는 아이의 언니가 아니라 '애보개'다. 부유한 가정이 아니라도 어느 정도 살 만하면 살림 도우미인 어멈과 육아담당의 애보개를 데리고 있었다. 먹을 입 하나 줄이기 위해 집을 떠나온 소녀들, 시골에서 상경한 소녀들이 할 수 있는 일이란 공장에 가거나 남의 집에 들어가 아이를 돌보는 일이었다. 아이만 보는 게 아니라 집안 허드렛일도 하고 식사 준비도 도맡아 했다. 그러니 주인의 점심 식사도 애보개 소녀가 준비했을 것이다.

가지런히 놓인 푸른색 고운 비단신은 여성용 당혜로 보인다. 그렇다면 그려지지 않은 안주인이 집 안 어딘가에 있다는 뜻일까? 한 짝은 댓돌 위에 놓이고 한 짝은 흙바닥에 넘어져 있는 커다란 나막신은 애보개의 것이 틀림없다. 나무를 깎아 만든 커다란 신은 어린 소녀의 발에 맞지도 않았을뿐더러, 애처로운 맨발에 지속적으로 상처를 내는 물건이었을 것이다. 마치 소녀의 삶을 은유하듯이.

테일러 상회에서 화신백화점까지, 모던 시대의 상점가

덕수궁이 있는 정동 거리는 개화기 시절 각국의 공관과 선교사들이 운영하는 학교와 교회, 호텔 등이 들어서서 대표적인 외교가로 불렸는데, 가구를 살피다 보니 이 거리야말로 우리나라 모던 디자인의 역사를 읽어볼 수 있는 새로운 얼굴을 갖고 있음을 알게 되었다. 지금 이 거리는 어떤 표정일까? 반짝이던 지난 삶의 광채들이 지금은 어떻게 변화했을까?

가장 먼저 영국 공관 주변에 있었다는 캐비닛 스트리트를 찾아 나섰다. 영국 대사관은 덕수궁 궐역闕域으로 가로막혀 두 방향의 다른 길을 가진다. 장롱의 거리는 성공회 성당과 덕수궁으로 이어지는 태평로 대로 방향에 있었을까? 아니면 미 대사관저와 구세군 교회가 있는 뒷골목 쪽일까? 시장이 섰으리라고는 짐작하기 어려울 정도로 높은 담이 둘러쳐진 지금, 영국과 미국의 대사관저들이 마주 보는 이 길엔 삼엄한 경비 인력이 항시 대기 중이다. 과거에는 노상에 장전을 펼칠 정도로 자유로운 활보가 가능했다는데, 감쪽같이 사라진 가구 시장의 흔적을 기웃거리기엔 너무 많은 시간이 흐른 모양이다.

그러나 정동은 여전히 정동이다. 나지막한 언덕길과 완만하게 구부러진 도로 사이로 백 년 전에 세워진 붉은 벽돌 건물들—이화여고 백주년 기념관, 배재학당 기념관, 정동제일교회, 신아일보 건물—이 역사와 일상을 이어주는 역할을 한다. 중명전과 러시아 공사관의 넓은 흔적들은 그날의 긴박했던 사건들이 지금도 계속되고 있음을 보여주는 현재진행형의 유산들이다.

덕수궁 돌담길을 따라 내려와 서울 시청을 가로질러 소공동으로 향한다. 환구단을 좌측에 두고 소공로를 따라 올라가면 테일러 상회가 있던 곳이 나온다. 정확한 주소는 장곡천정(하세가와초) 112-9번지. 일제식 동명을 우리식으로 변경할 때 장곡천정은 소공동으로 바뀌었고, 지번은 그대로 유지되었다. 소공동은 태종의 둘째 딸인 경정 공주의 궁이 있던 곳이라 속칭 작은 공주골, 소공주동이라 칭하던 옛 지명에서 가져왔다. 소공로의 아담한 도로 주변은 이곳에만 시간이 더디 흐른 듯하다. 오래되고 깐깐한 생업의 인상을 주는 레트로 스타일 간판들이 맞춤양복점, 시계점, 보석상점을 알린다. 건물 사이를 1미터의 이격도 없이 바짝 붙여 지은 옛날 상점가는 아래위로 길쭉한 창이 나 있고 엷은 색의 타일로 외벽을 장식하고 있다.

테일러 상회는 소공동 112-8번지와 112-9번지가 있는 길모퉁이에 세워진 3층짜리 건물이었다. 건물이 완공된 후, 인근 태평통 2정목 40번지에 있던 상점도 옮겨 왔다. 1936년에 제작된 그림지도인 〈대경성부대관〉에는 이 건물에 경성 모터스 사무실이라고 표시되어 있다. 대공항 이후 자동차 딜러 사업이 원활하지 않았던 테일러 상회가 사업을 유지하기 위해 공동 투자자들을 유치해 새로운 회사를 세운 것이라 한다.⁹

테일러 상회 자리는 아무것도 남지 않은 넓은 공터다. 뒤쪽까지 이어진 공터는 주차장으로 쓰고 있다. 대신 소공로를 따라 늘어선 일련의 건물에 같은 지번 112번지가 붙어 있다. 작고 품위 있는 상점들이 오목조목 자리 잡고 운영되던 시절이 지나가자 소공로의 건물 대부분이 텅 비었다. 테일러 상회 자리에 넓게 차지하고 있던 주차장 부지

테일러 상회의 변천사를 보여주는 사진과 테일러 상회의 영문 안내서. 테일러 상회가 이전한 곳들이며, 가장 아래 사진이 장곡천정 112번지에 자리한 건물이다. (사진 자료: 『딜쿠샤와 호박 목걸이』, 서울역사박물관)

가 초고층 건물을 예고하며 공사를 시작했으니 소공동에 대대적인 변화가 시작될 조짐이 보인다.

도로 건너편에 웨스틴 조선호텔의 정문이 보인다. 테일러 시대에는 정식 명칭이 조선철도호텔, 일명 조선호텔로 불렸던, 지금과는 사뭇 다른 위풍당당한 건물이 자리했다. 독일인 건축가 게오르게 데 랄란데George de Lalande가 조선총독부 청사에 앞서 1914년에 완공한 완전한 유럽식 건축물이었다. 6천7백여 평 부지에 건물만 583평, 69개의 객실이 있던 조선호텔은 1915년에 개최된 시정오년기념물산공진회를 전후하여 조선총독부 영빈관으로 사용하기 위해 지어졌고, 그 후로도 경성의 모던 인사들이 몰려드는 사교장으로 널리 사랑받았다.

조선호텔은 양식당 팜코트의 달팽이 요리와 녹진한 양파 수프, 월계정원의 아이스크림, 선룸에서 즐기는 커피로도 유명했다. 지체 높은 인사들의 전용관인 귀빈실을 유치하고 호텔 결혼식도 개최했다. 유명 무용가 최승희가 팜코트에서 커피 잔을 들고 미소 짓는 사진은 조선호텔의 호시절을 보여주는 장면이었다. 1938년 바로 옆 부지에 노구치 시타가우가 철근 콘크리트라는 최신 기술로 지은 8층짜리 반도호텔을 야심만만하게 개점했으나 최초의 특급 호텔로서 조선호텔이 가진 정통이라는 명성을 무너트릴 수는 없었다.

붉은 벽돌로 몸체를 다듬고 검은 지붕을 얹은 유겐트슈틸 건축물은 1958년 화재로 불타버렸다. 이후 1967년에 완전히 철거하고 1970년에 현재의 건축물을 지으면서 조선호텔은 철도호텔 시절의

1

2

3

1·2 1914년에 개관한 조선호텔은 영빈관의 역할을 담당하기 위해 다양한 부대시설을 갖추고 있었다.

3 대한제국의 신성한 성지인 환구단에 자리 잡은 조선호텔은 지금까지도 황궁우와 석고를 뒷마당에 두고 있다.

4 팜코트에서 커피를 마시는 최승희. 달팽이 요리, 아이스크림, 양파 수프를 맛보던 팜코트와 월계정원은 서양 문화를 접하는 근사한 접경지대였다.

5 미군정 시절엔 미군 장교 숙소로 사용되었으며 하지 장군이 머물던 반도호텔과 함께 정치적인 장소로 변모 한 역사도 있다. 한국전쟁 후에는 미군 군속들의 휴양소 등으로 사용되다가 1961년에 반환되었다. 그러나 그 보다 전인 1958년에 화재가 발생하여 큰 타격을 입었다. 1970년에 낡은 옛 건물을 완전히 철거하고 현대적인 건축물이 들어서 조선호텔을 이어 가고 있다.

유산을 그대로 받아들였다. 제천의식을 거행하던 환구단은 사라지고 팔각형 전각인 황궁우와 제천의식의 상징인 석고(돌로 만든 북)만 남은 채로 호텔 안마당에 두고 관람하는 점도 당시와 같다.

소공동을 벗어나기 전에 찾아보아야 할 장소가 하나 더 있다. 이태준과 이상과 김기림과 박태원 등 수많은 작가와 예술가들, 즉 모던 인사와 룸펜들이 드나들던 아지트이자 문화 살롱인 낙랑파라. 낙랑파라의 탄생은 많은 문화 다방이 탄생하는 도화선이 되었다.

낙랑파라의 운영자인 이순석은 국내 최초의 시각 디자이너라는 독특한 이력을 갖고 있다. 동경미술학교 도안과에 한국인 최초로 입학했으며(1926~1931년) 졸업 작품으로 15권의 책 표지 디자인으로 구성한 시리즈물을 제출했고 국내 최초로 디자인 전시를 개최하기도 했다. 그리고 화신백화점에 스카웃되어 '광고와 선전미술을 담당하는 과장'으로 일하면서 그전까지 존재하지 않았던 새로운 직업군을 만들어냈다. 그는 진열대와 진열창을 보강하고, 건물을 개조해 판매 면적을 늘리고, 경품 대매출 행사를 실시하는 등의 활약을 했는데, 요즘 말로 하면 디자인과 마케팅의 콜라보를 실천한 것이다. 이 최신의 마케팅 감각이 매출 증대에 혁혁하게 기여한 것은 두말할 것도 없다.

그러다 번아웃이 왔을까? 그는 출근 도장을 찍는 일을 그만두고 1932년 7월에 장곡천정의 2층짜리 건물을 빌려 낙랑파라를 열었다.

기다란 목조 베란다를 낸 이층 벽돌 건물의 아래층은 다방, 위층은 이순석의 개인 작업실이었다.¹⁰

> 주인은 나와 동경 시대에 사권 눈물의 기사 이군이다. 눈물에 천재가 있어 공연한 일에도, '아하!' 하고 감탄만 한 번 하면 곧 눈에는 눈물이 차버리는 친구로 밤낮 찻집에 다니기를 좋아하더니 나와서도 화신상회에서 꽤 고급을 주는 것도 이내 고만두고 이 낙랑을 차려놓은 것이다.
>
> ─이태준, 「장마」, 『조광』, 1936년 10월호

낙랑파라의 유명세는 드나드는 인사들에 있었고, 카페가 발산하는 독특한 분위기에 있었다. 중앙 기둥에 줄무늬 장식을 드리우고 녹음이 흐드러진 파초를 놓았으며 등나무 의자를 여유 있게 배치했다. 다방에 드나드는 이들 중 차와 케이크와 프룻(과일)에 열중한 사람들이 얼마나 있었을까? 대부분은 큰돈을 들이지 않아도 즐길 수 있는 명곡 연주 감상회와 젊은 예술가들의 그림 전람회, 괴테의 밤과 같은 문학 회합, 그도 아니면 대화를 나눌 친구를 기다리는 쪽이었을 것이다.

낙랑이라는 상호는 어떤 의미가 있을까? 1931년부터 시작된 낙랑 고구려 유적 발굴 조사는 미술인들에게 큰 영향을 주었다. 낙랑의 출토품들이 불러들인 고대 문화에 대한 환상은 식민지의 문화에 기이한 사상을 만들기도 했다. 평양박물관은 낙랑과 고구려 출토품으로

다방의 전성시대를 연 낙랑파라는 어떤 공간이었을까? 중앙의 기둥을 둘러싸고 등가구와 파초가 놓여 있고 색색가지 테이프로 장식한 천장이 보인다. 1934년 7월경의 낙랑파라.

채워져 '낙랑 박물관'이라는 별명으로 불리기도 했다. 낙랑은 오지 않은 과거이자 지나간 미래였다. 실체가 모호한 어떤 역사로서의 낙랑을 이순석이 어떤 의도로 불러들였는지 알려진 바는 없지만 이 또한 이순석이 추구한 최신 유행의 레트로 감성이 아니었을까? 어쩌면 김유방의 '영대'처럼 그저 발음이 아름다워서, 낙랑을 읊조릴 때 좋은 기분, 단지 그런 이유일 수도 있다.

이순석은 3년 만에 낙랑파라의 운영을 그만두게 된다. 2천 원을 투자한 카페에서 벌어들이는 매상은 월 3백 원, 원가 및 잡비만 해도 2백 원이니 순이익은 미상. 그는 낙랑파라를 영화배우인 김연실에게 넘겼고 그 뒤에 갑작스럽게도 은여우를 기르는 경성양호장을 열었다. 경성의 많은 사람들이 키우고 먹이는 부업에 집중하던 시기이긴 했지만, 여우 목도리를 두른 모던 걸의 소비만 생각하고 곧이어 닥친 전시 체제까지는 예상치 못했던 모양이다. 사치품 금지령으로 여우 사업은 종말을 고했다. 그러나 해방 공간에 진입한 이순석에게는 많은 기회가 찾아왔다. 서울대학교 미술학과의 기틀을 만들고 응용미술과의 교수이자 디자이너로, 다시 석공예가로 좌표를 움직였다.[11]

이 거리에는 새로운 예술이 유입되고 뒤섞인 역사가 존재한다. 테일러 상점이 있을 때만 해도 거리에는 가구와 공예품 제작소가 공존했다. 테일러 상회가 보여준 전통의 색다른 변용이나 이순석이 시도한 백화점 쇼윈도 디자인과 낙랑파라의 모던한 분위기, 당시 공예품들의 기묘한 혼종들이 서울의 시각적인 감수성을 끊임없이 물결치게 했다. 명맥이 끊어질 뻔도 했고 전통이라면 무조건 배척하던 시절도 있었으나 몸에 밀착된 형식으로서의 예술은 시대가 이끄는 아름다움의 방향을 좇으며 새로이 발굴되고 창조되며 이어졌다.

종로 거리가 귀금속 상점으로 화려하게 반짝이던 시절을 기억하는가? 귀금속 거리의 역사적 배경에는 백 년 전 이 거리를 밝혔던 금은세공 산업이 있다. 금은세공은 장신구에서 기념품, 생활 기물들까지 각종 공예품을 창조하고 변화시키는 핵심적인 기술이었다. 1920년대 종로는 굵직한 잡화 상점들이 대거 형성될 수 있었는데, 그 배경에는 오랫동안 이어온 은공예 산업의 역할이 컸다. 김윤백화점, 계림상회, 덕원상점, 동아부인상회 등 수많은 상점이 종로에 등장해 혼수품, 포목, 귀금속, 수입품, 각종 공예품을 취급하며 경성 상계를 활발하게 움직였다. 금은세공 분야의 입지를 바탕으로 신태화가 민족자본으로 설립한 화신상회는 가장 눈부시게 성장한 상점이었다.[12]

세계 대공항으로 경영난을 겪은 화신상회는 1931년 박흥식에게 인수되면서 화신백화점으로 더욱 크게 성장했다. 화신백화점은 덕원상점과 동아부인상회를 결합한 동아백화점까지 인수히며 종로 사거리를 화려하게 독점했다. 동아백화점의 큰 투자자인 민규식은 새로운 화신을 만드는 데 기꺼이 의기투합했다. 이순석을 영입하면서 화신은 지금이 크게 도약해야 할 시기, 새로운 돌파구가 필요한 시점이란 걸 잘 알았던 것이다.

화신백화점은 경성의 5대 백화점 중 유일하게 조선인 경영자가 조선인을 대상으로 운영하던 백화점이었으며, 민족계 백화점이라는 점을 강력하게 내세우는 영업 전략을 펼쳤다. 미쓰코시, 미나카이, 조지아, 히로다 등 을지로를 장악한 일본계 백화점이 탄탄하게 상업과 소비의 공동체를 확장할 때, 화신은 이들을 벤치마킹하면서 소비자의 마음을 사로잡을 전략을 수립해야 했다. 그것은 바로 백화점과 디자인의 결합이었다. 향락의 즐거움 말고도 백화점 공간을 즐기는 기쁨과 쾌감을 제공하는 일이었다. 마침내 싸고 좋은 물건을 손에 쥐고 문을 나설 때 감각적 환상성이 절정에 이를 수 있도록 말이다. 디자이너가 만든 행사 포스터와 시인이 참여한 참신한 광고 문구, 게다가 성북동의 문화주택이라든지 사직동의 한옥 한 채를 경품으로 등장시킨 화끈한 이벤트도 있었으니 백화점 키드의 탄생은 화신에서 시작된 게 아니었을까?●

1937년에 화신백화점은 두 번이나 대형 화재를 겪었음에도 그 흔적을 완벽하게 지울 만큼 최첨단 설비를 자랑하는 대형 건축물을 신축했다. 박길룡의 역작인 새로운 화신백화점은 1930년 최고의 건축 화제작인 미쓰코시와 비교해도 뒤지지 않을 신진의 사명감을 담고 있었다. 에스컬레이터와 엘리베이터는 큰 구경거리였다. 개점 시간부터 엘리베이터 걸을 구경하려는 사람들이 쏟아져 들어왔고, 엘리베이터를 타고 올라온 루프탑에는 불꽃 전구가 영원히 꺼지지 않을 것

● 화신백화점과 동아백화점은 집 한 채를 경품으로 내거는 등 치열한 경쟁을 펼쳤다. 이 사건은 결국 동아백화점의 경영 악화를 불러왔고, 화신백화점에 인수되는 결정적인 계기가 되었다.

1

2

3

확장과 신축으로 여러 차례 새로운 옷을 갈아입은 화신백화점은 1937년에 비로소 정점을 찍는 건물을 완성했다. 박길룡이 설계한 뉴 화신은 지하 1층, 지상 6층, 연면적 3천여 평의 공간에 엘리베이터와 에스컬레이터, 네온사인, 옥상정원 등 새로운 문화 코드를 장착하고 고객을 맞았다.

4

1   화신백화점 외관

2   화신백화점의 엘리베이터 걸

3   화신백화점 옥상층 탑신부

4   화신백화점 신관 계단

처럼 반짝였다. 유니폼을 입은 아름다운 데파트 걸이 최신 설비를 갖춘 공간에서 손님을 맞았다.

본질에 무용하나
끝끝내 아름다운 기물들

영원히 꺼지지 않을 줄 알았던 화신은 1987년에 역사의 뒤로 사라지고 '화신 앞'이라는 이름만 남게 되었다. 새로운 밀레니엄의 시작으로 떠들썩하던 2000년 봄, 그 자리에 은빛 찬란한 21세기적 표피를 장착한 종로타워가 등장할 때만 해도 앞으로의 디자인, 미래의 디자인은 새로움과 놀라움이 핵심이 될 것으로 여겼다. 그러나 20년이 지난 지금의 디자인은 그렇게 빠르게 변화하지도 놀라움을 추구하지도 않는다. 그때 새로웠던 것은 너무 빨리 과거의 것이 되었고, 오히려 먼저 흘러간 것들이 또 다른 새로움으로 머릿돌을 놓는다. 종로타워가 다른 수많은 고층 건물들과 다를 바 없는 하나가 된 그 자리에서 사라진 과거의 화신백화점이 새롭게 연구되고 전시되는 현재가 21세기 종로의 풍경이다.

전통은 고즈넉하고 묵묵하게 그 자리에서 명맥을 유지하는 것이 아니다. 시대의 변화에 따라 분주하게 움직이고 요란하게 부딪히며 선택되고 버려지는 과정을 필수적으로 거친다. 기이하고 과장된 혼종들이 탄생했다가 사라지고 취사선택된 소수의 결과들이 살아남아 지금까지 이어져왔다. 어떤 시간도 과거와의 투쟁과 단절 없이 존재하지 않는다. 그 과정에서 탄생한 기상천외하고 독특한 버전의 기물들을 매개로 과거와 현재는 이어진다.

아름다움의 영역은 삶의 통찰과 관련이 있다. 그 옛날 왕세자와 세자비의 가례를 치르던 안동별궁 자리에 새로 개관한 서울공예박물관●을 방문하고 나서 근대기 한옥의 안방이 무미건조하고 구시대적인 암울함으로 가득 찼으리라는 예상은 여지없이 무너졌다. 장석 장식으로 뒤덮인 반닫이와 자개가 번쩍이는 장, 화려한 비단에 색실을 수놓은 이불과 옷가지, 남녀상열지사가 그려진 화각장과 복 복(福)자의 향연이 펼쳐지는 문갑. 거기엔 억압된 욕망이 분출되는 통쾌가 있고 재기 발랄함과 유머가 있었다.

근대 공예품의 이런 현상에 대해 우리는 오랫동안 "기능, 색채, 실용 어느 방면에서나 합목적적이지도 합리적이지도 않으며 화류의 아름다운 본질에 무방하게 은입사 백동 장석을 함부로 더럽게 붙여놓으니 그야말로 그 선체를 더럽힌 것"이라고 비판한 근대 건축가 박동진을 비롯한 기능주의자들, 모더니스트들의 평가를 당연하게 받아들였다. 그러나 이제는 이 분명한 시대의 취향을 다시 생각해볼 때이다. 장식과 감정이 넘쳐흐르는 맥시멀리즘의 결정판을 집에 들인

● 1936년 민대식이 안동별궁을 사들인 뒤 1944년 모친 안유풍의 이름을 따서 풍문여고를 세웠다. 학교가 강남으로 이전을 추진하자, 서울시가 이 부지를 사들여 공공의 영역으로 되돌렸다.

다는 건 축복받은 인생을 평가하는 지엄한 잣대이거나 그 특별한 미학과 스토리를 소유하는 방식이라는 점 말이다.

장식으로 말하자면 반닫이와 장의 경첩이나 여닫이로 쓰는 장석의 디자인이 30가지가 넘을 정도로 다채로웠고 적절히 혹은 과장되게 부착되어 화려한 광채를 내뿜었다. 반닫이는 장식의 끝판왕이기도 해서, 나무판이 보이지 않을 때까지 다양한 장석을 붙이기도 하고 장석 위에 백동으로 된 스터드 장식을 덧붙이거나 자개를 올려 광택과 요철을 주기도 했다. 거울과 유리도 그 위에 백수백복百壽百福의 무늬를 그려 장식했다. 나전까지 부착되면 화려함은 끝이 없었다. 현란한 광채를 뿜는 나전칠기는 일제강점기에 가장 인기가 높았던 공예였다.

은제 차 도구의 엄정한 아름다움과 조그마한 은제 기물의 깜찍한 세련미를 철학의 부재라고만 평가하기에는 야박한 감이 있다. 과연 한국미라는 것이 지극히 검소하고 장식을 극도로 줄인 담박한 사물들에만 있다고 말할 수 있을까? 더없이 화려하나 깊고 우아한 기물들도 우리의 미적 체험 안에 존재했으며 오랜 역사를 가진 현란한 손재주 끝에 탄생했음을 기억하기로 한다.

나전칠기 장과 침대는 황후가 잠들었던 궁궐에서도 사용되었다. 순정효 황후는 오래전부터 침대를 사용했다. 20세기에 들어와 창덕궁에는 모던 스타일을 반영해 크고 넓은 공간과 새로운 기능을 부여한 전각들이 지어졌고(1917년) 프랑스 가구들도 대량 유입되었다. 왕

서울공예박물관의 근대 가구들. 쇠뿔을 이용한 화각장은 안방 가구에 회화적인 이미지를 부여했다. 안방에서 읽던 소설의 서사가 가구에 그려졌다. 수납 가구들에는 수십 가지의 백동과 황동 장식을 부착했다. 광채와 빛이 흐르는 가구들에서 근대인의 욕망과 취향의 지향점을 읽어볼 수 있다.

궁의 침대답게 침대 구조물이 매우 크며, 화려한 목재 장식이 붙어 있다. 이 육중하고 높은 침대는 에이스 침대에서 복원해 침전인 대조전에 전시되고 있다.

순종이 승하하고 대비의 신분이 된 황후는 낙선재로 거처를 옮겼는데, 여기서는 모양이 단정한 나전 침대를 사용했다. 나전 침대와 더불어 황후의 방을 장식했던 나전 칠기장은 근대 가구의 품격이 어느 정도인지를 보여준다. 나전과 옻칠은 1930년대에 가장 유명했던 나전칠기 장인인 김진갑의 솜씨이며, 이 가구들은 동아대학교 박물관이 소장하고 있다.

자개를 붙여 장식하는 공예의 방식은 삼국 시대에 이미 사용했을 정도로 오래된 전통이다. 자개는 붉은색, 황금색, 검은색으로 염료를 칠한 목재 공예품의 외부를 장식하는 것이므로 칠공예로 분류된다. 옻나무에서 딴 생칠을 목재 조직까지 스며들도록 초칠을 한 뒤에 삼베나 종이를 발라 심바르기를 하고, 회 분말을 칠과 섞어 바르는 골회바르기를 한 후에 사포질을 하여 면을 고르게 만든다(이 과정을 여러 번 거친다). 칠기의 색은 마지막 칠(상칠)을 할 때 넣는 안료로 결정된다. 석간주나 주사를 섞으면 붉은색이 되고(주칠), 산화철을 섞으면 검은색이 된다(흑칠). 나전 작업은 이때 시작되는데 영롱한 빛을 띠는 야광패(나전)를 무늬에 맞춰 오려 붙이고 골회바르기를 하여 높이를 맞춘 다음 사포질을 하여 마무리한다.

황후의 침대와 장은 검붉은 빛깔부터 비교를 불허하는 압도적인

전 순정효 황후 주칠나전가구, 김진갑 제작, 1930년경.

1 삼층장

2 거울이 부착된 의걸이장

3 의걸이장

4 침대

강렬함이 있다. 보통의 주칠보다는 어둡고 흑칠보다는 맑아서 고혹적인 우아함이 느껴진다. 주칠은 왕실의 기물, 또는 왕실의 하사품에만 쓰인다. 그러므로 주칠과 흑칠을 동시에 하려면, 당연히 왕실 품목이어야 하며 가장 뛰어난 장인의 솜씨여야 한다. 이 색을 구현하려면 먼저 흑칠을 한 다음 채도와 명도가 낮은 석간주를 옻에 개어 암갈색 톤으로 칠하는 긴 과정을 거친다. 뒤로 물러난 칠색이 자개로 된 산수의 풍경을 더욱 돋보이게 한다. 금강산의 기암괴석과 폭포, 그리고 수많은 길한 동물들이 자개로 그려졌다.[13]

십장생도와 금강산도가 수놓아진 침대는 어떤 꿈을 전해주었을까? 궁을 떠날 수 없는 황후에게 깊은 계곡의 신비로운 폭포와 구름을 뚫을 듯한 봉우리의 신묘한 풍경은 어떤 감각으로 다가왔을까? 공작과 사슴과 학의 길고 아름다운 다리와 화려한 날갯짓은 황후의 가슴에 어떤 바람을 불어넣었을까? 그늘진 마음을 넘어서려면 정교함과 아름다움의 경지를 높이고 높일 수밖에. 그럴 수밖에.

나는 어머니의 꿈인 자개농을 을지로 좁은 뒷골목의 한 커피점에서 발견했다. 학이 노닐고 공작이 활개를 치며 구곡의 산맥이 물길 따라 흐르는 무릉도원의 풍경이 벽화처럼 걸렸다. 커피 한 잔을 시켜놓고 무릉도원에 빠져들었다. 어머니의 꿈은 아직 도착하지 않았다. 나는 오지 않은 과거와 지나간 미래를 바라보았다.

메리와 앨버트 테일러 부부가 지은 붉은 벽돌집 딜쿠샤. 메리 린리 테일러가 끝까지 간직했던 추억의 집이다. 그녀
가 소장한 수많은 사진들을 바탕으로 낡고 변화가 심했던 이 집이 한 외국인 가족의 서울살이를 보여주는 작은 하
우스 뮤지엄으로 탄생할 수 있었다.

북촌의 중심인 안동별궁 자리는 서울공예박물관이 이어받았다. 공예품은 생활과 밀접한 기물이며 가구에서 장신구까지 다양한 생활 영역에 존재한다. 근대기에는 집과 삶의 변화에 따라 생활 기물들도 바퀴가 맞물리듯 변화했다. 그리고 사람들의 욕망과 바람, 현실 인식과 정체성까지도 생활 기물에 표현되었다.

이인성, 〈실내〉, 캔버스에 수채, 91×117cm, 1935년, 개인 소장.
화가 이인성은 대구 남산동에 자리한 자신의 집을 여러 차례 그림으로 남겼다. 〈실내〉는 건축적 특징과 실내를 꾸
민 가구를 가장 잘 살펴볼 수 있는 작품이다. 모서리를 공유한 두 벽이 창으로 구성된 환한 거실에서 라운지 체어
형태의 등나무 의자와 그것과 세트로 보이는 소형 등나무 테이블을 발견할 수 있다. 구름과 꽃 모티프가 표현된 병
풍 역시 당시의 색다른 감각을 느끼게 한다. 활짝 열린 창문으로 여름 한낮의 역동적인 풍경이 펼쳐진다. 선반 위
에 올려둔 범선 모형도 한여름의 이미지를 고조시킨다. 이인성의 딸로 추정되는 아이는 미소 짓고 있는 듯하나 그
표정을 읽어내기는 어렵다.

일본 사람이나 살던
이층집

적산 가옥은 누구의 집인가?

　이화동에 그때까지도 많이 남아 있던 적산 가옥을 복덕방 영감은 오까베 집이라고 했다. 오까베 집은 건물 값은 별로 안 나간다고 했지만 대지가 넓었다. 꽤 넓은 마당이 달린 이층집이었다. 아래층에 있는 방들은 다 온돌방이었지만 이층에 있는 방 두 개는 다다미가 여덟 장이나 깔린 넓은 방이다. 남향의 이층은 온 동네가 다 내려다보이게 전망이 좋고 볕이 잘 들었다. (중략) "아, 참 집 구경해야지. 우리 이층집이다. 난 어려서부터 이층집에 사는 게 소원이었어. 그때는 일본 사람이나 이층집에 사는 줄 알았는데 나도 이렇게 살아보네."

—박완서, 『그 남자네 집』

먼지 속에 사라지는 이야기,
쓰루가오카 가옥

2011년 봄은 서울이라는 도시를 충분히 답사할 만큼 포근했다. 이즈음 나는 건축 유적에만 관심을 갖던 방식에서 벗어나 골목을 걸으며 도시의 흔적을 탐구하는 새로운 장르를 알게 되었다. 길이 향하는 대로 걸었다. 동네의 깊은 속으로, 저마다 다른 시간과 역사를 품은 세계 속으로 들어가 집의 변화를 읽고 사람들의 이야기를 찾았다. 그물처럼 이어지고 뭉쳐진 길은 마을을 감싸고 다른 마을과 이어지곤 했다. 나는 이런 마을들을 표현할 단어를 찾으려 했다. 장소의 이름과 길의 이름, 들고 나는 사람들을 부르는 호칭, 장소와 시간이 만나서 파생된 단어들, 관계를 은유하는 단어들, 그리고 마음에 속한 단어들.

용산은 가장 중요하게 답사한 지역이었다. 용산은 역사의 페이지가 넘어갈 때마다 거주자들이 대거 교체되면서 명백한 층위를 형성했고 그 변화가 매우 격렬하게 이루어졌다. 그 결과는 집의 모양과 길의 형태에 고스란히 남았다. 새건축사협의회의 골목답사팀과 남산 아랫동네를 돌고 난 다음, 근대 건축 리서치에 몰두하는 연구자들과 용산 전체로 탐사의 범위를 넓혀 본격적으로 걸었다. 나는 이 지역을 이루는 것들, 복잡하게 뒤섞인 것들의 이질감과 이물감에 순식간에 매혹되었다. 시간이 방향을 잃었고 깊은 비애가 숨어 있었다. 시대의 감정과 뒤섞여 살아가는 다양한 계층의 사람들은 동네가 가져야 할 요소들—그중에서도 다양성—을 생각해보게 했다.

비좁은 거리마다 누군가 떼 지어 몰려들어 주먹으로 두드려댄 것처럼 대책 없이 허물어지고 낡아가는 집들이 들어찼다. 한편 집수리의 달인이라도 살고 있는지 집집마다 기상천외한 방식으로 고치고 늘리고 덧댔다. 좋고 나쁨으로 설명할 수 없는 집들이었고, 절실한 필요들이 겹치고 겹쳐 형성된 마을이었다. 그때의 서늘한 충격은 집과 생활에 대한 나의 태도를 바꿔놓았다. 무엇보다 집들, 낯선 모양을 하고 낡아가는 집들에 끌렸다. 직관적으로 이질감을 느끼게 되는 이런 집들이 적산 가옥일까?

근대 도시들에 포진한 일본식 가옥을 흔히 '적산 가옥'이라고 부르는데 이는 정확한 표현이 아니다. 적산敵産은 '적성 재산'에서 나온 말이다. 전쟁이 끝난 후 적들이 남기고 간 재산이라는 뜻으로 일본식 가옥만 해당하지 않는다. 우리나라의 건물들은 일제에 의해, 그리고 미군정에 의해 여러 차례 적산으로 분류되었다. 1905년 러일전쟁 이후에 빠져나간 러시아인이 살던 집을 적산으로 압수했고 1940년대 초 태평양전쟁이 터지면서 연합군 국적의 외국인들이 추방되었을 때 이들이 살던 집도 적산으로 분류되었다.

하지만 보통 우리가 적산이라 부르는 것은 일본이 패망한 후 이 땅에 살던 일본인들이 귀환하면서 남겨둔 건물들이다. 미군정이 모두 접수하여 '귀속 재산vested property'이라는 이름으로 정리하고 관리했다.

귀속 재산은 여러 과정을 거쳐 한국인들에게 불하되었다.

적산, 즉 귀속 재산은 근대기 유무형의 유산 중에서 많은 부분을 차지한다. 일제강점기 식민지 정책에 따라 지어진 관공서와 일본인 주도로 세워진 공장, 상가, 사옥, 주택들이 모두 포함된다. 식민지 시기의 아픔을 보여준다고 해서 '네거티브 헤리티지^{negative heritage}(부정적 문화유산)'의 범주에 넣기도 한다. 철거와 존치 사이에서 오락가락하는 장소들이다.

그런데 나는 사람들이 적산 가옥이라 말할 때는, 특정한 시대적 산물로 인식하면서 묘한 감정을 투영한다는 느낌을 받았다. 뾰족한 지붕과 다다미방이 있는 (일본식) 집, 애달픈 정서와 할머니의 언어와 간장 냄새가 배어 있는 나무 집을 뜻한다는 걸 알게 되었다. 어쩐지 그립고 쓸쓸한 감정이 담긴 태도는 그들이 과거 이런 집들을 경험해보았거나 간접적으로 알고 있기 때문에 생성되었을 것이다.

'적산 가옥'이라는 말 속에는 우리와 다른 결을 가진 민족이 터를 잡고 살던 집을 우리 식으로 바꾸고 이질적인 것들을 감내하며 살아온 집이라는 의미가 담겨 있었다. 살아옴, 그리고 살아냄의 과정이 투영되면서, 집에 대한 감정도 싫고 좋음이 아니라 복잡한 영역에 속하게 되었다. 불일치된 생활에 담긴 불편한 희망. 사라져도 조금도 아깝지 않으나 끝끝내 살아오고 살아낸 그 시간이 사라진다면 마음이 아슬아슬해지고 쓸쓸해지는 집. 그런 집을 설명할 다른 말이 있다면 좋으련만, 아직은 적산 가옥이다.

남산 북사면의 진고개 일대에 형성된 일본인 마을.

그런 집들을 집중적으로 들여다보고 실제로 그런 집에 살아보면서 나 역시 쓸쓸한 정서에 조금은 다가가게 되었다. 그 후로 이 집들을 정확한 건축사적 언어로 치환하려 애쓰지 않는다. '적산 가옥'을 오히려 의도적으로 호칭하기도 한다. 적어도 용산에서는, 적산 가옥은 지나간 시대의 집이 아니었다. 많은 사람들이 여전히 그 집에서 살아가고 있었다. 요는 이 집들이 겉으로는 헷갈릴 정도로 완전히 다른 모습을 하고 있다는 것이다.

연남동에 자리한 작업실을 정리할 무렵, 나는 우연히 서울역의 맞은편 골목을 걷게 되었다. 용산 리서치를 끝냈지만 어떤 식으로 이 도시의 이야기를 꺼내야 할지 몰라서 서랍 속에 자료만 잔뜩 넣어둔 채로 몇 년이 흐른 뒤였다. 갑자기 마주한 골목길에서 예전의 기억이 생생하게 솟아났다. 환한 빛이 흩뿌려진 골목은 끝나지 않을 것처럼 오른쪽으로 휘고 왼쪽으로 휘며 길게 뻗어 나갔다. 경사지에 층층이 앉은 집들이 그때처럼 낡아 있었다. 나는 인적이 드문 몇 블록의 골목을 고요한 마음으로 걸었고, 그 길로 부동산으로 들어가 작은 집 하나를 빌렸다. 사람 하나가 지나갈 정도의 좁은 골목에 앞집과 옆집이 다닥다닥 이어져 있던 작은 적산 가옥이 나의 새로운 작업실이 되었다. 나는 그 집을 '후암동 별장'이라고 불렀다.

그 집에서 이 년을 보내고 나서 건축가인 남편과 함께 사용할 조금 더 큰 공간을 찾기로 했다. 후암동 별장을 소개받았던 부동산에서 우리에게 딱 맞는 집이 있다며 바로 이웃한 동자동의 언덕길에 있는 이층집을 보여주었다. 부동산의 사장은 이렇게 덧붙였다.

"다른 사람들에게는 잘 안 보여주는 집인데, 워낙 특이한 걸 좋아하셔서."

낮은 대문을 열고 계단을 열 개 정도 오르면 덩굴장미가 부스스하게 제멋대로 자란 화단이 있고, 내부로 들어가는 현관문이 나온다.(그렇다, 마당이 있는 집이다!) 현관으로 들어서면 이층으로 가는 내부 계단이 이어진 조그만 홀이 무릎 높이에서 시작되었다. 겉에서는 그렇게 오래된 것 같지 않았는데, 집 안에 들어서자 집의 나이가 조금씩 늘어갔다. 방마다 벽의 재료가 분리된 곳이 눈이 띄었다. 벽에 세로로 길게 난 균열은 미세하게 증축된 흔적이었다. 이층으로 올라가니 동서로 길쭉한 홀이 나타났다. 고급스런 나무 세공이 된 천장은 한쪽이 내려앉은 상태였다. 목조 가옥이었다. 적산 가옥의 냄새가 났다.

본능적으로 눈이 커졌다. 뭔가 있다는 신호가 곳곳에서 잡혔다. 천장이 내려앉고 바닥이 여기저기 꺼진 것이나(온돌이 깔린 단단한 바닥이 아니라 목재판이다) 요상하게 증축되어 난방이 석연치 않은 점은 우리 부부에겐 전혀 문제가 되지 않았다. 이곳이 1920년대에 개발된 초창기 문화주택촌인 쓰루가오카鶴岡 1단지에 해당하며, 당시 후루이치초古市町 22번지에 세워진 40여 채의 문화주택들 중 하나였음은 나중에 알게 되었다. 십여 년 전 처음 근대 건축 답사를 시작했던 날, 남편과 군산의 골목길에서 나눴던 대화가 떠올랐다.

"오래된 집 하나 고쳐서 살아볼까?"

얼치기로 빌었던 소원이 뜻하지 않은 곳에서 이루어지고 있었다.

　용산은 일본인의 도시였다. 일제의 통치가 시작되기도 전에 일본인들이 들어와 살았다. 사대문 밖이자 한강과 인접한 지역에 일본인들이 자리 잡은 건 일본 군영이 주둔하고 있었던 까닭이다. 군영은 청일전쟁 시기 효창원 쪽에 터를 잡았다가 러일전쟁이 발발하면서 지금의 미군 기지 자리로 옮겨와 '신용산'의 시대를 열었다.

　철도는 군영과 함께 용산을 이루는 주요한 거점 시설이었다. 한강철교를 지나 서울로 입성하는 철도는 용산에서 긴 기적을 울리며 서울의 번영을 알렸다. 경인선, 경부선의 종착역은 남대문 정거장이 아니라 화려하고 웅장한 자태를 가진 용산 정거장이었다. 철도는 일본의 동경과 한반도의 용산을 곧장 이어주었다. 경성역은 만주까지 연결할 철도를 꿈꾸던 일제가 일본과 만주의 중간 거점이 되는 지점에 새로운 기차역을 계획하던 1925년에 탄생했다.

　군영과 철도는 한반도 침략의 핵심 시설이었고, 많은 일본인들을 불러들여 배후에 둘 수 있었다. 용산역에서 한강 변으로는 철도 공작창(차량 정비창)과 수많은 공업 시설들이 가득 들어와 기반 시설을 확장했다. 그리고 본격적으로 고급 주택지 개발에 박차를 가했다.

　문화주택촌은 신도시를 목적으로 1920년대부터 1940년대까지 개발된 주거촌이다. 도시 중산층을 대상으로 한 20~30평형의 서양식 주택이 주로 지어졌다. 문화주택 사업에는 일본인 개발업자와 주

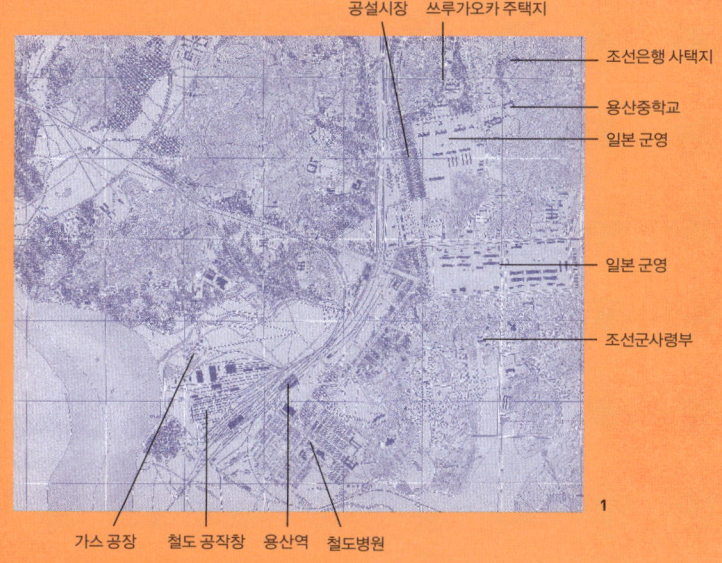

공설시장　쓰루가오카 주택지

조선은행 사택지

용산중학교

일본 군영

일본 군영

조선군사령부

가스 공장　철도 공작창　용산역　철도병원

1　〈용산시가도〉, 1927년.

2　용산역

3　조선 신궁

택개발회사가 활발히 뛰어들었다. 개화기 무렵부터 남산 북사면 진고개에 형성되었던 일본인촌이 포화 상태에 이른 것도 문화주택의 발달을 가속화시켰다. 남산의 남쪽 사면은 전망과 자연환경이 좋아 가장 이상적인 주택지로 주목받았다. 1925년에는 남산 정상에 조선 신궁이 세워졌으니, 신궁과 병영 사이에 자리한 주택촌이라면 그 입지의 안정성은 말할 필요도 없었을 것이다.

문화주택지는 요즘 아파트처럼 브랜드가 있었다. 남산의 동북 방향으로 장충동에 이르는 지역에는 소화원, 구감천정 주택지, 남산장, 전고대가 있었고, 남서 방향으로는 청파동 녹구(미도리가오카)와 청엽정 주택지, 후암동의 삼판통(미사카도리), 삼판통 주택지(미사카도리 쥬타쿠), 동자동과 갈월동의 학강(쓰루가오카)이 있었다. 경성부 외부로 나가면 신당동의 경성문화촌, 앵구(사쿠라가오카), 송구(마쓰가오카), 박문대, 동소화원, 혜화동의 혜화동 주택지와 약수대, 흑석동의 명수대, 충정로의 금화장, 북아현동의 연희장 주택지 등으로 퍼져 나갔다.[1] 타워팰리스, 한남더힐처럼 '미사카도리'라고 하면 대번에 어느 지역에 지어진 어떤 주택인지 알 수 있었으니, 그 이름은 특정한 지역 커뮤니티를 상징하는 브랜드였던 셈이다.

주택지는 경성제대, 경성사범학교, 육군 병영, 국책 회사 등과 가까운 곳에 형성되어 사택촌과 공존하면서 입지를 확보했다. 전차는 지속적으로 선로를 확장하여 신도시 주택지들을 돌며 도심과 연결했다. 후암동(당시 삼판통)은 총독부와 조선은행의 사택이 있었고, 병

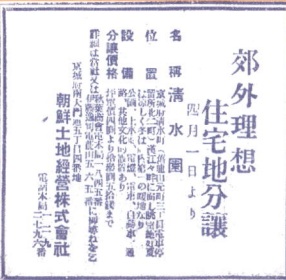

1

2

3

4

문화주택 분양 광고와 일본 건설사.

1 조선토지경영주식회사의 용산구 청수원 분양 광고. 설비가 잘 갖춰진 이상적인 주택지라고 소개하고 있다.

2 오바야시구미大林組 사무소. 한국은행 본관, 경교장, 경의선 철도 등을 건설했다.

3·4 하자마구미間組 사무소. 한강 철교, 압록강 철교 등을 건설했다.

영의 관사들이 가까워 입지의 가치가 매우 높았다. 쓰루가오카와 미요시와 주택지가 잘 정착된 다음, 미사카도리 주택지가 추진되었고, 1940년대에는 남산순환도로와 인접한 산비탈에 미쓰비시 연립사택과 함께 신세이다이 주택지가 들어왔다. 주택촌의 형성은 도시의 경관을 완전히 바꿔놓았다.

쓰루가오카는 남산에서 천천히 흘러내린 자락이 서울역 방향으로 느슨하게 이어지는 언덕에 자리 잡고 있다. 이 지역은 일본의 '군납 거상'이라 불리는 오쿠라 기하치로大倉喜八郎(1837~1928)의 소유지였다.● 오쿠라 기하치로는 우리에게 낯선 인물이 아니다. 식민지 조선과 대만, 만주를 넘나들며 수많은 이권을 챙겨 재벌이 된 오쿠라 재벌의 설립자가 바로 그다. 오쿠라구미(대창조)라는 건설사를 설립하여 부산 북항 매립 사업과 같은 엄청난 토목 건설 사업을 시행했으며 시미즈구미와 함께 조선총독부 청사공사를 맡았다. 이후에는 주택 사업에도 관여했다.

그는 용산과도 관계가 깊은데 선린상고를 설립했고 철도 기업에도 손을 뻗었다. 문화재 수집에도 열을 올려 경복궁 자선당을 통째로 동경에 옮겨다 놓기까지 했다.●● 온갖 문화재로 치장한 그의 개인 박물관인 오쿠라슈코칸大倉集古館(1917년 개관)은 우리 문화재 반출의 현장이기도 하다.

● 쓰루가오카는 오쿠라 기하치로의 호인 쓰루히코鶴彥에서 비롯되었다.

●● 자선당 유구는 1995년에 되돌아왔다.

오쿠라 기하치로는 조선신탁회사와 함께 쓰루가오카 주택지 개발에 참여했다. 1단지에 해당하는 7천3백 평은 모두 77필지로 구분되어 공시 지가의 최고 32배까지 뛴 높은 가격으로 분양되었다. 분양가는 평당 10엔에서 36엔이었다. 그다음으로 조선신탁회사 사장인 아라이 하츠타로의 소유지 8천8백여 평을 100필지로 나누어 평당 16엔에서 35엔의 분양가로 판매 완료하여 제2단지를 무사 안착시켰다. 1928년에는 건설회사인 마쓰모토구미의 마쓰모토 가쓰타로가 자신의 소유지 2천6백 평을 제3단지로 개발하여 모두 26필지 평당 26엔에서 38엔으로 분양했다. 성공적으로 주택지를 분양한 다음에는 건축가들이 등장하여 집을 지었다. 1930년 전후로 모든 건축이 마무리되었고, 뾰족한 지붕을 한 매끈한 양식 주택들이 구릉지를 뒤덮었다. 쓰루가오카는 경성의 명물이 되었다.

이 집의 소유자들은 교수, 고위 공무원, 금융인, 법조인, 기업대표 등의 상류층 일본인들이었다. 탄탄한 사교계가 형성되었을 법한데도 쓰루가오카 사람들은 건너편 삼판통(후암동) 안쪽 동네를 부러워했다고 한다. 총독부와 조선은행 관사촌이 있어서 더 화려한 커뮤니티가 형성되었던 것이다.[2] "문화주택촌이라고 다 같은가요? 총독부와 선은(조선은행) 사교계에 들어야 경성에서 좀 산다고 할 수 있죠." 이런 목소리가 소곤소곤 들리는 듯하다.

주택 브랜드로 결합된 지역 커뮤니티가 자녀들의 학업과 진로에 큰 영향을 주었음은 말할 필요도 없겠다. 육군 관사에서 사는 아이들은 학업 성취도가 높았고 출세의 기회도 빨랐다. 철도 키드들도 자신의 삶이 어느 정도 결정되었다. 이 아이들은 철도병원에서 태어나 철도유치원을 거쳐 용산소학교와 용산중학교를 나와 철도국에 취직하는 삶의 여정에 있었다.[3] 그러나 갑 오브 더 갑은 따로 있었으니, 총독부 관사에서 자라 경성중학교, 경성제대를 거쳐 총독부로 향하는 길만큼 확실한 출세는 없었다.

우리의 공간이 된 이 집. 계약서에 첨부된 서류는 이 집의 연혁에서 극히 일부만 보여줄 뿐이다. 서류가 등장하는 가장 이른 날짜는 1961년이다. 이때 이 집은 바로 옆집과 필지가 분할되어 새로운 지번을 받았다. 그러니까 옆집과 이 집은 원래 한집이었다. 필지가 나뉘면서 땅만 나뉜 게 아니라 집도 정교하게 분리되었다. 주인이 달라진 두 집은 자기 식으로 넓히고 고쳤다. 지금도 가벽으로 붙어 있긴 하지만 한 채의 집이라고 보기 어려울 정도로 내외부가 달라졌다.

동자동뿐 아니라 후암동, 갈월동 등 이 지역의 오래된 집들은 연립주택도 아닌데 절반으로 나뉘어 지붕 색도, 선물 장식도 다른 집들을 종종 볼 수 있다. 이 동네로는 전쟁 전후 귀향인과 전재민이 몰려들었는데, 아마도 턱없이 부족한 집을 많은 사람들이 나눠 갖기 위한 방편이었을 것이다. 집만 분리한 것이 아니라 집의 모든 여유 공간을 방으로 만들거나 담벼락에 닿을 때까지 집의 크기를 넓히기도 했다. 불법성이 다분한 확장이었다. 한때 마당이었거나 뒤뜰이었던 곳도,

공간을 이어주는 복도도 모두 방으로 둔갑하여 바늘 들어갈 틈도 없이 부풀어 올랐다. 이것은 탐욕의 흔적이라기보다 시대의 특수성이라 해야 옳을 것이다.

명백히 살림집인 이 집은 지난 몇 년 동안 몇몇 업체들이 입주해 사무실로 사용하면서 내부가 모호하게 변했다. 동서로 길쭉한 이층에는 중앙에 나무 기둥 두 개가 뜬금없이 서 있었다. 거실과 방으로 나뉘었던 것을 벽을 터 하나로 만들면서 힘을 받는 기둥만 남겨둔 것이다. 바닥에 깔린 데코타일을 떼어내니 기둥을 경계로 방 쪽에는 온돌 바닥이 거실 쪽은 나무 마루가 깔려 있었다.

창가 쪽과 중앙에 두 개의 라디에이터가 있었다. 오랫동안 방치된 듯해서 과연 작동할까 의심스러웠는데, 역시나 기능은 이미 상실했고 옛날 물건 특유의 가늘고 정교한 세공을 보여주는 미적인 기물 쪽에 속했다. 쓰루가오카 주택지는 편리한 설비를 바탕으로 세워졌다. 용산은 상하수도 설비는 물론, 한강 변에 설치된 경성전기주식회사의 가스 공장으로부터 일찍이 도시가스가 공급되던 지역이었다. 집집마다 라디에이터와 온수 보일러를 가동해 난방을 했던 기록이 있다.

열린 창문으로 어디서 오는지 모를 바람이 불어왔다. 22번지에서 가장 높은 경사지에 자리한 이 집은 전망이 좋았다. 초고층 빌딩이 서울역 방향에 서 있긴 해도, 그것마저도 도시 경관의 화려한 볼거리였다. 이 집이 생겨났을 때는 경성역으로 들어오는 검고 단단한 기관차와 길고 아름다운 열차 위로 기다랗게 피어오르는 연기까지도 선명하게 보였을 것이다. 이 집에 살던 소년 소녀는 열차를 보면서 다른 세계로 나갈 꿈을 꾸었을지도 모른다. 워낙 경사가 심한 동네여서 축대와 옹벽 위에 주택을 지었던 것인데, 덤으로 이런 전망을 얻은 셈이다. 이 석축들은 지금까지도 옛집과 새로운 집을 지탱하고 있다.

나는 옛집의 단서를 찾아보러 22번지 구역을 돌아다녔다. 다양한 연대의 건물들이 있었다. 향나무와 대추나무가 있는 정원 너머 경사 지붕을 한 이층집 두 채는 "문화주택이란 바로 이런 것이로군!"이라 할 만큼 전형적인 모습이었다. 일본식 목구조에 기와를 얹었고 벽돌과 시멘트로 마감한 주택들이다. 이층 응접실을 환하게 밝혔을 넓은 창과 현관의 포치가 지금도 남아 있다. 이 집들도 벽돌을 쌓아 벽을 바깥으로 밀어내 실내 공간을 늘린 흔적이 있었다.

1960~1970년대로 추정되는 이층 양옥도 있었다. 지하 공간을 직물 공장으로 개조하면서 다소 남루해졌으나 곡면을 살린 슬래브와 섬세한 타일 장식을 한 고급 주택임을 한눈에 알아볼 수 있었다. 도로 가까이로 내려가면 붉은 벽돌로 지은 큰 규모의 집들이 눈에 띄었다. 주변에 베네딕트회 수녀회도 있고, 예부터 터를 잡은 교회도 여럿 있기에 선교사 주택인가 했는데, 자료를 찾아보니 아이자와 게이지相澤啓治라는 건축가의 사무소를 겸한 주택이라고 한다.

아이자와는 조선총독부에서 건축을 담당했던 경험을 살려 용산에 건축사무소를 열었다. 명동에 여러 빌딩과 사옥을 지은 경험이 있고 1929년에는 조선토지경영주식회사 사옥까지 지었으니 그가 이 일

쓰루가오카 주택지의 풍경

1 　1930년의 쓰루가오카 주택지
　　　(『경성일보』. 1930년 11월 30일)

2 　아이자와 게이지의 건축 사무소 겸 주택

3 　1928년에 완공된 토미노 주택

대에 많은 집을 지었으리라 어렵지 않게 짐작할 수 있었다. 쓰루가오
카에는 다른 동네에는 없는 집들과 이야기들이 뒤덮고 있었다. 과거
의 그림자가 고요한 동네에 드리워졌다.

문화주택, 일본 사람이나 살던 이층집

　여름비가 내리고 난 뒤 마당의 덩굴장미는 무시무시한 속도로 자
랐다. 줄기가 굵어서 나무처럼 단단하고 가시의 크기와 날카로움도
예사롭지 않았다. 낯선 사람들을 경계하는 것처럼 날선 표정의 장미
덩굴 주변에는 무성한 잡풀들이 처음엔 무릎까지 일주일이 지나니
허벅지까지 올라왔다. 새파란 꽃이 핀 초록 잎 식물들을 모두 베어냈
더니 다음 날부터 주홍색 꽃이 피는 초록 잎 식물이 무성하게 올라왔
다. 그래도 흙 마당이 아닌가? 마당에 무엇을 심고 가꿀지 상상하는
일이 얼마나 달콤했는지 모른다. 못생긴 장미를 베어내고 홍매화를
심자, 라일락은 어떨까, 바질이나 무화과를 심자, 매일 생각이 달라졌
다. 건축가 남편은 사과나무를 고집했다.
　"내일 재개발이 되더라도 오늘은 사과나무를 심겠다는 뜻이지."
　그렇다. 바로 이웃한 지역까지 재개발 때문에 들썩거리는데, 아직
이곳은 조용한 일상을 이어 가는 중이었다. 어느 날 집주인으로부터

이 집 이야기를 듣고 온 남편은 정원 계획을 철회했다.

"할머니가 사셨대. 장미나무는 그 할머니가 키웠던 거고."

집주인의 노모가 돌아가실 때까지 가꾸던 장미 정원은 이 집을 기억하는 특별한 유산이었다. 그렇다면 장미를 계속 가꿔나가는 게 옳은 일이다. 굵은 가시에 찔릴 위험을 감수해야겠지만 말이다.

이 집은 몇 겹의 바닥과 몇 겹의 벽을 갖고 있을까? 가벽을 덧대고 천장을 치며 집은 다른 공간들을 만들어왔고 어떤 시대를 지나왔다. 더 이상 되돌리지 못하게 고쳐버린 시기도 있을 것이다. 불가역적인 시점을 거치면서 집은 앞으로 나아간다. 우리도 그런 불가역의 순간을 이 집에 부여해야 한다. 집을 고치려고 보니 결정할 일이 많았다. 아름다운 나무 세공이 된 이층 천장은 앞쪽이 내려앉아버렸다. 이미 한두 세대 지나버린 목재 천장을 똑같이 재현할 방법은 없었다. 어설픈 수선 대신에 천장을 털어내기로 했다. 서까래를 노출한 집, 얼마나 멋질까 상상하면서 말이다. 천장을 열었다가 지붕이 삭았거나 구조에 문제가 있다면 더 큰 공사를 감내해야겠지만 지금으로선 가장 합리적인 선택이었다.

무엇보다 상량을 발견할 가능성이 높았다. 이 집이 진짜 이 자리에 최초로 생긴 집일까? 쓰루가오카 문화주택이 맞을까? 집의 원형은 어떠했을까? 나는 이 답에 가까이 가고 싶었다. 이 집의 역사를 정확히 아는 것이 점점 더 중요한 목표가 되었다.

집을 고치면서 나는 서랍에 넣어두었던 자료들을 꺼내 이 집의 역사에 다가가게 해줄 이야기를 찾았다. 옛날 지도 중에서 〈대경성부대관〉은 당시를 묘사한 가장 선명한 자료다. 1936년에 발행된 〈대경성정도〉에는 지번이 표시되어 있어 건물의 정확한 위치를 탐색하는 데 적합하다면 같은 해에 출간된 〈대경성부대관〉은 항공 사진을 바탕으로 그려진 채색 지도라서 일제강점기 서울(그리고 인천)을 살펴보는 데 도움이 된다. 일본 근대 지도업계의 원류라 불리는 기자키 모리마사木崎盛政의 수제자인 오노 가즈마사小野三正가 그렸으며, 일본의 조선시정 25주년 기념으로 제작되었다.

　〈대경성부대관〉은 1930년대 초반의 항공 사진을 그림 지도로 재현하면서 시점의 왜곡이 나타난다. 남산 일대는 크고 상세하게 그려진 반면 경복궁 너머와 종로 쪽은 멀게 보여서 디테일이 떨어지고 잘못 그려진 부분도 있다. 유난히 상세하고 정확하게 표현된 곳이 조선신궁이 있던 남산과 후암동이다. 지도라면 응당 정밀함과 정확함을 갖춰야 하겠지만 이 지도는 발행 의도에 따라 왜곡된 이미지를 심어줄 가능성도 있었다.

　서울역사박물관은 〈대경성부대관〉을 누구나 살펴볼 수 있도록 책자 형식으로 발간했다. 지도를 모두 76개의 조각으로 나눠 페이지별로 수록했다. 이 지도에 표현된 것으로도 후암동과 주변 동네들은 지금과 다를 바 없이 집들로 빽빽하다. 삼판소학교, 제2경성여자고등보통학교, 용산중학교 등의 부지는 지금도 그대로 삼광초등학교, 옛 수도여고이자 현 교육청 부지, 용산고등학교로 이어진다. 보안 지역

경성역
↑

1

미요시와
주택지

쓰루가오카
주택지

삼판소학교

제2경성여자
고등보통학교

조선 신궁

조선총독부
관사

선은사택 앞
전차역

조선은행
사택지

↓
일본 군영

大京城府大觀

2

1 〈대경성부대관〉에 그려진 후암동 일대.

2 〈대경성부대관〉, 1936년. (사진 자료: 서울역사박물관)

인 군 주둔지는 비탈진 야산처럼 표현되어 있다. 그리 넓지 않은데도 버스가 꽤 자주 다녀서 내가 자주 이용하던 후면 도로는 그 시절에 이미 전차가 오가던 주요 도로였다.

쓰루가오카는 둥근 등고선을 따라 앉혀진 집의 위치로 알아볼 수 있었다. 단층 주택도 이층 주택도 있고, 일자형 집도 ㄱ자형으로 꺾인 집도 있었다. 지대가 높아 도로를 깎고 축대를 쌓은 과정이 그려져 있었는데, 무성한 나무들이 펼쳐진 녹지대가 동네를 감싸고 있었다. 한창 주택지의 모양을 갖춰가는 중이었다. 이 동네를 울렸을 공사장의 소음이 환청처럼 들렸다.

문화주택은 조선건축회의 월간지 『조선과 건축』에 주요하게 소개되곤 했다. 일본어로 발행된 잡지라서 내용을 충분히 이해하지 못하는 아쉬움이 있지만 두꺼운 종이에 놀랄 만큼 선명하고 디테일하게 인쇄된 건축 사진이 실물을 대하는 것같이 생생하다.

국립중앙도서관에서 온라인으로 『조선과 건축』 합본호를 열람할 수 있다. 1922년부터 1942년까지(『조선과 건축』은 1945까지 발행되었다) 모두 21년치에 달하는 내용이 들어 있다. 일단 열람을 시작하고 보니 중간에서 끝내기 어려울 정도로 흥미진진했다. 당대 최고로 꼽는 모던 건축물의 연대기를 들여다보면서, 주택의 변화와 근대 사회의 중요한 이슈들이 동시에 움직이고 있음을 알게 되었다.

재조선 일본인 건축가들이 주축이 되어 발간한 잡지라는 한계가 있으나 서울에 세워진 근대 건축물의 면모에 대한 궁금증을 어느 정도 해소할 수 있었다. 조선건축회 회원 중에는 그들과 유사한 건축 교육을 받고 일했던 한국인도 있었다. 박길룡뿐 아니라 이상 김해경도 조선건축회의 일원이었다. 이상은 경성고등공업학교를 마치고 조선총독부 관방과 영선계에 입사한 초보 건축가였다. 그는 1930년 『조선과 건축』 표지 공모전에서 1등과 3등에 선정되었고 그 특전으로 1930년도 표지는 이상의 1등안으로 진행되었다.

그런데 그다음 해인 1931년 표지 도안 당선작과 가작을 살펴보니 그 전해 이상의 안과 매우 흡사하다는 느낌을 받았다. 당선자는 소청수선지조小淸水仙之助라는 예명으로 소개되었는데, 연구자들은 이 또한 이상의 것으로 결론을 내리고 있다. 그는 1932년에도 표지 도안 공모에 당선되었다.

이상은 일본어로 쓴 초기 시들을 발표할 지면으로 『조선과 건축』을 선택했다. 1931년에는 〈이상한 가역반응〉(7월호)과 〈오감도〉(8월호)● 1932년에는 〈건축무한육면각체〉(8월호)의 일본어 연작시를 발견할 수 있었다. 이상은 시를 발표할 때만큼은 작가명으로 김해경과 이상을 번갈아 썼다. 건축 전문가들의 대담이나 연구성과 보고, 건축설계 정보 사이에 불쑥 끼어 있는 아방가르드 시의 흔적은 범상치 않은 인간의 등장을 예고하고 있었다. 남다른 행보를 보이던 이상 김

● 일본어로 쓴 초기 시 중 하나다. 우리에게 널리 알려진 이상의 시 〈오감도〉는 1934년 8월에 『조선중앙일보』에 발표된 연작시다.

1

2   3   4

『조선과 건축』에서 발견한 이상의 자취.

1   1930년 잡지 표지 도안 공모전에서 1등안으로 당선된 표지. 김해경으로 발표했다.

2·3 1931년과 1932년에는 소청수선지조라는 예명으로 당선되었다.

4   이상은 일본어로 쓴 다수의 연작시도 『조선과 건축』에 발표했다. 〈이상한 가역반응〉, 〈삼차각 설계도〉는 김해
      경으로, 〈건축무한육면각체〉는 이상으로 발표했다.

해경은 폐결핵으로 1933년 총독부를 사직했다. 개인적인 인상인지도 모르겠으나 아방가르드 미술화를 보는 듯했던 잡지 표지 도안도 그 후로는 무난하고 평범한 스타일로 정착되어버렸다.

건축적으로 의미 있는 이슈들을 연대기별로 정리해보면 이렇다. 1920년대에는 총독부 청사의 완공이 건축계 최고의 이슈였다. 지금은 철거된 총독부 청사의 내부를 상세한 도판으로 실었다. 외부의 강건함이야 자주 보았으나 화려하고 웅장한 실내 디자인은 여기서 처음 확인할 수 있었다. 당시 총독부 청사를 가린다며 광화문을 철거하겠다는 당국의 결정은 시민들의 반발을 불러일으켰다. 야나기 무네요시도 광화문을 지켜야 한다고 한목소리를 냈다. 광화문은 동편으로 위치를 옮기는 것으로 조정되었는데, 이 사건은 건축계에서 광화문을 다시 들여다보는 계기를 만들었고, 『조선과 건축』에도 광화문의 실측 도면과 상세도가 실리게 되었다. 뒤이어 한반도의 역사 유적지에 대한 관심이 계속 이어졌다. 고고학 발굴이 많았던 시절이어서 조선 고적 답사 연재는 매회 빠지지 않고 등장했다.

민간 분야에서는 주택개선안 공모전이 큰 화제였다. 주택 개선은 지속적으로 논의되어, 1931년에는 조선식 주택 개선 좌담회를 열어 이왕직 사무관, 조선저축은행 두취(사장), 동아일보 경제부장을 위촉하고 조선식산은행지사, 경성고등공업학교, 일본 군영 등의 고위직에 재직 중인 조선건축회 회원을 한자리에 모으기도 했다. 이 좌담회에는 조선상업은행 두취로 있던 박영효가 참석했다.

1930년대는 건축 활동이 가장 다양하고 활발하게 이루어졌다. 첫 테이프를 끊은 것은 미쓰코시 백화점이었다. 많은 페이지를 할애해 건축미를 보여주는 사진을 실었고, 층별로 실내 디자인, 가구와 벽지까지 상세하게 소개했다. 1930년대 중반에는 학교 건축에 변화가 생겨서 관립학교의 다양한 사례들이 보도되었다. 주요 기관들의 관사도 모던하면서 권위 있는 스타일로 다수 등장한다. '테미오래'라 불리는 대전의 충남도지사 관사와 관사촌을 상세히 다루었는데, 지금과 크게 다르지 않은 모습이다.

베를린 올림픽이 열린 1936년에는 각종 스타디움과 상징 기념물들이 조명되었다. 일본은 1940년 올림픽 개최지였으나 만주사변을 일으킨 침략국이 되면서 올림픽을 반환했다. 이즈음 주택들은 과거의 특색을 다시 살피는 모습이다. 일본인 건축가들 사이에서 온돌이 새롭게 조명되면서 연구도 활발해지고 일본인 주택에 온돌이 설치되기도 했다. 다다미를 깐 접객실인 자시키座敷가 부활하더니 한옥이건 문화주택이건 도코노마•가 설치된 자시키를 중심 공간으로 두는 변화가 발생했다. 1930년대 후반의 도시 변화 중 하나는 공업 지역인 영등포가 경성부로 편입되어 수많은 공업회사들이 설립된 것이다. 『조선과 건축』은 소화맥주 공장을 집중적으로 소개했다. 종로와 명동에 넘쳐나는 카페들도 기사의 소재가 되었다. 건축가에게 카페나 다

• 일본식 방의 상좌上座에 바닥을 한층 높게 만든 곳으로 벽에는 족자를 걸고 바닥에는 꽃이나 장식물을 놓는데, 보통 객실에 꾸민다.

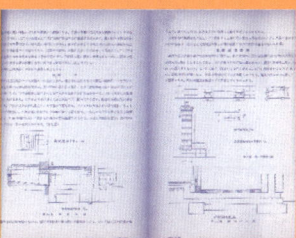

조선건축회의 잡지인 『조선과 건축』은 당시 한반도와 경성에서 가장 중요도가 높은 건축물과 건축 사안을 다루고 있다. 또한 시대적인 요구 사항들도 조명하고 있다. 1920년대에는 주택개선안에 대한 다양한 생각들과 광화문 이전에 대한 관심이, 1930년대에는 새롭게 조명된 온돌 시스템에 대해, 1940년대에는 방공호 건축 등이 중요하게 다뤄졌다. 전시 체제에서는 광고에도 전쟁을 연상시키는 시각 이미지가 사용되었다.

1　　『조선과 건축』 주택공모전 당선작 소개

2　　광화문 특집 기사

3　　온돌 특집 기사

4　　『조선과 건축』에 실린 건축 관련 회사 광고

5　　지하방공호 특집 기사

1

2

『조선과 건축』에 실린 한국인의 주택들을 소개한다.

1   우종관 주택
우종관은 가회동과 계동에 바로 인접하여 두 채의 집을 지었다. 방갈로 주택의 형식을 취한 첫 번째 집을 화
신상회의 박흥식에게 넘긴 뒤 두 번째 집은 완전한 서양 모던 건축 양식의 본채와 한식 별채를 함께 지었다.
물길이 흐르는 넓은 정원을 갖췄다.

2   김명하 주택
종로에 들어선 서양식 주택이다. 벽난로를 갖춘 응접실 겸 서재와 채광이 좋은 이층 응접실을 갖추는 등 접객
의 장소가 많은 집이다.

3

4

3 모씨 주택
『조선과 건축』에는 한옥 건축도 실렸다. 개량 한옥인 이 집은 서양식 응접실과 일본식 접객실을 함께 갖춘 절충형 가옥의 사례를 보여준다.

4 김씨 주택
외관상으로는 완전한 서양식 주택이지만 내부에는 한식 안방과 일본식 접객 공간이 함께 있다. 당시는 이러한 혼종을 당연하게 받아들였다.

방의 의뢰가 많았던 모양이다.

1940년이 되자 잡지의 색채가 매우 우울하고 차분해진다. 잡지만 봐도 전쟁의 소용돌이로 빨려 들어가는 게 보인다. 광고에도 공습이나 전투기 등이 디자인 모티프로 활용되었다. 물자 부족은 건축물의 양을 급격히 줄였고, 신축 건물은 거의 지어지지 않았다. 새로운 제도로 도입된 방공호 건축이 그나마 그들이 다룰 수 있는 주제였다. 그럼에도 아주 드물게 신축 주택이 등장한다. 전쟁 중에도 돈을 끌어모은 사람들이 있었으니, 이 험난한 시기에도 누군가는 번듯하고 대단한 집을 지었다. 점점 추락해가는 상황에서도 생업은 계속되어야 하고 잘 살아보려는 마음을 놓을 수 없었을 테니까. 마지막 부분이 잘린 영화처럼 잡지는 거기서 갑자기 끝나버렸다.

집이란 무엇인가? 집은 잘 살아보려는 마음이다. 그러므로 집은 어떤 경우에도 지어졌다. 우리는 태평양전쟁에서 일제가 패망하고 우리가 광복을 맞았다는 사실을 안다. 그 후에 무슨 일이 일어났던가? 전국의 일본인들에게 귀환 명령이 떨어진다. 그들에게 허용된 소지품은 현금 천 엔과 손가방 두 개였다. 사진 속의 숱한 집들은 전쟁으로 파괴되지 않았다면 전부가 귀속 재산으로 넘겨졌을 것이다.

수많은 건축물과 집들을 아득하게 훑으며 마지막 페이지를 덮고 나자 내 머릿속엔 하나의 집만 남아 있었다. 1920년대에 지어진 주택이었다. 후암동과 신용산에 지금도 남아 있기는 하지만 점점 사라지고 있는 적산 가옥들과 매우 흡사했다. 집주인은 강[江]과 섬[島]을 붙여 이름으로 썼다. 전면부에는 주인을 위한 방과 거실, 접객을 위한 공간 등이 있고 뒤쪽에는 아이방, 부엌, 욕실, 변소 등이 내부 복도를 따라 나 있다. 좁은 이층은 방과 작은 거실로 구성되었는데, 별실처럼 특별해 보였다. 넓은 창으로 바깥세상이 환히 보였을 테고, 내가 몸담고 있는 동자동 집 이층방의 창처럼 다른 세상을 열어주는 장소였을 것이다.

그러나 이 동네에 살던 사람들의 직업군과 집의 입지를 조사와 연구를 통해 밝혀냈을 뿐, 적산 가옥에서 벌어졌을 그 삶에 대해선 정확히 알려진 바가 없다. 후암동의 일본인들과 북촌의 조선인들이 얼마나 다른 삶을 살았는지, 그들의 대립각이 얼마나 컸는지, 그리고 두 민족 간의 섞임은 어떤 식으로 일어났는지 말이다. 조선인 구역에는 절대 가서는 안 된다는 불문율이 있었으나 일본인 사회에서는 '오모니'라고 부르는 조선인 여성 하녀를 적극적으로 고용했다. 해외 무장 투쟁이 활발했던 1930년대의 조선인 엘리트는 총독부나 식산은행에 입사하여 많은 월급을 받는 것을 가장 바랐다고 한다. 조선인과 일본인이 친구가 되고 부부가 된 사연도, 일제 패망 후 남편의 고향으로도 가지 못하고 고국으로도 돌아가지 못한 채 떠돌던 일본인 아내들의 사연도 있다. 적산 가옥은 이런 사연들을 말하고 있었다.

에지마江島 가족의 삶도, 지금 내가 사용하고 있는 작업실의 과거 주인들의 삶도 나로서는 다가갈 수가 없다. 어떤 시간은 뭉텅이로 삭제되었고, 파도처럼 밀려왔던 사람들은 순식간에 밀려나갔다. 우리는 남은 흔적들로 사라진 것이 무엇이고 어떤 의미를 갖는지 뒤쫓는다. 나는 이 집의 내력을 알고 싶었고 가능한 한 많은 것을 찾아내어 기록해두고 싶었지만, 중간이 잘려버린 영화처럼 이야기가 이어지지 않았다.

임시 거처, 떠나온 자들이 떠도는 땅

용산 미군 기지가 과거 일본 군영 자리에 그대로 들어왔다는 것은 우리에겐 또 다른 시간과 장소의 상실을 의미한다. 용산 기지는 평택으로 옮겨졌지만 부지는 아직 반환되지 않고 텅 빈 채로 시간을 흘려보내고 있다. 나는 비어 있는 용산 기지 내부를 둘러본 적이 있다. 국방부와 국토부에서 마련한 차량에 탑승한 채로 관람하다가 몇몇 장소만 걷고 촬영하는 제한적인 답사였다. 백 년 이상 우리 역사에서 지워진 장소를 찾아가는 이 짧은 여정은 매우 특별한 기억을 남겨주었다.

미군 기지는 완벽한 미국 소도시의 풍경을 하고 있었다. 기지 안에는 군부대만 있는 것이 아니었다. 군인 가족들을 위한 거대한 배후 도시가 존재했다. 병원, 마트, 학교, 운동장, 클럽, 공원, 호텔, 그리고 계급과 직급에 따라 사용하는 다양한 형태의 주택들. 과연 몇 명이나 이곳에 살았던 것일까? 몇천 명, 아니 몇만 명이었을까?

이태원로가 용산 기지를 관통하면서 두 지역은 고가도로로 이어져 있다. 이태원로 남측이 미국 소도시의 풍경이라면, 북측은 과거 식민지 시기의 환영을 불러일으키는 습하고 어두운 건물들이 가득했다. 바깥세상에서는 한참 전에 복개되어 이미 건물이 들어섰지만 기지 내에는 만초천이 여전히 푸르게 흐르며 물풀을 가득 피웠다.

미군은 기지 내 건물을 '일시적' 건축물로 간주해 존재하던 건물을 거의 없애지 않았고 새로 짓는 것도 영구적인 방식으로 짓지 않았다. 기지 내에는 일제강점기의 근대 건축이 대략 2백~4백여 동이 있고(전수 조사가 이루어지지 않아 정확한 수를 모른다고 한다) 미군이 새로 지은 건축물은 조사할 기회조차 없었으나 엄청나다고 할 정도로 다양하고 많다. 이 건물들 중 어떤 것은 철거하고 어떤 것은 살아남게 될 것이다. 그런데 어떤 역사는 지우고 어떤 역사를 남기는 선택이라는 권리가 과연 우리에게 있을까?

미군 기지는 섬처럼 동떨어진 금단의 공간이자 닫힌 세계였다. 하지만 이곳 역시 그 접점이 되는 경계선에서는 두 문화가 뒤섞이는 풍경이 탄생했다. 우리는 AFKN을 통해서 미국의 시트콤과 드라마를 접했고, 그들의 음식부터 패션, 영화, 음악, 대중문화까지 흘러들어와 우리의 미드센추리 모던을 형성했다. 부대찌개가 미군들과 무관해진 지는 오래되었으나 혼종의 경계에는 나름의 서사와 역사를 품은 사람과 사건과 집이 남아 있다.

미군이 떠난 뒤로 이 거리의 낡은 집들은 새로운 취향을 가진 사람

1

2

3

1　　용산에 설치된 일본 군영. (사진 자료: 서울역사박물관)

2　　광복 직후의 용산 일대와 일본 군영. (사진 자료: NARA 소장)

3　　조선군사령부 일대의 항공사진. (1948년 촬영, 국가기록원, NARA 소장)

현재 용산 미군 기지의 모습이다. 일본 군영 시절의 건축물들이 다수 남아 있으며 미군 기지에서 새로 건축한 근대 건축물까지 합하면 상당수의 건축물이 시대를 증언하며 존재한다. 용산공원으로 바뀌기 전에 백 년이 넘은 용산 기지의 기록을 정리하고 보존하는 길고 무거운 선행 과정이 기다리고 있다.

들에게 선택되어 즐거운 변화를 맞이하고 있다. 작은 가게들이 로컬의 브랜드를 달고 하나둘씩 생겨나 인스타그램의 성지가 되고, 유행에 민감한 젊은 사람들을 불러들였다. 황량하고 쇠락한 장소가 풍기는 쓸쓸함과 누추함은 낯선 매력의 다른 이름이다. 경리단을 지나온 그 흐름은 해방촌과 남영동으로, 삼각지와 신용산을 거쳐 용산역 너머 옛 철도 관사 주변까지 이어진다.

나는 낯선 집을 향한 발걸음을 계속 이어 갔다. 존재하긴 하되 다가갈 수 없었던 용산 기지를 빙 돌아서 그 배후의 동네, 해방촌으로 방향을 옮겼다. 느릿느릿 움직이는 모노레일을 타고 108계단을 쉽게 올랐다. 이 계단이 정말 108개가 맞는지 정작 헤아려본 적은 없지만 이 계단 위에 일제의 호국 신사가 있었다는 건 사실이다. 신사로 가는 길은 동네 사람들의 집을 이어주는 골목이 되었다가 서울을 내려다보고 싶은 여행자들이 오르는 모노레일이 되었다. 그 위로 깎아지른 경사지에 들어앉은 수많은 집들로 신사 터는 묻혀버렸다.

나는 어느새 신흥 시장에 도착했다. 신흥 시장은 중심에 섬처럼 놓인 이층짜리 상가를 또 다른 이층의 건물들이 요새처럼 두르고 있다. 자연스레 둥글게 휘돌아가는 골목이 생겼는데, 자연발생적인 골목이 이렇게 상냥하고 아기자기하다면 건축가의 손 따위는 없어도 되지 않을까 싶다. 골목을 따라가면 시장 안의 모든 가게들을 둘러볼 수 있다. 매장은 또 얼마나 작고 오밀조밀한지, 시장이 왕성하게 운영되던 시절이 궁금해질 따름이다. 휴먼 스케일에 입각한 기가 막힌 구조는 퇴락 일로에 있던 시장을 구하고 힙한 카페와 식당이 들어오는 결정적인 역할을 했다. 인기 TV 프로그램에 등장해서 유명해진 게 아니라 이 장소 자체가 가진 매력이 압도적으로 컸다는 것을 나는 안다. 나는 요새처럼 둘러싼 상가의 바깥쪽에 옛날부터 있었고 다행스럽게도 여전히 살아남은 슈퍼마켓과 과일 가게와 빵집과 밥집과 맥줏집과 간식을 파는 노점이 있다는 사실에 반가움을 느꼈다. 소소한 눈빛과 대화를 주고받을 수 있는 생활의 장소들이 이 길을 걷는 수고를 잊게 한다.

바로 여기가 해방촌이다. 38선이 그어지자 남쪽으로 내려온 월남인들이 모여 살던 곳이라서 해방촌이다. 해방촌을 형성한 사람들은 주로 평안북도 선천 출신이었다. 광산과 해상무역이 활발했던 선천에는 자산가들이 많았으며 기독교의 세력이 매우 강했다. 이들이 해방 이후에 점령한 공산주의에 반발하여 월남한 것이다.

그들은 평지에 자리한 일본군 관사에 들어가 살다가 일본 군영을 점령한 미군에 의해 강제로 퇴거당하고 산으로 산으로 올라갔다. 호국 신사 자리에 무성한 나무를 베고 숲을 밀어낸 뒤 한국 정부가 제공한 천막 40여 개를 세우면서 해방촌의 역사가 시작되었다. 집들로 숨 쉴 틈 없이 빽빽한 용산동 2가 언덕배기가 과거에는 숲이었다는 사실을 과연 믿을 수 있을까?

해방촌에는 수많은 월남인들이 지속적으로 유입되어 고향이 같은 이들의 공동체가 형성되었다. 한때는 해방동이라는 동명이 생길 정도로 인구도 많았고 각자 생업도 열심히 꾸려갔다. 그럼에도 해방촌은 뿌리내리고 살아갈 집이 아니라 미군 기지에 배속된 미군들이 머물던 숙소처럼 임시 거처에 속했다. 해방촌 사람들은 곧 통일이 되어 고향의 집으로 돌아갈 것이라 믿었고, 그런 이유로 토지 불하를 원하지 않는 사람들도 많았다고 한다.[4]

해방촌 사람들이 경험한 가난과 차별은 이 장소에서 해방되지 않고서는 해결될 수 없었던 것이다. 고향은 지나간 과거에 속했고 다시 오지 않을 미래였다. 그들은 부유하는 공동체였다. 1세대 정착민들이 고향으로 돌아가길 기다리다가 세월을 다 보냈다면 2세대들은 흐릿한 고향의 기억과 뼈저리게 아픈 현재의 삶터 사이에서 갈등하며 해방촌의 삶을 이어 갔다. 그리고 그 어느 곳에도 속하지 못하는 그 이후의 세대들. 지금 해방촌의 구성원들 중에 월남인의 비율은 매우 적다. 뿔뿔이 흩어진 사람들은 다른 장소에서 다른 꿈을 꾼다.

해방촌에 이르면 나는 흙이 없어도 물이 없어도 뿌리를 허공에 둔 채로 살아가는 식물이 떠오른다. 우리는 모두 고향을 잃고 떠도는 사람들이고 언젠가 돌아가더라도 결코 전과 같지 않은, 결국엔 잃어버리고 말 장소를 기도하고 바라며 살아간다. 나의 집은 어디인가? 우리는 평생 이 질문을 하며 살아갈 운명이다.

해방촌 꼭대기에서 남산을 돌아가는 주회도로인 소월로에 접어들면 모든 풍경이 달라진다. 남산주회도로는 백 년 전에 남산 북사면과 남사면을 휘돌아 청구와 신당 등지의 주요 문화주택촌까지 연결하려는 목적으로 계획된 도로다. 남산의 중턱을 잘라놓은 이 도로는 그러니까 백 년 동안 적층된 풍경을 보여준다. 색색 가지로 들쭉날쭉 쌓인 집들과 서울의 낮은 언덕과 은색으로 빛나는 강과 매끈한 다리, 불쑥 튀어나온 빌딩들이 층층이 겹을 이룬다. 서울의 풍경 위로 매캐하고 흐린 공기가 머무르고 어스름한 그림자가 드리워진다.

너무도, 너무도 많은 집들! 가까이서 보면 혼종과 절충과 해방과 속박이 압박하며 다가오는 이 집들도 멀리서 보면 색색의 유리 모자이크처럼 눈부시다. 집과 삶은 지순한 것의 더미 위에 쌓인다. 오가는 것들이 남긴 혼종성을 저 땅 밑에 숨기고서, 바람과 먼지의 적층을 품고서 우리는 나아간다. 집 밖으로, 포개진 골목이 향하는 어떤 세상 속으로.

적산 가옥에 쓰는
상량문

시대의 집들은 낯선 세상, 우리를 둘러싼 또 다른 한 겹의 세상과 만나는 장소가 되어준다. 세계는 한 겹으로 이루어지지도 일직선으로 나아가지도 않는다. 우리는 수많은 겹을 이룬 세상에서 아주 복잡한 방식으로 만난다는 것을 오래된 집에서 배운다.

집보다 더 오래 남는 건 길이다. 1919년에 일본인 학교인 삼판심상소학교로 개교한 삼광초등학교는 건물은 계속 바뀌었지만 주변의 길은 그대로다. 얼마 전에 운동장을 보수했는데 실제 아이들이 운동장에서 뛰어노는 일은 많지 않다. 초등학교 학생 수도 부쩍 줄었고, 대부분의 체육 수업이 체육관에서 이루어졌다. 중문으로 등하교를 하다 보니 운동장에 면한 도로는 늘 한산했다. 학교 앞 도로에서 이면 도로로 빠지려면 좁은 골목길을 따라가야 하는데, 그 길도 아주 오래전부터 있었다.

두 사람이 나란히 통과하지 못할 정도로 좁은 골목에 내가 용산에 와서 처음 머물렀던 후암동 별장이 있다. 햇볕 좋은 날 후암동을 걷다가 우연히 부동산에 들어가서 보여달라고 했던 그 집. 마당으로 쏟아지던 햇살도, 골목이 너무 좁았던 것도, 집이 자그마하고 아늑한 것도 모두 마음에 들었다. 어느 시점에 한 개의 필지가 두 개의 필지로 나뉘어버린, 일본식 기와를 얹은 목조 가옥이었다. 마당의 일부를 집으로 넓히는 바람에 기와지붕 앞쪽에 비정상적인 작은 옥상이 생겨났다. 작지만 모든 게 다 있었다. 아주 오래전부터 그 집에 살았던 것처럼 친숙한 느낌이 들었다. 그래서 나는 이곳을 별장이라고 불렀다.

후암동 별장에서는 자주 어린 시절이 생각났다. 길바닥에 선을 그어놓고 놀던, 전봇대에 기대어 숨바꼭질을 하고 '무궁화꽃이 피었습니다'를 하던 시절, 숨이 차도록 뜀박질을 하고 노래를 부르며 고무줄을 뛰던 시절이. 친구네가 살던 막다른 골목의 아늑함과 해가 넘어갈 무렵 한 집씩 켜지던 불빛의 아스라함도. 이곳에는 그런 감성이 아직 남아 있었다.

　좁은 골목길에 느닷없이 빨래 대가 등장하고, 한창 더울 때 꺾어진 골목 안 대문 앞에 자리를 깔고 아이들과 어른들이 모이기도 했다. 좁은 골목이라 차들이 잘 들지 않는 길에서 소란스러운 건 참새와 까치들이었다. 골목에서 아이들 노는 소리가 들리고 옆집 사는 사람들의 움직임도 수런수런 느껴졌다. 모두 낮은 집들이 겹겹이 들어찬 이 동네는 층간 소음이 아니라 벽간 소음이 있었다. 귀를 기울이면 많은 것을 알 수 있었다. 옆집엔 나이 든 부모와 아들이 살았다. 두런두런 말소리와 나직한 기침 소리, 저녁 6시만 되면 어김없이 샤워실 물소리가 들렸다.

　해가 조금 넘어갈 무렵이 되면 나는 옥상에 작은 의자를 놓고 멍하니 앉아 있었다. 사람들은 내가 내려다보는 줄도 모르고 골목을 지나갔다. 근처 고등학교 녀석들이 담벼락에 몸을 숨기고 담배를 피우며 시시덕거렸고, 앞집에서 뜨거운 샤워를 하면서 풍기는 비누 냄새가 은근히 날아들기도 했다. 집들이 너무 가까워서 모두 나의 집인 것만 같았다. 멀리까지 이어진 지붕을 내려다보는 것도 재미있었다. 이 동네의 집들은 모두 오래되어서 낡은 기와를 얹고 있었는데, 용마루가 반듯하지 않고 고양이 등처럼 둥글둥글 굴곡졌다. 부드러운 지붕은 지붕 아래의 삶도 부드럽게 만들어주었다. 집들이 서서히 어둠에 물들어가면 주파수를 잘 맞춘 라디오처럼 선명한 불이 하나씩 켜졌다.

　후암동 별장에선 계절의 혹독함도 견뎌야 했다. 한여름에는 수도

꼭지에 긴 호스를 연결해서 새하얗게 타들어가는 마당에 물을 뿌려 열기를 식히곤 했다. 타일을 바른 벽에도, 옥상에도 물을 끼얹어야 실내도 조금은 시원해졌다. 겨울엔 외풍이 세서 코가 시릴 정도였다. 그럴 때면 온돌로 데운 바닥에 앉아 작업할 수밖에 없었다. 그러니까 그때, 앉으면 눕게 되고 누우면 잠드는 온돌의 강력한 힘을 제대로 경험했다. 한파에 보일러 동파를 막아보려고 온갖 방법을 시도해야 했고, 화재 걱정을 하지 않은 날이 없었다. 지붕을 톡톡 두드리는 빗줄기의 노크는 혹독한 계절이 물러가면서 안겨주는 선물이었다.

별장에는 이전 사람들의 흔적이 많이 남아 있었다. 이 집에서 자라는 아이들의 키를 잰, 문이나 나무 기둥에 약간의 간격을 두고 그어진 금, 스티커가 떨어져 나간 뒤 남아 있는 접착제 자국, 못을 쳤다가 빼낸 자국, 빗물이 새어들어 둥글고 넓게 퍼진 거무스름한 자취, 움푹 팬 현관 앞과 유난히 검은 때가 앉은 손잡이 주변, 색을 칠했다 덧칠하고 벽지를 붙인 후에 또 덧붙인 것, 창을 넓혔거나 막아버린 벽. 수많은 인생들이 적층된 무늬들을 또렷하게 보면서도 싫지 않았다. 오히려 안심이 되었다.

후암동 별장 가까이에 협동조합 형식으로 사무실을 운영하는 '도시공감'이라는 젊은 건축가 집단이 있었다. 이들은 후암동에 특별한 관심을 갖고 작은 집들을 들여다보는 일을 한다. 요즘은 골목의 빈집을 고쳐 부엌과 식탁이 있는 주방, 서가와 책상이 있는 서재, 넓은 소파와 남산 뷰를 자랑하는 거실로 꾸며 '후암주방', '후암서재', '후암 거실'이라는 이름의 공유 공간을 만들었다. 오래되고 좁은 집에 사는 사람들이 특별한 날에 모여서 즐길 공간을 마련한 것이다. 공유 공간은 공간과 개인의 관계를 포용적으로 보게 했다. 우리는 각자의 집에서 부족한 공간을 다른 집에서 함께 쓸 수도 있는 것이다. 집은 집으로 확장된다.

도시공감의 또 다른 프로젝트는 후암동의 오래된 집을 실측해서 도면을 그리고 그 집에 사는 사람들의 이야기를 기록하는 '후암가록' 프로젝트다. 이 동네의 집들은 연대가 불투명하고 형태가 복잡하지만 수치로 기록하고 도면으로 그려진 뒤에는 투명하고 분명해졌다. 집은 다양한 숫자들로 채워져 있고, 이 숫자로 삶의 형태를 유추할 수 있다. 실측 자료는 과거의 것 위에 형성된 현재의 삶, 가장 최종의 삶을 보여준다. 숫자 속에서 과거를 혹은 미래의 말할 수 없는 사건을 꺼낼 수도 있다.

후암동 별장에서도, 현재의 동자동 작업실에서도 나와 남편은 집의 숫자를 기록하는 일을 가장 먼저 했다. 우리가 실측한 숫자들과 서류에서 발견한 시대와 이름들은 공백이 많아 보였다. 거기엔 적히지 않거나 지워진 것들이 있을 테고 덧붙여질 것들도 있을 것이다. 우리는 이 집에 무엇을 더할 수 있을까?

후암동 별장을 떠날 때 집을 보러 온 사람들과 만났다. 월세에 비해 평수가 넓어서 많은 사람들이 집을 보러 왔지만 실망을 애써 감추는 표정을 읽을 수 있었다. 낡고 감당하기 어려운 집, 지금의 삶과 어울리지 않는 집, 한마디로 예쁘지 않은 집이었던 것이다.

그럴 때면 나는 집의 기억이 한꺼번에 스쳐 가는 걸 느꼈다. 고요한 질문의 시간. 방 안에 공명하던 음악. 여름날 마당을 채웠던 새하얀 빛. 수도꼭지에서 터져 나온 물방울이 만든 무지개. 비가 오면 화분을 내어놓고 멀뚱하게 지켜보던 시간. 어느 눈 내린 날 대문을 열자 나를 반기던 고양이 발자국. 바꾸려 하지 않고 자연스럽게 집에 맞추던 생활. 담 넘어 들어온 옆집 아이의 고무공. 잔기침을 하고 텔레비전을 보는 소박한 이웃들. 그렇게 이 년을 보낸 집을 누가 뭐래도 나는 '행복의 건축'이라 부르고 싶었다.

적산 가옥에 머물면서 나는 집을 보는 눈이 달라졌다. 이 낡은 집은 충분히 아름다웠다. 낡아서 옹색한 게 아니라 다른 세계의 우아함이 있었다. 이 세계에 속해 있으나 다른 세계의 사물이었다. 이사가 임박할 무렵 다행히 이 집을 마음에 들어 하는 사람이 나타났다. 그렇지 않았다면 집을 떠나오면서 무척 쓸쓸했을 것이다.

이제 상량을 볼 시간이다. 건물이 어느 정도 세워져 지붕을 올릴 때가 되면 언제, 누가, 어떤 이유와 바람으로 이 집을 짓는지를 적어두는데 이를 상량이라 한다. 한옥에서는 가장 중요한 지붕 뼈대에 글씨를 적거나 대청의 주요 부재에 적어두기도 한다. 천장을 막는 일본식 옛집은 지붕 뼈대의 가장자리에 집의 기록을 쓴 나무패를 붙인다.

현존하는 가장 오래된 근대 건축물로 알려진 번사창의 상량은 엄청나게 길고 세밀하게 작성한 붉은 비단 두루마리였다. 건축 날짜와 주관 시설을 비롯해서 신무기를 만드는 공장이었음을 명시하는 문구와 어떤 과정을 거쳐 짓게 되었는지, 참여 인물은 누구누구인지 상세하게 기록되어 있었다. 근대 건축의 역사를 바꾼 이 상량문은 지붕 보수 공사를 하던 중에 발견되었다. 상량을 보려면 어쨌든 천장을 뜯어야 한다.

　철거반이 와서 천장을 뜯어내는 시간은 15분도 채 되지 않았다. 묵직하고 검은 먼지들이 와르르 쏟아졌다. 먼지와 부스러기가 가라앉은 다음에야 두꺼운 목재가 직교하는 지붕틀이 보였다. 거무스름하고 단단한 나무들이 백 년 만에 세상에 드러났다.

　바깥에서 보았던 것과 지붕의 방향이 달랐다. 동서로 긴 집이라 당연히 지붕도 동서 방향이라고 생각했는데, 남북 방향으로 옆집과 이어져 있었다. 그러니까 이 집은 지붕의 뒤쪽 공간을 증축한 뒤 다른 지붕을 덧대어 늘린 것이었다. 증축한 부분은 오히려 부재가 약해서 많이 상한 상태였지만 원형이 되는 부분은 비틀어지거나 기울지도 않았고 망가진 데 없이 힘차게 지붕을 받치고 있었다. 좋은 목재를 쓴 집이다. 지붕만 봐도 잘 지어진 집이었다.

　지붕이 드러나자 현재의 벽에 숨겨졌던 과거의 벽도 드러났다. 원래의 벽은 나무 기둥 사이에 대나무 살을 촘촘히 직교로 짜 넣고 흙을 발라 벽을 만들고 초록색 무늬가 있는 종이 벽지를 발랐다. 이런 구조를 심벽心壁이라 한다. 그 위에 목재를 덧대고 새로운 벽지를 발라 평범한 양옥의 벽처럼 보이게 했지만 말이다. 이 집은 일본식 목조 가옥이 틀림없었다. 떼어낼수록, 과거로 향할수록 집은 낯선 모습을 하고 있었다. 그러나 상량은 없었다. 남편은 이 순간을 놓치지 않고 한마디했다.

"아, 상냥한 집이 아니었잖아."

이야기는 쉽게 종착지로 가지 않는다. 상량은 천장의 다른 부분, 그러니까 옆집에 해당하는 지붕 속에 있는 것 같았다. 우리 앞에는 옆집의 지붕 속까지 관통하는 커다란 통로가 있지만, 그 어두컴컴한 속을 아무리 플래시로 비춰보아도 더 깊은 어둠만 보일 뿐이었다. 숙련된 목수가 미송 합판으로 옆집과의 경계를 막으면서 집의 시작은 다시 어둠 속으로 봉인되었다.

역사 건축물을 활용한 도시 연구에 매진하는 한 친구는 폐쇄토지 대장을 검토해보라고 조언해주었다. 집주인이 아니어도 집의 역사를 아는 건 가능하다는 그의 말에 나는 "아, 다음에요"라고 대답하며 웃었다. 지금은 이 집이 품은 시간을 천천히 생각해보고 싶었다. 동양 철학자인 또 다른 지인이 들려준 이야기는 내가 집에 대해 말하고 싶었던 바로 그것이었다.

"상량문에 꼭 최초로 집을 지은 사람의 이름을 쓸 필요는 없지 않을까요? 지금 이 집을 사용하고 있는 사람의 이름도 중요하니까요.

그런 상량을 쓰셔도 좋겠어요."

새로 상량문을 쓴다면 무엇을 쓸까? 나는 집이 오래되었다는 것만으로 그 집을 역사 속으로 밀어 넣고 싶지 않았다. 집 속으로 들어가 그 흘러온 시간을 느끼며 지금의 삶으로 가득 채우고 싶었다. 우리가 어떤 생각으로 이 집에 들어와 어떻게 살아왔는지 좋은 글귀를 쓰고 무늬를 새겨, 오래오래 무탈하게 살아가게 하는 부적처럼 집의 심장에 잘 숨겨두고 싶었다. 우리가 보아온 많은 집들의 이야기를 빼곡히 적어볼 수도 있겠다. 그 집이 품었던 수많은 이야기들을 단 하나의 아름다운 단어로 표현할 수 있다면 더 좋을 것이다.

집의 이야기는 시작도 끝도 없다. 이 집에서 우리는 어떻게 시작되었는지 알지 못하는 이야기를 우리 식으로 이어 갈 것이고, 그 뒤에 들어올 다른 사람들은 그 나름의 이야기를 쌓아 갈 것이다. 그렇게 집의 이야기는 계속 이어질 것이다. 우리는 집의 이야기가 과거의 시간속에 머물지 않도록, 이 집을 떠나는 날, 그동안의 기록을 모아 새로운 상량을 쓰기로 했다.

해방촌 루프탑 카페에서 바라본 후암동. 과거 남산에서 이어진 숲의 나무를 베고 천막을 치며 시작된 해방촌의 역
사는 빼곡하게 들어찬 집들이 증언한다. 등고선을 따라 생겨난 골목과 그 골목을 이어주는 경사로, 빈틈없이 겹쳐
지고 포개진 집들에서 과거의 급박하고 분주했던 생활상이 읽힌다. 대로와 가까운 평지로 갈수록 집은 과거로 향
한다. 일제강점기에는 부유한 주택가였다가 두 민족의 혼종의 문화를 간직한 적산 가옥촌이 되었으며 이제 재개
발 지역으로 또 다른 변화를 겪고 있다.

삼각지 인근의 일제강점기 문화주택.

후암동에 잔존하는 옛 문화주택. 주택가로서 입지가 좋았던 후암동에는 쓰루가오카, 미사카도오리, 미요시와, 신세이다이 등 다양한 브랜드의 주택지가 형성되었다. 이 집들은 광복 후 한국인들이 들어와 살면서 우리 문화를 담은 집으로 바뀌어갔다.

에필로그

우리는 집에서 어떻게 세상을 만나는가?

인천의 용현동 집은 건축가인 남편이 리모델링 작업을 맡은 곳이었다. 건축가가 실측하러 가는 길에 나도 덩달아 집 구경하러 나섰다. 완만한 경사지에 똑같은 집들이 나란히 앞서거니 뒤서거니 앉은 주택촌이었다. 특이 사항이라면, 도로와 가까운 아래쪽 집들은 상가로 변한 곳이 많아 조금 어수선했고, 뒤쪽에 자리한 집들은 변함없이 차분한 주택촌의 분위기를 유지하고 있는 정도였다.

나지막한 박공지붕이 집을 아늑하게 덮고 있는 게 담 너머로 보였다. 남쪽으로 난 크고 넓은 창이 앞집의 지붕을 향했고, 건물의 동쪽 경사로를 따라 난 길로 대문이 나 있었다. 남편은 열쇠를 돌려 녹색으로 칠해진 철 대문을 열었다. 예쁜 집일 것이라고 짐작하고는 있었으나 정말로 작고 예쁜 집이었다.

마루에 올라서니 가구라고는 하나도 없는 텅 빈 방들이 두루 보인다. 네모난 마루는 젖빛 유리창으로 들어오는 아침 햇살로 뽀얗게 환했다. 벽에 달린 문들은 다른 방들이 서로 연결되어 있음을 알려주었다. 우리가 들어갔을 때는 문이 모두 열려 있었으므로 이 문이 어디로 통하는지 단번에 알았다.

마루의 서측에 자리한 큰 방으로 먼저 들어갔다. 남편이 줄자를 꺼냈다. 레이저를 발사하여 길이를 재는 정교한 도구도 갖고 있으나, 그는 낭창낭창하게 펴지는 철재 줄자를 방 모서리에 대어가며 공간의 크기를 재는 걸 좋아했다. 그가 숫자를 불렀고 나는 대략의 평면도를 그려 숫자를 기입했다.

방 안에도 문이 있다.

"설마, 다락?"

열어보니 역시나 다락으로 올라가는 계단이 나왔다. 큰 방 옆으로 난 문은 부엌으로 통했다. 반층 아래에 푹 꺼진 공간에는 두 개의 연탄아궁이가 있었고 바닥에는 자잘한 타일이 깔려 있다. 다락의 계단이 지나가는 벽은 불쑥 튀어나왔고 겨우 허리를 펼 정도로 어중간한 높이였다. 아궁이 옆으로 단차段差를 두고 긴 선반이 달려 있는데, 이는 부뚜막이라고 한다. 작은 출입문이 달리긴 했으나 북서향 모퉁이에 자리한 부엌은 이 집에서 가장 어두운 곳이었다.

다시 마루로 올라와 다른 쪽을 탐험한다. 마루의 북쪽에 자리한 작은 방은 뒤쪽 담에 바짝 붙은 창문을 가진, 하루 종일 그늘이 지는 곳이었다. 방이 좁고 길쭉해서 건축가가 설계를 하다가 수치상의 실수를 저지른 것 같았다. 마루의 동측 편 방은 아궁이가 딸린 부엌과 다락이 같이 있었다. 앞서 본 방보다 다락도 부엌도 작았다. 다락은 나무 발판 몇 개로 된 벽장 같다. 낡은 신문이 깔려 있는 조그만 다락을 확인하고서야 내려왔다. 아래로 단차가 있는 부엌은 앞서 본 부엌처럼 아궁이와 부뚜막이 있고, 출입문도 있었다. 문밖에 있는 작은 창고에는 연탄을 넣어두었을 것이다.

이 집은 1970년대에 활발하게 보급된 '불란서 주택'과 매우 흡사했다. 지하실이 있는 이층집인 서울의 불란서 주택보다는 사이즈가 작은 단층 미니 양옥이었다. 1970년대는 경제 성장률이 해마다 10퍼센트씩

상승하면서 호황기를 누렸고 서민들도 월급봉투를 차곡차곡 모아가며 돈 불리는 재미를 맛보았다. 중산층을 위한 주택 시장도 발동이 걸렸다. 아파트보다 단독 주택을 선호했던 당시 사람들에게 주택을 공급하는 개발업자들이 집에 대해 가장 창의적인 상상력을 발휘한 것이 '불란서'라는 수식어였다.

스타일은 프랑스와 전혀 무관했다. 팔ㅅ자형 혹은 입ㅅ자형의 뾰족지붕을 올리고 아래에 다락을 두며 마루와 현관 바깥으로 테라스를 내고 아치형 아케이드를 만들거나 콘크리트 기둥을 세우는 식이었다. 소비자를 매혹하기 위해서는 무조건 남향이어야 하므로, 용마루는 남북 방향으로 얹어 지붕의 경사가 동서로 활짝 펴졌다. 똑같은 필지에 똑같은 양옥집이 나란히 세워져 한 동네를 형성했다. 이 집 용현동 주택처럼 말이다.

나는 이 집의 삶이 선연히 그려졌다. 오래전에 이런 집에서 살았기 때문이다. 내가 살던 곳은 부산이었지만 그 시절의 집은 도시마다 비슷비슷했던 모양이다. 이 집과 비교해보면 외벽에 좁고 길쭉한 화강석 타일이 벽돌 무늬를 그리며 부착되었다는 것과 온돌이 깔리지 않은 마루는 겨울만 되면 발 디디기도 싫을 만큼 차가웠다는 점이 다를 뿐이다. 그 감각이 떠오르자 많은 기억들이 물밀듯이 쏟아져 나왔다.

이래 봬도 이 집엔 꽤 많은 사람들이 살았을 것이다. 방 한 칸에 온 식구가 몸을 부비며 잠드는 게 다반사였다. 부엌과 다락이 딸린 온전한 방 하나는 세를 주기에 적합하게 만들어졌다. 인천에는 일자리가 많았을 테니 타지에서 일터를 찾아온 가족이 입주했을 것이다. 북향을 한 작은 방은 말로만 들어봤던 그 '식모방'일까? 부엌과 가까운 곳에 자리한 작은 방, 부엌에서 쓰는 물건을 보관하기도 하고 사람이 생활하기도 하는, 창이 작거나 때로는 창이 없던 다용도의 공간이 한때 있었다. 이는 '식모방'이라는 명칭으로 1930년대부터 건축 도면에 존재했으며 압구정동 현대 아파트가 보급되던 1970년대 말까지도 명시되어 왔다.

1980년대 부산 광안리의 삼익비치 아파트에 살던 고모네에도 주방 옆에 창 없는 방 하나가 있었다. 보통 때는 찬방으로 쓰고 집에 큰일이 있어 일가붙이들이 일을 거들러 오면 그 방에서 잠시 쉬곤 했다. 식모방은 그 방을 쓰는 어린 노동자의 팍팍한 삶과 등치된다. 그 방은 점차 혼자 사는 학생이나 미혼의 직장인이 하숙을 하며 주인집에서 해주는 밥을 받아먹는 풍경으로 변해갔다.

사람 많은 집에 달랑 화장실 하나. 그건 차마 말하기 곤란한 고달픔이다. 무조건 바깥 화장실이 있어야 한다. 내가 다섯 살 무렵 살던 집은 대문 근처 바깥에 재래식 변소가 있었고 열 살 때 살던 집은 수세식 도기 변기와 새하얀 욕조를 갖춘 실내 욕실이 있었다. 5년 사이에도 실로 눈부시게 변할 수 있는 것이 집이다. 이 집의 화장실 구조는 의외로 집의 연대를 파악하는 중요한 단서가 될 것이다. 물론 나중에 집을 개조했으리라는 가정도 고려하면서 말이다.

내가 이런 집을 경험했던 시절을 떠올려보면, 나는 하루의 많은 시간을 집에서 보냈고 집을 속속들이 알아가는 것으로 심심함을 달랬다. 집의 구석구석을 살살이 훑고 다니며 벽지를 찢거나 낙서를 하고 모서리를 긁었다. 몰래 써넣은 그 이름이 누구의 것인지 이제 기억도 나지 않는다.

끊임없이 이어지던 벽지의 무늬처럼 시각적인 성취도가 높은 것이 있던가? 액자처럼 가장자리에 무늬 세공을 한 천장은 드러누운 자의 상상을 마음껏 펼쳐주는 스크린이었다. 문이야말로 얼마나 흥미진진한 사물이었는지! 손잡이에 튀어나온 잠금쇠만 눌러주면 어른들의 난리법석을 구경할 수 있으니 이것만큼 짜릿한 것도 없었다.

완자창(창살이 '卍' 자 모양으로 된 창)의 젖빛 유리는 아무리 봐도 질리지 않은 사물이었다. 모래를 녹이다가 유리를 발명했다는데, 어떤 불순물을 섞으면 보일 듯 보이지 않는 창유리가 되고 끝없이 이어지는 비정형의 무늬가 나오게 될까? 창으로 새어드는 햇살이 방바닥에 그리는 무늬는 지속적으로 변했다. 가장자리가 진해졌다가 흐릿해졌고 중앙도 더 빛나는 흰빛이었다가 기운을 잃은 흰빛이 되었다.

슬그머니 손이나 발을 꼼지락거리며 햇볕 쪽으로 내밀어보는 내가 떠오른다. 보이는데도 만져지지 않는 것들이 당혹스럽고 매혹적이었다. 살갗에 새하얀 광선이 닿아 자글자글한 느낌이 밀려오면 이게 살아 있다는 느낌일까, 라고 생각했다. 투박한 알루미늄 새시로 창살이 바뀐 뒤에도 나와 동생들은 그 연약한 창살에 매달려 창턱에 올라갔다 뛰어내리며 놀았다.

시멘트 벽에서 나는 냄새는 얼마나 마음을 편안하게 해주었던지. 그

것은 집의 냄새였다. 장 냄새 물 냄새 꽃 냄새 흙 냄새 향 냄새, 집에는 온갖 냄새가 떠다녔다. 거기엔 광이나 다락에 쌓인, 제수 물품이나 쓰지 않는 살림살이가 풍기는 먼지 냄새들도 한몫했다. 시간이 담긴 것들은 냄새로 말한다. 가족의 살아 있는 살냄새이고 나의 조상들로부터 흘러온 묵은 것들의 냄새이기도 했다.

집은 나를 둘러싼 첫 번째 환경이었고, 먹고 자고 노는 모든 것이 가능한 신박한 기물이었으며, 때로는 다른 사람은 모르고 나만 아는 공간을 열어주며 나를 숨겨주었다. 집은 나를 키웠다. 모서리의 신비로운 어둠이 몸속을 넓혔고, 먼 과거로부터 흘러온 비밀들이 키를 크게 했다. 그 집은 어떻게 되었을까?

집에 대한 나의 기억은 두 개의 장소에서 시작된다. 하나는 한옥집의 그늘지고 낮은 어떤 공간이다. 햇볕이 비스듬히 새어들어 떠다니는 먼지를 비추던 게 기억난다. 또 하나는 네모난 마당의 중앙에 자리 잡은 네모난 정원이다. 그 집은 어려서 내가 살던 대구 원대동의 한옥집 풍경일 거다. 젊디젊어 해사한 얼굴을 한 아버지가 어려서부터 살던 그 집으로 어머니가 시집을 왔고 첫 아이인 내가 태어났다. 그 집에는 할아버지가 일찍 돌아가신 뒤 집안의 가장으로 억척스럽게 살아온 할머니의 서슬 퍼런 기운도 녹아 있었다.

기억 속의 어두운 공간은 단을 높여 지은 개량식 한옥의 마루, 그 아래의 텅 빈 공간이 아니었을까? 좁은 틈으로 몸을 숨기기 좋아하는 아이들에게나 즐겁지, 그다지 쓸모는 없는 잉여의 공간 말이다. 노랗게 떠다니는 빛 입자들은 어디서 들어왔을까? 뒷담과 집 사이에 비어 있는 뒤란 같은 것이 있지 않았을까? 어린아이의 눈에는 놀이터만큼이나 널찍했지만 그곳은 틀림없이 아주 좁았을 것이다. 언뜻 스치는 기억 중 하나는 그 어둠 속에 종이가 나달나달 뜯긴 장지문 문짝 하나가 있었다는 것이다. 곧바로 치우기 힘든 물건들을 폐기하기 전에 일시적으로 보관해두는 창고였을까? 규정하기 어려운 곳이야말로 신비로운 어둠으로 가득해서, 아무것도 아닌 그것이 가장 오랫동안 기억에 남는다.

집의 기억은 안채로 둘러싸인 네모난 마당에 조성된 네모난 정원으로 옮겨 온다. 꽃밭이라 해야 옳을 그 조그만 공간은 당시 한옥집을 좀 더 생각해보게 했다. 시멘트로 가장자리에 경계를 만들고 흙을 채운 작은 언덕 같은 정원이었다. 대궁이 길고 꽃이 붉은, 맨드라미나 사루비아 같은 꽃이 잔뜩 피었었다. 팬지처럼 납작한 꽃이 아니라 키가 큰 꽃들이 있던 걸로 봐서 아침저녁으로 꽃을 다듬고 잡풀을 뽑는 다정한 손길이 있었을 것이다.

대구 원대동은 1960년대 도시형 한옥이 조성된 주택촌이었다. 대구 한옥은 ㄱ자형 집이 대부분이었다. ㄱ자의 본채가 놓이고 마당에는 수돗가가 있고 대문 옆에 변소간이 있었다. 대문 위로 계단을 밟고 올라가는 조그만 옥상을 만들어 장독을 올려두었다. 이런 형태를 '튼 ㄷ자형 집'이라고 한다. 잘 지어진 집이라고 엄마의 기억 속에 남아 있는 그 집은 몇 해 전 재개발 공사로 완전히 사라졌다. 앞만 보고 달려온 전후 베이비

붐 세대인 내 아버지 세대의 처세술처럼 이 도시는 절대 뒤돌아보지 않았다.

이 집의 기억은 부모님이 남겨놓은 사진 몇 장으로 명맥을 유지할 뿐이다. 이윽고 부산으로 이사한 뒤인 다섯 살 무렵부터 나는 모든 집의 구석구석을 명확하게 기억하게 된다. 세부적으로 기억할 줄 알게 되면서 나는 아이가 아니라 다 자란 사람이다.

나는 특정한 사건보다 그때 나를 둘러싼 공간의 형태와 장소의 분위기에 예민하게 반응했던 모양이다. 손가락을 빨던 어린 나를 나무라고 걱정하는 부모님의 목소리보다는 손가락을 물고 있던 그 장소들 중 하나가 큰고모가 운영했던 여관의 객실인 점을 더 선명하게 기억하는 걸 보면. 분위기는 기이한 심상을 남겨놓았고, 규명해야 할 숨겨진 진실이라도 있는 양 그 시간으로 불러들였다. 나는 기억을 되새김질해 장소의 부스러기를 모아가며 이야기를 만든다. 그건 집이라는 장소 때문이다. 지금껏 남아 있는 잔상들과 그때 그 장소의 분위기가 마침내 만들어낸 것이 무엇인지 규명해보고 싶어서다.

나는 집의 기억 속으로 점점 빠져든다

집에서 나는 세계를 만났다. 안에서 밖으로, 다시 밖에서 안으로 나의 공간이 수도 없이 바뀔 수 있음을 알려준 건 집이었다. 어느덧 조금 자란 나는 노란 나무 대문 집에 살고 있다. 나는 내가 가장 좋아하는 장소에 하루 종일 있고만 싶다. 재봉틀을 돌리며 소일하던 할머니가 눕는 방에 딸린, 조그만 문을 열고 올라가면 도달하는 다락이었다. 거기선 아무것도 안 해도 좋았다. 나는 엎드려 팔을 포개고 그 위에 턱을 올려놓고는 머리맡에 조그맣게 나 있던 창문을 열고 바깥을 구경했다.

몸은 안에 있지만 마음은 언제나 바깥을 향했다. 빨리 바깥으로 나가고 싶다는 욕망이 그 작고 어두운 공간에서는 자주 솟았다. 바깥을 마음껏 다니는 건 어른이 되거나 적어도 동네 언니 오빠들처럼 상급 학교에 가야 가능했다. 그 세계는 얼마나 신나고 새로운 것들로 가득할까? 그런 이유로 마음껏 나다니지 못하는 아이들이 뭉쳐서 놀던 곳도 다락이었다. 포개 누운 여자아이들이 어른들을 흉내 내던 것을 목격했던 곳도 누구 집의 다락.

이제 나는 바깥이 허용된다. 현관문을 밀고 나와 담벼락 끝에 자리한 노란 나무 대문 앞에서 심호흡을 한다. 문을 열면 흙먼지가 날리는 길이 끝도 없이 이어져 있다. 나는 목적지에 이르렀다가 다시 집으로 돌아왔고, 다시 돌아오지 않을 것처럼 용기를 내어 매일 문밖을 나섰다. 그리고 정해진 수순처럼 집을 잊었다. 집의 시간이 짧고 가늘어진다. 집을 옮기고 집을 잃었고 집이 있다는 사실조차 잊어버리기도 했다. 집은 '떠나온 곳'이다.

그러나 빛이 쏟아지던 그늘진 마루 아래와 네모난 마당 중간에 있던 네모난 정원의 기억은 나의 집이 어디인지 찾아가도록 도와주는 지도가 되었다. 나는 흙더미에서 솟아난 맨드라미며 사루비아를 자양분으로 삼아 집의 이야기, 사람의 이야기를 이어 간다. 고작 자잘한 생활의 꽃과 잉여의 어둠에 불과한데, 이런 기억이 내 모든 장소에 스며들어 생활의 모습과 삶의 형태를 결정짓기도 한다.

용현동 집에는 그 모든 것들이 다 있었다. 다락과 마당과 아궁이 부엌과 북쪽으로 창이 난 작은 방이, 우리가 경험했던 어린 시절의 집이, 이야기의 처음이 있었다.

한참 동안 건물을 살피던 남편은 미리 잡아둔 계획을 철회하고 집의 모든 층을 살리는 방향으로 설계를 바꿨다. 집은 마당과 마루와 다락과 부엌의 층을 그대로 남겨둔 채로 변화해 갔다. 불필요한 아궁이는 없어졌지만 가장 낮은 부엌의 흔적은 세탁실로 형태를 바꾸어 남게 되었다. 다락은 그 위치 그대로 넓히고 높여 작은 침실로 만들었다. 지붕을 들어 올리고 천장을 털어내 적절한 높이의 이층방이 생겨났다. 옛 시절의 단차를 그대로 남겨둔 집은 실내에 구불구불한 골목이 생긴 것 같았다.

이 집을 보면서 어린 시절의 옛집을 상실했다는 쓸쓸함이 조금 옅어지는 걸 느꼈다. 내가 살던 집도 누군가의 삶을 보듬었을 것이며 그 삶의 필요에 따라 변했을 것이다. 나도 타인이 살다간 집에 내 몸을 의탁하며 새로운 삶을 이어 왔다. 우리는 이렇게 집으로 이어진다. 그러는 동안 모르는 삶이 아는 삶으로 전환된다. 바깥의 세상, 타인의 영역이 이해의 영역으로 들어온다. 집은 나로 인해 변화하고 나는 집으로 인해 변화한다. 그 변화로 비롯된 것이 삶이라는 결과물이라면 집을 사유해야 할 이유가 충분해진다.

집을 말할 때 삶을 담는 그릇이라 하는데, 시간이 갈수록 매우 현명한 비유라는 생각이 강해진다. 존재가 흐트러지지 않게 모양을 갖추도록 하는 게 몸이라는 그릇이라면, 집은 삶이 특정한 형태를 갖추도록 해주는 그릇이다. 여전히 집의 영역은 삶을 사유하는 가장 유효한 지점이다. 집이라는 공간이, 집을 꾸미는 기물이, 집을 둘러싼 이야기들이 삶을 이어온 시간과 긴밀해질수록 집의 의미는 다채롭고 넓어진다.

나는 그런 집을 찾아 나섰다.

미주

1장

1 김해경, 「일제강점기 경성 내 가로수에 대한 일고찰」, 『서울과 역사』 제98호, 2018년.

2 김해경, 앞의 글.

3 배원정, 「근대 여성화가 정찬영(1906~1988)의 채색화조화 연구」, 『미술사학보』 제53집, 2019년.

4 김정은, 「일제강점기 창경원의 이미지와 유원지 문화」, 『한국조경학회지』 제43권 6호, 2015년.

5 「서화협전 조선미전에 출품하는 여류화가들」, 『신가정』 5월호, 1933년, 127쪽.

6 앞의 글, 128쪽.

7 정경임, 「『화분』과 『벽공무한』에 나타난 TASTE: 효석의 예술지상주의」, 『패션비즈니스』 제3권 1호, 1999년.

2장

1 이나미, 「나의 아버지 이효석」, 대산문화재단 웹진에 수록.

2 이규진, 「일제강점기 조선의 우유 생산과 보급」, 『한국식생활문화학회지』 제31권 5호, 2016년.

3 김종헌, 「세우기와 쌓기의 특성 비교를 통한 근대기 벽돌조 건축에 대한 재해석」, 2011년, 한국건축역사학회 추계 학술발표대회.

4 김정신, 「한국과 일본 초기 천주교회 목조성당 건축에 관한 비교 연구」, 『대한건축학회 논문집』 제28권 2호, 2012년.

5 조홍석, 「한국 근대 적벽돌赤甓乭 건축에 관한 연구」, 목원대학교 박사논문, 2005년.

6 앞의 글, '조선총독부 통계연보', 118쪽.

7 『뮈텔 주교 일기 1(1889~1895)』, 한국교회사연구소 역주, 한국교회사연구소, 2009년 개정판.

8 『뮈텔 주교 일기 2(1896~1900)』, 한국교회사연구소 역주, 한국교회사연구소, 2009년 개정판.

3장

1 네이버 디자인프레스: [오! 크리에이터] #220 건축가 승효상 vol. 1 건축가의 가구, 결구와 수직의 풍경.

2 이 글은 현담문고 웹페이지에서 『개벽』지를 검색해서 찾을 수도 있고, 한국사데이터베이스에서도 읽을 수 있다.

3 『아트콜렉티브 소격』 제2호 「영대」 편(2021년) 참조.

4 이규진, 「일제강점기 조선의 우유 생산과 보급」, 『한국식생활문화학회지』 제31권 5호, 2016년.

5 이경아, 「정세권의 일제강점기 가회동 31번지 및 33번지 한옥단지 개발」, 『대한건축학회 논문집-계획계』 제32권, 대한건축학회, 2016년.

6 김환기, 『어디서 무엇이 되어 다시 만나랴』, 환기미술관, 2005년, 76~77쪽.

7 앞의 책, 76쪽.

4장

1 윤아라미, 「익선동 한옥주거지의 형성과정과 건축특성 연구: 익선동 166번지 사례를 중심으로」, 한국전통문화대학교 문화유산융합대학원 석사논문, 2017년.

2 이용창, 「일제강점기 '조선귀족' 수작 경위와 수작자 행태」, 『한국독립운동사연구』 제43호, 2012년.

3 박희경, 「귀족 구제대책으로 본 '조선귀족'의 실태」, 『일본근대학연구』 제67호, 한국일본근대학회, 2020년.

4 박희경, 앞의 글.

5 조시내, 「운현궁 생활자기의 양상과 의미」, 『인문과학연구』 제18집, 2013년.

6 『북촌, 열한 집의 오래된 기억』 전시 도록, 서울역사박물관, 2019년.

7 정기황, 송인호, 「서울 가회동11번지 도시한옥 주거지의 필지 형성 과정 연구」, 『건축역사연구』, 한국건축역사학회, 2014년 10월.

8 오미일, 『근대 한국의 자본가들』, 푸른역사, 2015년.

9 오미일, 앞의 책.

10 『북촌, 열한 집의 오래된 기억』 전시 도록, 서울역사박물관, 2019년.

11 우동선, 「도시와 건축에 대한 박영효의 생각」, 『대한건축학회 논문집』 제17권, 2001년.

12 유순선, 「일제강점기 주택구제회에 의한 교북동 간편주택의 성격 및 의의에 관한 연구」, 『대한건축학회 논문집』 제32권 2호, 2016년.

13 木馬生記, 「朴泳孝侯の住宅談」, 『朝鮮と建築』 창간호, 1922년.

14 강민경, 「김택영의 1909년 귀국과 안중식 필 〈벽수거사정도〉」, 『미술자료』 제99호, 국립중앙박물관, 2021년. 황정수의 서울미술기행: 북촌인사동편 34화, 〈일제에 붙어 승승장구한 친일파 형제의 최후〉, 2019년 12월 12일, 오마이뉴스 웹페이지.

15 서울역사박물관 뉴스레터, 〈도면으로 남은 근대의 아방궁 벽수산장 이야기〉, 2021년 5월 3일.

16 「한말 친일 세도가 윤덕영의 호화주택 56년 만에 헐리는 뾰죽탑」, 『조선일보』, 1973년 6월 14일.

17 김해경, 「벽수산장으로 본 근대정원의 조영기법 해석」, 『서울학연구』 제62호, 2016년.

5장

1 최지혜, 「제국의 감성과 문화생활의 필수품, 라탄 체어: 개항 이후 국내에 유입된 등의자 연구」, 『한국근현대미술사학』 제41집, 2021년.

2 최지혜, 앞의 글.

3 이나미, 「나의 아버지 이효석」, 대산문화재단 웹진 수록.

4 이순우, 「테일러 일가의 서울생활과 그 의미」, 〈딜쿠샤와 호박 목걸이〉 전시 도록, 2018년.

5 최지혜, 「테일러 상회의 무역 활동과 가구」, 『한국근현대미술사학』 제39집, 2020년.

6 강혜영, 「한국 근대 가구에 관한 연구: 1880~1960년 의류수납가구를 중심으로」, 홍익대학교 석사논문, 2002년.

7 메리 린리 테일러, 『호박 목걸이: 딜쿠샤 안주인 메리 테일러의 서울살이 1917~1948』, 책과함께, 2014년.

8 이태희, 「일제시대 가구 활용을 통해 본 주거 실내 공간의 변화」, 『민속학연구』 제10호, 2002년.

9 이순우, 앞의 글.

10 허보윤, 「미술로서의 디자인: 이순석의 1946~1956년 응용미술교육」, 『조형 아카이브』 제2호, 2010년.

11 허보윤, 앞의 글.

12 정지희, 「일제강점기 은세공상회를 통해 본 종로의 공간성과 형성 배경」, 『서울학연구』 제74호, 2019년.

13 순정효 황후의 나전칠기 가구에 대해서는 이선주의 「순정효황후 주칠나전가구의 제작기법적 고찰」(『미술사연구』 제36호, 2019년)과 최공호의 「김진갑의 '나전침대': 사용자와 제작경위」(『미술사연구』 제36호, 2019년) 두 논문을 참고했다.

6장

1 이경아, 전봉희, 「1920~30년대 경성부의 문화주택지 개발에 대한 연구」, 『대한건축학회논문집』 제22권 3호, 2006년.

2 후암동 문화주택 형성 과정은 서울역사박물관에서 펴낸 서울생활문화자료조사집 『후암동: 두텁바위가 품은 역사, 문화주택에 담긴 삶』(2016년)을 참조했다.

3 박준형, 「용산 지역 일본인 사회의 형성과 변천(1882~1945)」, 『서울과 역사』 제98호, 2018년.

4 이신철, 「월남인 마을 '해방촌'(용산2가동) 연구」, 『서울학연구』 제14호, 2000년.

모던의 시대 우리 집
레트로의 기원

ⓒ 최예선, 2022

초판 1쇄 발행 2022년 4월 5일
초판 2쇄 발행 2022년 12월 12일

지은이   최예선
펴낸이   김철식
펴낸곳   모요사
출판등록   2009년 3월 11일
            (제410-2008-000077호)
주소   10209 경기도 고양시 일산서구
            가좌3로 45, 203동 1801호
전화   031 915 6777
팩스   031 5171 3011
이메일   mojosa7@gmail.com

ISBN   978-89-97066-71-1 03910